JN297166

オバマ政権はアメリカをどのように変えたのか

支持連合・政策成果・中間選挙

吉野 孝＋前嶋和弘 編著

早稲田大学・日米研究機構

東信堂

プロローグ

吉野 孝

　2008年11月4日の大統領選挙において，アメリカ初のアフリカ系アメリカ人である民主党候補者のバラク・オバマが当選した。彼の「変革」と「1つのアメリカ」という訴えは多くの選挙民の心を捉え，「オバマならイラク問題の早期解決，金融危機の克服を含めアメリカが抱えている多くの問題を解決することができるかもしれない」という期待が高まった。その期待に応えるかのように，オバマ大統領は2009年1月20日の就任演説で次の3点を強調した。

　第1は，アメリカの再生である。オバマ大統領は，金融資本主義やサブプライムローンなど現在の経済危機を，アメリカへの植民と開拓が開始されて以降アメリカの国民が乗り越えてきた苦労と同様に，乗り越えることができる危機と特徴づけた。「1つの時代，狭い利益を保護して，不快な決定を延期することで成り立っていた時代は過ぎ去ろうとしている」と指摘して「アメリカの再生の可能性と必要性」を謳い上げた。

　第2は，新しい外交のはじまりである。オバマ大統領は，「安全か理想かという二者択一は間違いである」という前提から出発し，テロに対する確固たる決意を表明する一方で，「1国主義か協調主義へ」や「イスラム世界との新しい関係の構築」を主張するなど，世界各国に対してアメリカは硬軟合わせもつ新しい戦略を採用することを宣言した。

　第3は，1つのアメリカである。オバマ大統領はアメリカを「キリスト教徒とイスラム教，ユダヤ人とヒンズー教徒，無宗教者の国」と呼び，「アメリカがパッチワークであるという伝統は強さである」と強調した。さらに「われわれの成功は，勤勉な労働，正直，勇気，フェアプレー，

寛容さと好奇心，忠誠と愛国心に依存している」として，国民全体の協力を求めたのであった。

オバマ大統領は就任演説の直後，1月22日にテロ容疑者を拘束するグアンタナモ収容所を1年以内に閉鎖する命令を発し，23日には人工妊娠中絶を支援するNPOに対する資金援助規制を解除した。彼は24日に「アメリカの再生と回復」を訴える演説をし，続いて2月4日に公的資金を投入した金融機関経営者の報酬制限を発表し，17日に総額7,870億ドルの景気対策法案(2009年アメリカ再生・再投資法案)に署名した。また，安全保障領域では，2月17日に駐アフガニスタン米軍の増派計画を発表し，23日には駐イラク戦闘部隊を2010年8月末までに，そしてイラクの全部隊を2011年末までに撤退させる方針を表明した。こうしてオバマ政権は，最初の「100日間」を乗り切り，一層の期待と支持を獲得した。

ところが6月に入ると，オバマ政権の政策刷新と政治改革のスピードは失われた。総額7,870億ドルの景気対策が実行されたのにもかかわらず，景気は上向かず，失業率が上昇した。また，民主党が両院の多数派であるにもかかわらず，連邦議会ではオバマ大統領が最優先する医療保険改革の審議が進まなかった。『ワシントン・ポスト』とABCの世論調査によると，就任直後の4月に69％であったオバマ大統領を支持する者——世論調査では「仕事ぶりをよいと認めるか否か」という聞き方になっている——の比率は，6月に50％台に低下し，また，4月に26％であったオバマ大統領を支持しない者の比率は，8月から40％を超えるようになったのである。

高い支持と期待を背負って出発し，順調な滑り出しを見せたオバマ政権の政策刷新と政治改革の動きは，なぜ半年後に失速してしまったのであろうか。オバマ政権が最優先した主要政策課題はどのようなものであり，それらはどのように進められたのであろうか。オバマ政権はどのような手段を用いて自身の政策提案に連邦議会や利益団体の支持を動員しようとしたのであろうか。日本でオバマ政権の政策理念や動向を紹介する研究がある[1]ものの，オバマ政権の1年目を総合的に分析して評価し

ようとする試みはいまだになされていない。

　本書の目的は，オバマ政権の1年目に焦点を合わせ，政治運営のスタイルと主要政策提案と成果を分析し，中間的な評価を下すことにある。本書は3部——第Ⅰ部：支持連合と政治運営，第Ⅱ部：政策の動向と成果，第Ⅲ部：評価と展望——，8章から構成されている。各章の内容は，次のように要約される。

　第1章では，2008年大統領選挙で形成されたオバマ支持連合が検討される。2008年大統領選挙のサーベイデータを分析すると，オバマ支持連合は黒人・ヒスパニックなどの人種的マイノリティ，若者層，世俗的な価値観をもつ人々から構成されることが分かる。支持連合内では，不法移民の就労，黒人に対する支援，環境保護，防衛支出などが潜在的に対立する政策であり，保険・教育政府サービス支出，雇用と生活水準の保証，健康保険，女性の役割などが協調しやすい政策である。したがって，階層や所得などの安定的な経済支持基盤をもたないことがオバマ支持連合の特徴である。

　第2章では，オバマ政権と連邦議会の関係が分析される。政党指導部の権限が小さく所属議員に対する党議拘束が弱い連邦議会の中で，特定法案に賛成・反対の立場を表明することが大統領の影響力手段である。1970年代以降政党所属議員の間で政策対立が高まり，就任後100日は大統領と連邦議会が協力する「ハネムーン」慣行が変化しつつある。実際の投票を分析すると，2009年のオバマ大統領の勝率——大統領が態度を表明した法案のうち，彼の態度のとおりに可決または否決された法案の比率——は96.7％と非常に高かった。しかし一方で，ブッシュ（子）政権と同様に，2009年の連邦議会における点呼投票は党派的であった。

　第3章では，オバマ政権の世論対策が考察される。オバマ大統領は"言葉の力"を重視し，演説，記者会見，テレビ番組への出演など効果的なメディア戦略を採用した。オバマ大統領はまた，ソーシャルメディアを使った2008年の選挙戦術をそのまま政権運営にももち込んだ。しかし，世界各国の対米意識は改善したにもかかわらず，国内では，オバマ大統

領のメディア戦略が十分な効果をあげていない。したがって，常態化した「ゴーイング・パブリック戦略——全国世論に訴えることにより連邦議員の大統領への支持を動員する戦略」の限界をどのように乗り越えることができるかが，オバマ政権の課題である。

　第4章では，オバマ政権の外交政策が考察される。特使外交はクリントン政権とオバマ政権に共通する特徴であり，それには，経験豊かな実務家を起用することができる，外交協議を迅速化する，大統領が外交政策全体を把握するのを可能にする，などの利点がある。主要4分野のうち，中東，アフガニスタン・パキスタン，イラン問題では表立った重要な成果がみられないものの，北朝鮮問題では，6カ国協議への復帰を阻む北朝鮮に対して国連制裁の履行を迫るというある程度の進展があった。そして，特使外交がうまく作動するには，外交政策の戦略全体を調整する政権中枢の司令塔機能が不可欠である。

　第5章では，オバマ政権の経済危機政策が検討される。オバマ政権の最大のテーマは「経済危機からの脱出」であり，2009年11月末よりガイトナー財務長官，サマーズ国家経済会議担当補佐官などの実務家経済閣僚の人選が始まり，オバマ政権は順調な滑り出しをみせ，大型景気刺激，金融安定化，ビッグスリー処理というオバマ政権の危機対策はいずれも現実主義的な政策であった。しかし，景気回復，雇用，財政赤字などでは十分な成果をあげていない。オバマ大統領は何を行いたいのかを明確に説明し，何らかの具体的な経済成果を示すことが求められている。

　第6章では，オバマ政権の人種政策が考察される。選挙運動において，オバマ陣営はメディアを通じて「脱人種」路線を訴え，草の根レベルでは，アイデンティティ政治に基づく人種アウトリーチ（提携を求めて手をさしのべる）戦略を採用した。そのさいにオバマ陣営は，その他のマイノリティを重視して，「白人対黒人」の対立を相対化した。この姿勢は，黒人の過剰登用を控えつつマイノリティを重視する政権人事に表れた。全体としてみると，オバマ政権の1年目は，「脱人種」路線とマイノリティによる期待の両立，人種間対立の抑制，公民権重視路線の鮮明化，最高

裁判事人事などで評価に値する一定の成果をあげたと考えられる。

　第7章では，オバマ政権の医療保険改革が考察される。米国の社会保障を構成するのは年金などだけでスタートし，これまで医療保険の導入は失敗の連続であった。オバマ大統領は選挙運動期間中から，質を確保しつつ医療コストを削減し，支払うことのできる費用でアクセスしやすい医療をすべての国民に提供することを提案し，予算教書に医療保険改革8原則を盛り込んだ。法案作成は連邦議会に委ねられ，必要に応じてオバマ大統領が支援した。11月に下院が法案を可決し，12月に上院が法案を可決し，あとは調整だけが残されていた。なお政党間の理念対立と医療保険業界内の意見相違があるものの，今回は医師会をはじめ多くの関係団体が大統領の改革の基本的方向を認めたことは注目される。

　最後に第8章では，7章までの各章の分析と考察に基づいて，評価と展望がなされる。オバマ支持連合の特異性はオバマの立候補それ自体と選挙戦略に由来し，主要政策領域で大きな成果があがらなかったがゆえに，2010年1月の一般教書演説で政策優先順位の変更が行われた。中間選挙は大統領の2年間の政治運営に対する国民投票の意味をもち，選挙結果は経済状況と大統領への支持という全国的要因によって決定される。そして，現在のところ，オバマ政権が期待しているにもかかわらず，3月に成立した医療保険改革法が同政権の支持率を大きく上昇させるとは限らず，その他の要因と今後の新しい展開が中間選挙の結果を大きく左右する可能性が高い。

　なお，第2章から第7章までの各章は，原則として2010年1月までを分析の対象としている。第8章は，5月末日までの数値と情報に基づいている。

　　注
1　著書では，久保文明編著『オバマ政権のアジア戦略』(ウェッジ，2009年10月)，雑誌論文では，伊東光晴「オバマはルーズベルトたりうるか」『世界』(岩波書店，2009年9月号)，中山俊宏「バラク・フセイン・オバマは世界をどう見ているか―『先制的対話外交』を支える思想」『中央公論』(2009年11月号)

などがある。また，『国際問題』(日本国際問題研究所，2010年) 4月号では，「オバマ政権と岐路に立つアメリカ」という特集が組まれ，経済政策，外交，中東政策，人種政治に関する4論文が掲載されている。

引用・参考文献

Barack Obama's Inaugural Address. http://en.wikisource.org/wiki/Barack_Obama%27s_Inaugural_Address

Washington Post-ABC News Poll. http://www.washingtonpost.com/wp-srv/politics/polls/postpoll_021010.html

オバマ政権はアメリカをどのように変えたのか：支持連合・政策成果・中間選挙／目次

プロローグ …………………………………………………… 吉野　孝 … i

第Ⅰ部：支持連合と政治運営 …………………………………… 3

第1章　オバマ支持連合の政策選好：
政権運営へのインプリケーション ………… 飯田　健 … 5

第1節　はじめに ………………………………………………… 5
第2節　誰がオバマに投票したのか …………………………… 6
第3節　オバマ支持連合の政策選好 ……………………………14
第4節　おわりに …………………………………………………25

第2章　オバマ政権と連邦議会：
100日と200日とその後 ………………… 松本俊太 …29

第1節　はじめに …………………………………………………29
第2節　現代大統領制・分極化・ハネムーン …………………30
　(1) 行政のトップとしての大統領／党の顔としての大統領 (30)
　(2) 議会における分極化と現代大統領制の変化 (33)
　(3) 議会における分極化とハネムーンの変化 (35)
第3節　オバマ政権1年目と連邦議会 …………………………37
　(1) オバマ政権の100日以前 (37)
　(2) オバマ政権の100日 (38)
　(3) オバマ政権の200日とその後 (42)
　(4) 小　括 (45)
第4節　データ分析 ………………………………………………48
　(1) 下院点呼投票の分析1：大統領の「勝率」(48)
　(2) 下院点呼投票の分析2：他の大統領との比較 (50)
　(3) 上院における「フィリバスター」と「クローチャー」(51)
第5節　おわりに …………………………………………………52

第3章 オバマ政権のメディア戦略と世論：
「ゴーイング・パブリック戦略」の終焉？ …前嶋和弘…59
- 第1節　はじめに……………………………………………59
- 第2節　オバマ政権のメディア戦略（1）：
　　　　既存メディア…………………………………60
- 第3節　オバマ政権のメディア戦略（2）：
　　　　ソーシャルメディア…………………………65
  - (1)「ホワイトハウス2.0」プロジェクト (66)
  - (2) 政策支援のためのソーシャルメディア活用の具体的な試み (71)
- 第4節　世論：2分化する国内世論，諸外国の
　　　　対米感情の改善………………………………75
- 第5節　「ゴーイング・パブリック戦略」の終焉？……80
- 第6節　おわりに……………………………………………86

第Ⅱ部：政策の動向と成果 ………………………………91

第4章 特使外交：問われる司令塔機能 ……高畑昭男…93
- 第1節　はじめに……………………………………………93
- 第2節　中東和平とミッチェル特使………………………98
- 第3節　「アフパック」問題の迷走………………………102
- 第4節　北朝鮮問題と国連制裁……………………………105
- 第5節　対イラン政策の「空白」…………………………108
- 第6節　まとめ：特使外交の中間評価……………………111

第5章 経済危機対策：
1年目の経済施策を振り返って ……吉崎達彦…117
- 第1節　経済危機が生んだ大統領…………………………117
- 第2節　危機の中の政権発足………………………………119
- 第3節　オバマ政権の3つの危機対策……………………122
  - (1) 大型景気刺激策 (123)
  - (2) 金融安定化策 (125)

(3) ビッグスリー処理策 (128)

　第4節　2009年の米国経済 …………………………………130
　　(1) 景気回復 (130)
　　(2) 雇用情勢 (132)
　　(3) 財政問題 (134)

　第5節　1年目の経済政策への評価 ……………………………136

第6章　人種関連政策：「脱人種」路線をめぐって …渡辺将人…143
　第1節　はじめに ……………………………………………143
　第2節　オバマ政権を規定する前提 …………………………144
　　(1) 政権誕生過程における特殊条件 (144)
　　(2) 「1つのアメリカ」と人種政治の併存 (145)
　　(3) オバマの人種問題への視座 (149)

　第3節　オバマ政権と人種に関する諸政策 …………………151
　　(1) 政権陣容と人種 (151)
　　(2) 公民権をめぐる方針と投票権法 (152)
　　(3) 教育や雇用における優遇政策 (156)
　　(4) 最高裁判所判事人事 (159)
　　(5) ヒスパニック系と移民政策 (162)

　第4節　「分断」をめぐる懸念と修復 …………………………164
　　(1) 政権運営と諸政策に対する間接的影響 (164)
　　(2) 人種横断的アウトリーチと将来展望 (167)

第7章　医療保険改革：対立を超えて
　　　　歴史的立法の実現へ ………………………武田俊彦…175
　第1節　アメリカ医療保険改革の重要性
　　　　──なぜ今医療保険改革なのか ……………………175
　　(1) はじめに (175)
　　(2) アメリカ医療保険制度の問題点 (176)
　　(3) これまでの医療改革の試み (179)
　　(4) クリントン改革の登場と失敗 (181)
　　(5) クリントン改革後 (182)
　　(6) 医療保険エクスチェンジ (183)

第2節　オバマ大統領誕生への道 ……………………………184
　(1) 選挙期間中の公約としてのオバマ＝バイデン・プラン (184)
　(2) 対立候補マケインの医療制度改革案 (185)
　(3) 大統領選挙の勝利と医療改革への準備 (186)

第3節　オバマ政権の下での医療改革 ………………………187
　(1) 政権発足直後の改革着手 (187)
　(2) 2010年会計年度予算 (188)
　(3) クリントン改革との違い (189)

第4節　議会での審議 ……………………………………………189
　(1) 上院 HELP 委員会 (189)
　(2) 下院の関係3委員会 (190)
　(3) 議会審議中のオバマ大統領の動き (190)
　(4) 夏の休会以降の議会の動き (191)
　(5) 審議における主な争点 (193)
　(6) 上院案，下院案の比較 (194)
　(7) 上下両院の可決と大統領の関与 (197)

第5節　大統領就任2年目の挑戦 ……………………………197
　(1) 年明け (197)
　(2) マサチューセッツ州連邦上院議員補欠選挙と
　　　その政治的意味 (198)
　(3) 一般教書演説 (199)
　(4) オバマ大統領のプランの公表と医療保険サミット (199)
　(5) その後 (201)

第6節　改革を阻むもの：対立点と改革阻害要因 …………202
　(1) 理念的な対立：市場重視と政府の役割重視 (202)
　(2) 利害の対立：関係業界の影響 (203)
　(3) 医療保険業界の動き (204)
　(4) 国民の分断 (204)

第7節　補遺・その後の展開＝法案成立へ …………………206

第Ⅲ部：評価と展望 ……………………………………………209

第8章　オバマ政権1年目の評価と中間選挙 ………吉野　孝…211

第1節　オバマ政権1年目の評価……………………………………211
(1) 政治運営 (211)
(2) 主要政策 (213)

第2節　中間選挙　……………………………………………216
(1) 中間選挙の意味 (216)
(2) 中間選挙の決定要因 (218)

第3節　オバマ政権と中間選挙　……………………………221
(1) 医療保険改革法の成立とその効果 (221)
(2) その他の要因 (223)

エピローグ……………………………………………………吉野　孝…229

事項索引……………………………………………………………231

人名索引……………………………………………………………234

執筆者紹介…………………………………………………………237

オバマ政権はアメリカをどのように変えたのか:
支持連合・政策成果・中間選挙

第Ⅰ部：支持連合と政治運営

第1章 オバマ支持連合の政策選好：政権運営へのインプリケーション

飯田　健

第1節　はじめに

　オバマ政権の成立から1年が経過し，当初高かったその支持率は低迷の一途をたどっている。大統領支持率が変化する原因についてはこれまで多くの研究がなされているが，本章ではその原因について，選挙における連合政治 (coalition politics) の観点から実証的に検討する。連合政治の理論によると，候補者は異なる政策選好をもつ有権者からなる諸集団の支持を取り付け，多数派連合を形成することによって大統領選挙に勝利する[1]。ここでいう諸集団とは例えば，黒人，ユダヤ人などの人種，若年層，高齢層などの世代，高所得層，低所得層などの社会階層によって区別される有権者集団のことである。南部の白人，マイノリティ層，低所得者，労働者からなるニューディール連合は最も有名な例であろう。大統領は自分の多数派連合に属する諸集団を満足させ続ける限りその支持率は維持することができるが，多くの場合，政権が打ち出す政策に不満を感じた特定の集団が多数派連合から離脱することによって次第に連合の規模が縮小し，不可避的に支持率が低下することとなる。もちろんこれは多くの現実を捨象した単純すぎるモデルではあるが，この見方をとることによって見えてくるものもあるであろう。果たしてオバマはどのような有権者の支持を得て当選し，どのようにしてそれらの有権者を満足させ続けることができるのであろうか。

　本章ではまず，2008年大統領選挙時の American National Election Studies（以下，ANES と表記）のサーベイデータの分析を通じて，誰がオバマに投票したのかを検証する。そして，そうしたオバマ支持連合に属する有

権者集団が他の有権者と比べてどのように異なる政策選好を有するのかを見ることで、オバマがどのような政策を取ることによって支持連合内の支持を維持できるのか、あるいは失うのか、またオバマが支持連合を維持する上でどのようなジレンマが存在するのかを検討する。

第2節　誰がオバマに投票したのか

　2008年アメリカ大統領選挙における有権者の投票行動に関しては、最も代表的な Abramson, Aldrich and Rohde (2010) をはじめ、すでにいくつかサーベイデータの分析に基づく研究が発表されており、それらからオバマが支持された理由を読み取ることができる[2]。まず人種の影響については、やはり黒人はオバマに投票するという顕著な傾向が見られた (Abramson, Aldrich and Rohde 2010; Kinder and Dale 2009; Lewis-Beck and Nadeau 2009)。黒人が民主党の大統領候補者に投票するという傾向はよく知られたものであるが、オバマの場合、この傾向は過去の民主党候補者に比べても顕著であり、例えばANESのデータでは2004年にケリーに投票した黒人の割合は88％であったのが、2008年にはオバマに投票した黒人の割合は99％ (Abramson, Aldrich and Rohde 2010) に増え、またCNNの出口調査のデータでは、それぞれ88％から95％に増えるなど、黒人の間での支持は2004年と比べて拡大している[3]。Kinder and Dale (2009) によると、オバマはとりわけ黒人としての意識が高い有権者の間で票を得ていることから、これは黒人候補者オバマの登場によって黒人の人種意識が刺激された結果と言えるであろう。またヒスパニックについても同様に、ケリーがヒスパニック票の53％しか取れなかったのに対し、オバマは67％を取るなど、オバマ支持の伸張が見られた (Abramson, Aldrich and Rohde 2010)。

　世代の影響についてはメディアでも盛んに言われていたとおり、若年層がオバマに投票した傾向が見られた (Abramson, Aldrich and Rohde 2010; Lewis-Beck and Nadeau 2009)。しかし一方で、性別、教育程度によってはオ

バマへの投票の差は見られなかった（Lewis-Beck and Nadeau 2009）。宗教について，やはりプロテスタントはオバマよりもマケインに投票する傾向が強かった（Abramson, Aldrich and Rohde 2010; Kinder and Dale 2009）。

争点の影響に関しては，国民皆保険に対する賛否の態度がオバマかマケインかの投票先を分けた（Macdonald and Rabinowitz 2009）。また失業対策を最優先課題と考える有権者，そして経済状態の責任が大統領にあると考える有権者ほどオバマに投票する傾向があるなど，2008年秋以降の金融危機による景気の悪化はやはり大統領選挙に影響を与えたようである（Lewis-Beck and Nadeau 2009）。

さらに，サーベイデータがまだ入手できない2008年大統領選挙直後に州レベルの集計データを分析した飯田（2009）は，他の要因をコントロールした上でも，黒人，ヒスパニックが多い州ほどオバマの得票率が高かった一方，世帯収入，大卒の割合はオバマの得票率に影響を与えなかったことを示した。これらの先行研究から示唆されるオバマ連合の姿は，ひとまずのところ黒人，ヒスパニックなどの人種的マイノリティ，そして若年層である。

以下ではまず，これらの知見を実際にANESのサーベイデータを分析することで確認するとともに，どのような社会的属性によってオバマ支持・不支持が分かれたのか，すなわちオバマに投票した有権者とは何者であったのかを特定する。また，それぞれの要因の影響を，オバマ投票の推定確率への影響という形でよりサブスタンティブに解釈する。

ここで，分析に使用するANESのデータについて簡単に説明しておきたい。ANESは1948年から大統領選挙および中間選挙ごとに実施されている大規模な学術的世論調査であり，全米科学財団（National Science Foundation）の資金によって現在はミシガン大学とスタンフォード大学によって運営されている。そのデータはANESのウェブサイト[4]から誰でも入手することができ，実際多くの研究者によって利用されている。2008年大統領選挙については2種類のデータセットが公開されているが，今回は2009年5月に公開された"ANES 2008 Time Series Study"のデー

タを分析に用いる。

　従属変数はオバマに対する投票である。サンプルにはオバマかあるいはマケインに投票した有権者のみが含まれ，オバマに投票した場合には"1"，マケインに投票した場合には"0"とコードされる。

　独立変数としては，どのような属性をもつ有権者がオバマに投票したかを明らかにするため，次の変数を含める。まず，オバマに投票する傾向にあった人種グループを特定するために黒人ダミー（"1"：黒人，"0"：それ以外），ヒスパニックダミー（"1"：ヒスパニック，"0"：それ以外），その他非白人ダミー（"1"：その他非白人，"0"：それ以外）の人種ダミー群を統計モデルに投入する。この場合，参照カテゴリは白人ということになる。さらに，収入（1："収入なしあるいは2,999ドル以下"，2："3,000ドルから4,999ドル"…25："150,000ドル以上"の25点尺度），年齢（実年齢をそのまま），教会出席頻度（1："これまで1度も行ったことがない"…5："毎週行っている"の5点尺度），南部在住（1："南部在住者"，0："それ以外"），教育程度（教育を受けた年数），労働組合加入（1："組合加入"，0："それ以外"）を有権者の属性を表す変数としてモデルに含める。また，民主党支持（1："強い共和党支持者"…4："無党派"…7："強い民主党支持者"の7点尺度）は，党派性をコントロールするために投入される。これらの変数の記述統計は

表1-1　データの記述統計

	ケース数	最小値	最大値	平均値	標準偏差
オバマ投票	1,539	0.00	1.00	0.666	0.472
男性	2,323	0.00	1.00	0.430	0.495
黒人	2,307	0.00	1.00	0.248	0.432
ヒスパニック	2,307	0.00	1.00	0.188	0.391
その他非白人	2,307	0.00	1.00	0.050	0.218
収入	2,172	1.00	25.00	10.518	0.620
年齢	2,301	17.00	90.00	47.004	17.226
教会出席頻度	2,315	1.00	5.00	2.766	1.594
南部在住	2,323	0.00	1.00	0.473	0.499
教育程度	2,312	0.00	17.00	13.076	2.593
労働組合加入	2,308	0.00	1.00	0.119	0.324
民主党支持	2,266	1.00	7.00	4.708	2.008

表1-1のとおりである。

表1-2は，上のモデルをロジットによって推定した結果である。まず，人種ダミーについてみてみると，黒人，ヒスパニック，その他非白人のすべてのダミーが1％水準で統計的に有意な正の影響をオバマ投票に及ぼしている。つまりこれは，すべての人種的マイノリティが白人と比べてオバマに投票する傾向にあるということを表している。また人種以外の変数について見ると，年齢と教会出席頻度が1％水準で統計的に有意な負の影響をオバマ投票に及ぼしている。すなわち，年齢が若い有権者ほど，また教会に出席する頻度が少ない有権者ほどオバマに投票する傾向がある。一方で，収入，南部在住，労働組合加入はオバマ投票に対して5％水準でも統計的に有意な影響を及ぼしていない。つまり，収入が高かろうが低かろうが，南部に住んでいようがいまいが，労働組合に加入していようがいまいが，オバマに投票するかマケインに投票するかには関係ないのである。

表1-2 オバマ投票の決定要因

	推定値	p 値
定数項	-2.418	0.001**
男性	-0.074	0.712
黒人	4.093	0.000**
ヒスパニック	0.872	0.001**
その他非白人	1.313	0.003**
収入	-0.009	0.603
年齢	-0.019	0.002**
教会出席頻度	-0.167	0.007**
南部在住	-0.350	0.078
教育程度	-0.005	0.910
労働組合加入	-0.284	0.315
民主党支持	0.994	0.000**
対数尤度数	-375.554	
ケース数	1421	

* $p < .05$ ** $p < .01$

以上のように，統計的な有意性を基準にした場合，オバマかマケインかの投票を分ける有権者の属性としては人種，年齢，教会出席頻度があることが分かった。ただし，統計的に有意な影響があることと，実質的に有意な影響があることとは必ずしも同じではない。つまり，統計的に有意な影響があったとしても，実質的にはその影響は微々たるものであるという場合もある。そこで，各独立変数の実質的な影響をみるために，何種類かの有権者を想定した上で，その有権者のある属性が変化することによって，そのオバマへの推定投票確率がどのように変化するのかみてみる。

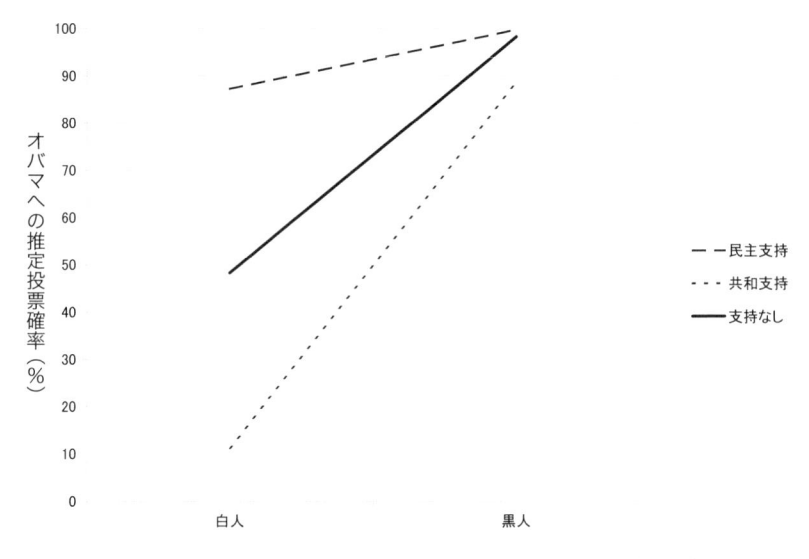

図1-1　オバマへの推定投票確率に対する人種の影響（黒人）

　図1-1は，非南部在住，非組合員で年齢，教育程度，教会出席頻度が平均的な，それぞれ民主党支持，共和党支持，政党支持なしの3人の男性を想定した上で，彼らが白人であった場合と黒人であった場合のオバマに対する推定投票確率の変化を表したものである。横軸は人種を示す一方[5]，縦軸はオバマに対する推定投票確率を示しており，線の傾きは独立変数（この場合は白人―黒人）の影響の大きさを表している。この図から分かるとおり，民主党支持の白人がオバマに投票する推定確率は90％弱であるが，もしこの有権者が黒人であった場合，その確率はほぼ100％となる。こうした人種による推定投票確率の変化は，それぞれ線の傾きを見て分かるとおり，無党派，共和党支持となるにつれ大きくなり，例えば共和党支持者の場合，白人であるとオバマに投票する推定確率は約10％しかないのに対し，これが黒人であると90％近くにまで高くなる。これは民主党支持の黒人のオバマ投票推定確率と10％しか変わらない。つまり，黒人という属性は，80％もの変化という，実質的に共和党の党派性の影響を打ち消すだけの強い影響をオバマに対する投票

図1-2 オバマへの推定投票確率に対する人種の影響（ヒスパニック）

に及ぼしているのである。たとえ共和党支持者であったとしても，黒人であればその有権者はオバマに投票する可能性が90％あるということである。

図1-2は，非南部在住，非組合員で年齢，教育程度，教会出席頻度が平均的な，それぞれ民主党支持，共和党支持，政党支持なしの3人の男性を想定した上で，彼らが白人であった場合とヒスパニックであった場合のオバマに対する推定投票確率の変化を表したものである。まず図1-1と比較して分かるのが，線の傾きの小ささである。つまりヒスパニックの人種属性は，黒人の人種属性ほどオバマへの投票を規定するものではない。例えば，白人の共和党支持者のオバマに投票する推定確率は約10％であるが，この有権者がヒスパニックであったところで，その確率は約25％までにしか高まらない。すなわち黒人の場合と違って，ヒスパニックの共和党支持者は共和党の候補者であるマケインに投票する確率の方がよほど高いのである。ヒスパニックの場合，黒人の場合と違って，ヒスパニックの人種属性の影響が最も大きいのは無党派の有権者に

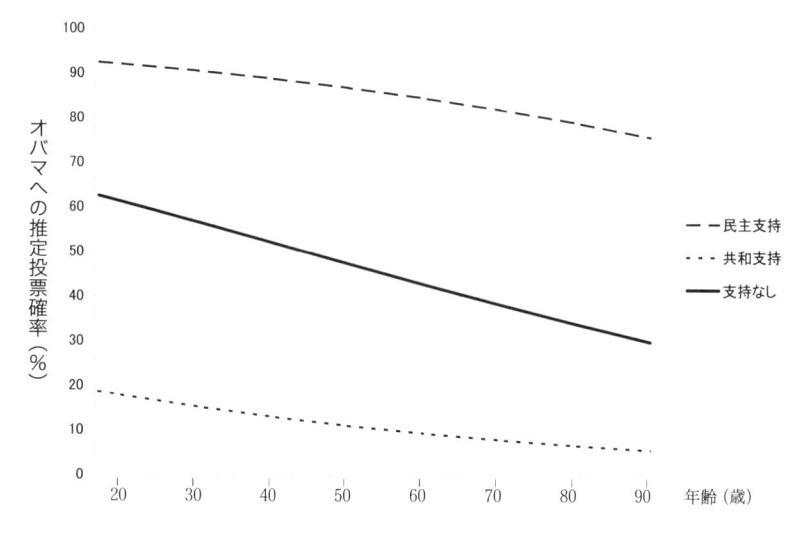

図1-3 オバマへの推定投票確率に対する年齢の影響

対してである。無党派の白人がオバマに投票する確率は50％弱であるが，もしこの有権者がヒスパニックであった場合，その可能性は70％弱にまで高まる。

　図1-3は，非南部在住，非組合員で教育程度，教会出席頻度が平均的な，それぞれ民主党支持，共和党支持，政党支持なしの3人の白人男性を想定した上で，彼らの年齢が異なる場合のオバマに対する推定投票確率の変化を表したものである[6]。民主党支持，共和党支持，支持なしの3本の線の傾きを一見して分かるとおり，年齢はオバマへの投票を説明する上で重要な役割を果たしているようである。その影響は支持なしの有権者の間でとりわけ強く，例えば20歳の無党派の有権者がオバマに投票する確率は60％強であるが，この有権者と同じ属性をもつ60歳の有権者がオバマに投票する確率は40％強と，約20％も低くなる。また党派性を有する有権者の間の影響も顕著で，20歳と60歳の有権者を比べたとき，民主党支持者でも共和党支持者でも，オバマに投票する確率は約10％低くなると推定される。

第1章　オバマ支持連合の政策選好：政権運営へのインプリケーション　13

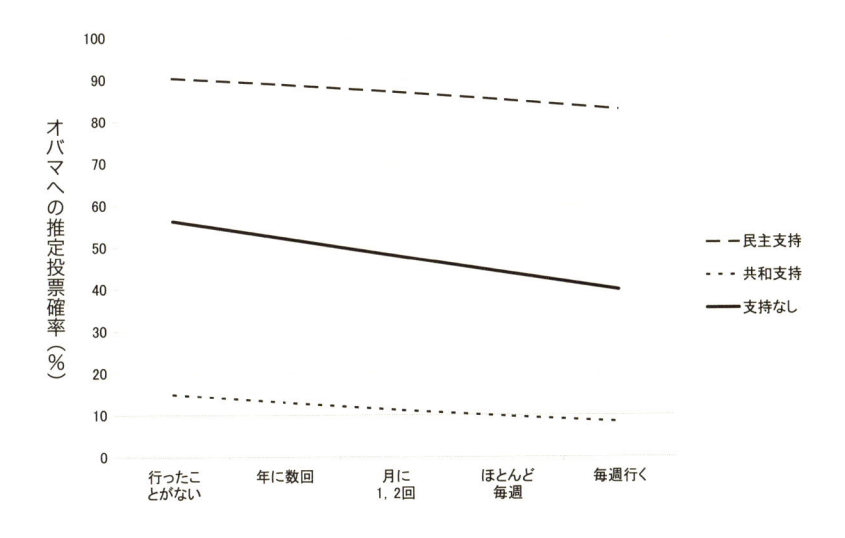

図1-4　オバマへの推定投票確率に対する教会出席頻度の影響

　最後に，**図1-4**は非南部在住，非組合員で年齢，教育程度が平均的な，それぞれ民主党支持，共和党支持，政党支持なしの3人の白人男性を想定した上で，彼らの教会出席頻度が異なる場合のオバマに対する推定投票確率の変化を表したものである。この図によると，やはり教会出席頻度の影響が最も強いのは支持なしの有権者であり，教会に行ったことがない有権者と，毎週行っている有権者とを比べた場合，オバマに投票する確率はそれぞれ前者が約55％，後者が約40％と，15％もの違いがある。ただし，党派性がある有権者の場合，その影響の差は民主党支持者，共和党支持者とも10％未満である。すなわち，民主党支持者，共和党支持者は世俗的であれ，信仰心が強かれ，それぞれの党の大統領候補に投票するのである。
　以上の分析から，いわゆるオバマ支持連合を形成するのは，黒人，ヒスパニックなどの人種的マイノリティ，若年層，教会出席頻度の低い世俗的価値観をもつ有権者であることが分かった。学歴，収入など伝統的な社会経済的地位に関する変数はオバマへの支持，不支持を分ける上で

の重要な要因とはなっていない。オバマは政権を維持していく上で基本的に、このオバマ連合に属する有権者集団を満足させていく必要がある。それはどのようにすれば可能なのであろうか。次節では、これらの有権者集団の政策選好を分析することで、オバマの政権運営のあり方についてのインプリケーションを導き出す。

第3節　オバマ支持連合の政策選好

　第1節でも述べたとおり、オバマが今後支持率を維持し、政権を運営していく上で重要なことの1つは、いかに自分のもともとの支持者たちを満足させ続けられるか、ということである。そのためには支持者の政策選好に適した政策を実行し、常に彼らを満足させていく必要がある。しかし問題は、支持者の中にも政策選好の不一致が存在しうるということである。例えば同じオバマ支持とはいえ、黒人とヒスパニック、あるいは世俗的価値をもつ者と黒人の間では、さまざまな争点をめぐって意見の対立が存在するかもしれない。この場合、もしどちらかの政策選好に適した政策を実行してしまえば、もう一方の有権者集団が不満を感じ、支持連合を「去って」しまうであろう。そこでオバマが取りうる戦略は2つある。1つは支持連合内で意見の不一致のない政策だけを実行することである。しかしこれでは、実行できることは限られてくる。そこでもう1つは、仮に支持連合内の2つのグループの間で意見の不一致があったとしても、どちらかにとってはあまり重要ではない政策があればそれを実行することである。そうすることで、強い政策選好をもつグループは満足する一方、弱い政策選好をもつグループの不満は最小限に抑えられる。オバマにとってそのような政策とは一体、何であろうか。

　ここでは引き続きANESのデータを使って、前節の分析で明らかになったオバマ支持連合を構成する有権者集団がどのような政策選好をもっているのか、支持連合内で意見の対立がある争点は何かを探っていく。ANESでは、いくつかの重要な争点について、回答者の立場とその

重要性を尋ねている。質問の形式は，2つの対立する意見が示された後，そのどちらに近いか7段階で答えるというものである（1と7が両極端で，4が中立）。今回分析する8つの争点とそれぞれに関する意見対立は，次のとおり[7]。

政府サービス支出
- 政府は支出を減らすために衛生や教育といった分野でさえも提供するサービスを減らすべきである。
- 政府はそれが支出の増加を招くとしても，もっと多くのサービスを提供すべきである。

防衛支出
- 防衛支出をもっと減らすべきである。
- 防衛支出をもっと増やすべきである。

医療保険
- すべての人々に対して全ての医療費が賄われる，政府による医療保険制度が必要である。
- すべての医療費はブルークロスなどといった民間の保険会社を通じて個人によって支払われるべきである。

政府による雇用と生活水準の保証
- 連邦政府は全ての人が雇用と良好な生活水準を維持できるよう責任をもつべきである。
- 政府はただ個人が自分自身の面倒を見るようにさせるべきである。

不法移民の就労
不法移民に3年間を限度に就労を許し，その後は彼らの母国に帰らなくてはならないようにすることに，
- 賛成
- 反対

黒人に対する援助
- 連邦政府は黒人の社会経済的地位を向上させるためにあらゆる努力

・黒人は自助努力すべきであって，政府は黒人を助けるためにいかなる特別な努力を払うべきではない。

環境保護
・たとえそれが雇用を犠牲にしたり，生活水準を落としたりすることになっても環境を保護するべきであるである
・環境保護は雇用や生活水準が維持されることほどには重要ではない。

女性の役割
・女性はビジネス，産業，政治の分野において男性と同じ役割を果たすべきである。
・女性のいるべき場所は家庭である。

　もともとそれぞれの争点について，2つの意見を両極として，回答者の意見がどちらに近いかによって1から7の点数が与えられているが，それをどの争点とも意見がリベラルになるほど点数が高くなるように再尺度化し，それをさらに最も保守的な意見をもつ場合に0，最もリベラルな意見をもつ場合に1をもつように標準化する。リベラルな意見とは上の争点の場合それぞれ，「より多くの政府サービスの提供」「防衛支出削減」「政府による医療保険提供」「雇用と良好な生活水準の政府責任」「不法移民の就労許可に賛成」「政府による黒人援助推進」「環境保護推進」「女性の社会進出賛成」の意見である。また，ANESではそれぞれの争点についてその重要性を「全く重要でない」から「非常に重要である」までの5段階でたずねており，これも回答者が重要と考える度合が強いほど点数が高くなるようにした上で，0から1の値をとるように標準化した。このようにして作られた2つの指標を争点についてのリベラル度と重要度と呼ぶことにする。

　このリベラル度と重要度を，各争点についてそれぞれの有権者集団ごとに平均値を計算し，それ以外の集団の平均値とどの程度異なっている

か比較する。もし2つの有権者集団を比べて、ある争点に関してどちらか一方がより高いリベラル度を示しているなら、その集団はもう一方の集団よりもリベラルな意見を、その争点についてもっているということである。重要度についても同様、もしどちらか一方の集団の重要度が高い場合、その集団はその他の集団よりもその争点を重要であると思っている、つまりその争点により強い「こだわり」をもっているということである。分析では実際にオバマ支持連合に含まれる各有権者集団がそれ以外の集団とリベラル度、重要度において違いがあるかを検証するために、平均値のt検定を行なう。ただし、例えば「黒人の若年層」「世俗的価値をもつヒスパニック」など、それぞれの属性は互いにオーバーラップしているので、各属性の独自の影響を析出するためには本来多変量解析が必要である。そこで実際にグループを分ける各属性を独立変数、リベラル度と重要度をそれぞれ従属変数とする重回帰分析を行ったが、重回帰分析で統計的に有意な違いがあると判断された各有権者集団のリベラル度および重要度の平均値の差は、t検定でも有意な差であった。したがってここでは、具体的に解釈する上での容易さから、t検定の結果を示す。

図1-5-1から図1-5-8は、オバマ支持連合に含まれる各有権者集団がそれ以外の集団に比べてそれぞれの争点に関してどの程度異なる意見を

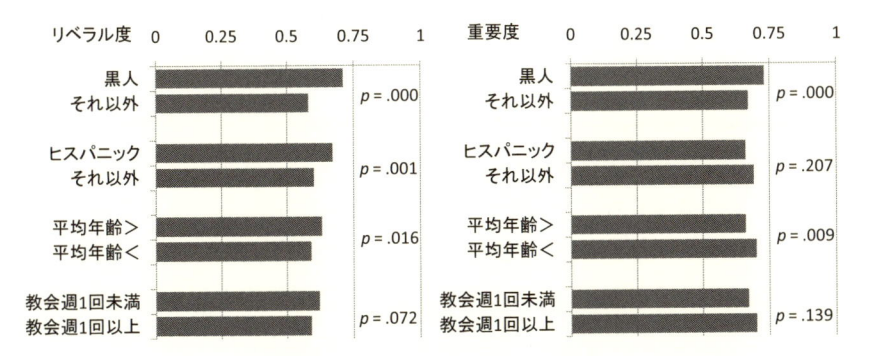

図1-5-1 有権者集団の政策選好の違い：政府サービス支出

18　第Ⅰ部　支持連合と政治運営

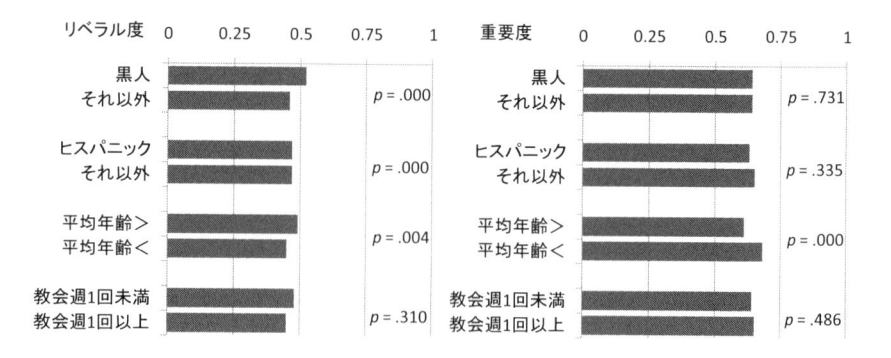

図1-5-2　有権者集団の政策選好の違い：防衛支出

もっているのか，どの程度異なる重要性を見出しているのかを示したものである。このリベラル度，重要度は絶対的な尺度であり，"0"は最も保守的な立場，"1"は最もリベラルな立場，"0.5"は中立の立場を意味する。したがって，例えばリベラル度が"0.5"を超えている有権者集団は，リベラルな意見をもっていると解釈できる。

　図1-5-1は，政府サービス支出に関する各有権者集団のリベラル度と重要度の違いを表している。この図を一見して分かるとおり，すべての集団においてリベラル度は0.5を超えており，概してどの集団もリベラルな意見をもっているが，黒人，ヒスパニック，年齢平均以下の層は5％水準で統計的に有意に，その他の集団よりも政府サービス支出争点にかんしてリベラルな意見をもっている。教会に行く頻度が週1回未満の世俗的な価値観をもつと思われる層も，そうでない層と比べてリベラルな意見をもっているが，10％水準の統計的に有意な違いにとどまる。重要度についてみると，黒人はその他の有権者と比べて政府サービス支出争点を重要であると考えているが，他のオバマ支持連合を形成する各有権者集団はそれ以外の有権者集団と比べてこの問題を重要であるとは考えていないようである。むしろ年齢が平均より下／平均より上の集団で見た場合，オバマに投票する傾向が小さいと思われる平均以上の集団の方がこの問題をより重要視していることが分かる。以上の分析結果の政権

運営上のインプリケーションとして，この政策分野においてはオバマを支持するグループの間ではリベラルな方向でのコンセンサスが存在しているので，オバマにとって政府の提供するサービスを増やす政策をとることは支持率の維持につながると考えられる。またオバマを支持しないと思われるグループも全体としてリベラルな政策選好を示しており，反発もあまり大きくはならないであろう。

図1-5-2は，防衛支出に関する各有権者集団のリベラル度と重要度の違いを表している。全体についてみると，リベラル度は黒人を除いてすべて0.5弱であり，防衛支出を増やすか減らすかでは，コンセンサスは存在していない。黒人／それ以外と，年齢平均より下／平均より上で見た場合，黒人と平均年齢以下のグループはそれ以外と比べて統計的に有意にリベラル度が高くなっているが，それにしても絶対的に見た場合には，防衛費の減少についての強い選好をもっているとは言えない。この争点についての重要性の認識に違いがあるのは，年齢平均より下／平均より上のグループのみであり，年齢が平均より上のグループはこの政策分野に強いこだわりをもっている。この政策分野においてはオバマを支持するグループの間でコンセンサスは存在しないことから，オバマにとって防衛費を増やすにせよ減らすにせよ，支持連合内外での議論を巻き起こすことになるであろう。

図1-5-3は，医療保険に関する各有権者集団のリベラル度と重要度の違いを表している。まず全体として見ると，どの有権者グループもどちらかというとリベラル寄りの意見を示していることが分かる。その中で突出しているのが，黒人と教会出席週1回未満のグループである。すなわち，黒人と世俗的な価値観をもつ有権者は政府による公的医療保険の導入を支持する傾向にある。とはいえ，同じオバマを支持する傾向にあると思われるグループの中でも，ヒスパニックと若年層はそれ以外のグループと比較しても特にリベラルな意見をもっているわけではない。また重要度に関していうと，どのグループとも概して医療保険の問題は重要であると認識しているようである。以上のことから，オバマが自分を

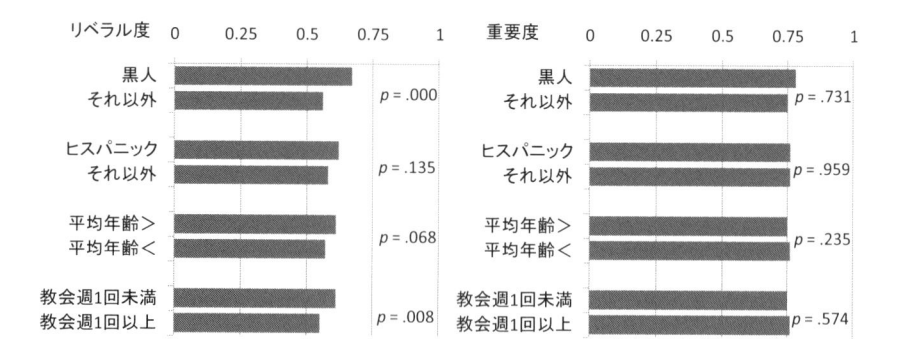

図1-5-3　有権者集団の政策選好の違い：医療保険

支持する黒人と世俗的な価値観をもつ有権者の意見につられて公的医療保険を強く推し進めることは，オバマ不支持グループの強い反発を招くばかりか，オバマ支持連合の内部でも動揺をもたらすと考えられる。

図1-5-4は，政府による雇用と生活水準の保証に関する各有権者集団のリベラル度と重要度の違いを表している。リベラル度に関して，黒人が突出して強く政府による雇用と生活水準の保証を求めている。また，黒人についでリベラルな意見をもっているのがヒスパニックである。この争点の重要度はすべてのグループで同じくらい高いことから，黒人やヒスパニックの政策選好に引きずられ，オバマがこの分野で極端にリベ

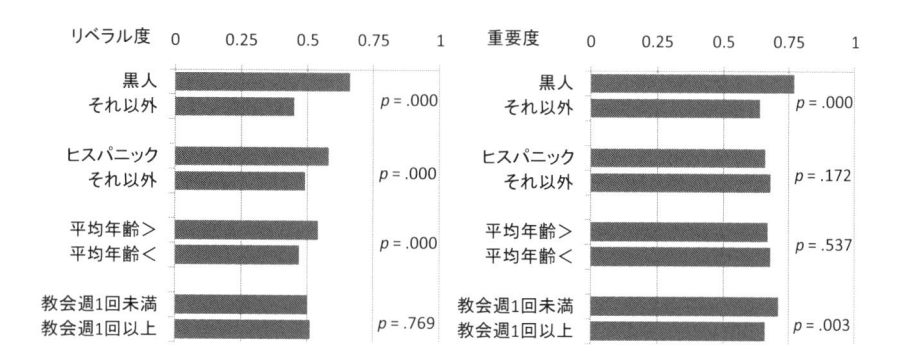

図1-5-4　有権者集団の政策選好の違い：政府による雇用と生活水準の保証

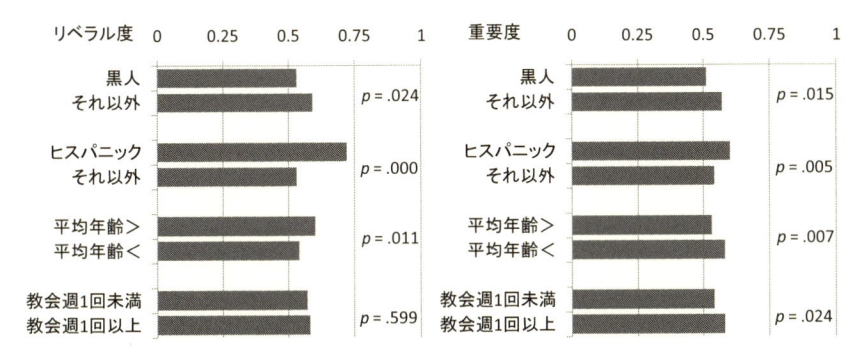

図1-5-5　有権者集団の政策選好の違い：不法移民の就労

ラルな政策を行うと，オバマ支持連合内外で軋轢を生む可能性がある。一方で，リベラルな政策を強く望む黒人は，オバマがもしこの分野で消極的な姿勢を示せば，失望するかもしれない。

　図1-5-5は，不法移民の就労に関する各有権者集団のリベラル度と重要度の違いを表している。この図を一見してわかるのは，ヒスパニックの有権者が他の有権者集団に比べて突出してこの問題でリベラルな政策選好をもっていることである。これはアメリカの不法移民のほとんどがメキシコ出身であることを考えると当然であろう。ヒスパニックに次いで年齢が平均より下の層もこの問題についてリベラルな政策意見をもっている。しかし，問題は黒人が5％水準で統計的に有意に他の有権者集団と比べて保守的な態度，すなわち「不法移民の就労を条件付きにでも認めない」とする立場を取っていることである。また重要度で見ても，ヒスパニックも黒人もこの意見に対して他の集団に比べて強いこだわりがあるようである。この結果から，黒人は古くからのマイノリティとして，新参者のメキシコからのマイノリティ移民の流入に警戒感を抱いていることが推測できる。オバマはこの問題についてあまりにヒスパニックに好意的な政策を打ち出すと，黒人からの反発を招く可能性がある。ただ，この問題の重要性の認識については，ヒスパニックが突出して高いだけで，黒人は逆に他の有権者集団に比べてこの問題を重要ではない

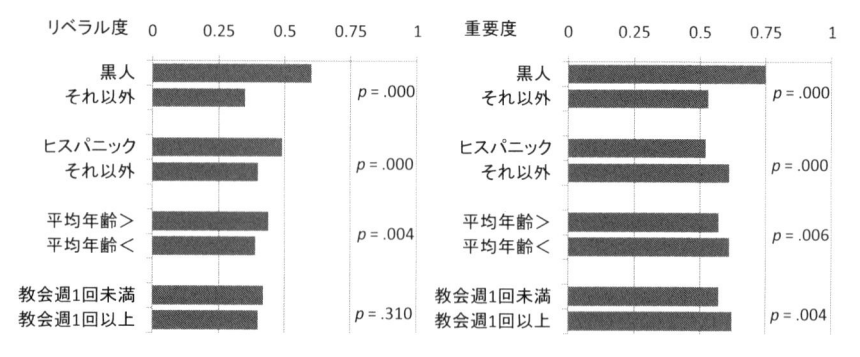

図1-5-6　有権者集団の政策選好の違い：黒人に対する援助

と思っているようである。したがって，やり方によっては，オバマは黒人の反発を最小限に抑えた上で，ヒスパニックの支持を拡大することもできるであろう。

　図1-5-6は，黒人に対する支援に関する各有権者集団のリベラル度と重要度の違いを表している。この問題では，不法移民の就労の問題とは反対に，黒人が突出してリベラルな意見をもっている。他の有権者集団は概して保守的であり，黒人に対する政府の支援に対しては冷淡である。ヒスパニック，年齢平均より下の有権者は他の有権者集団に比べてまだ黒人に同情的であるが，それでも「保守的ではない」という程度である。とはいえ，ヒスパニック，年齢平均より下の有権者はこの問題を重要であると強く思っているわけではなく，したがってオバマが黒人に対する政府の支援を推進した場合には，黒人は満足するかもしれないが，オバマ連合の外にいる白人や高年齢層の強い反発が予想されるであろう。

　図1-5-7は，環境保護に関する各有権者集団のリベラル度と重要度の違いを表している。この図からは，雇用や生活水準を犠牲にしてまでの環境保護には，どの有権者集団も概して慎重な意見をもっていることがうかがえる。その中でも，年齢が平均より上の有権者は平均より下の有権者に比べて，また教会週1回以上出席の有権者は教会週1回未満出席の有権者に比べて，それぞれこの問題についてより保守的な態度をも

第1章 オバマ支持連合の政策選好：政権運営へのインプリケーション　23

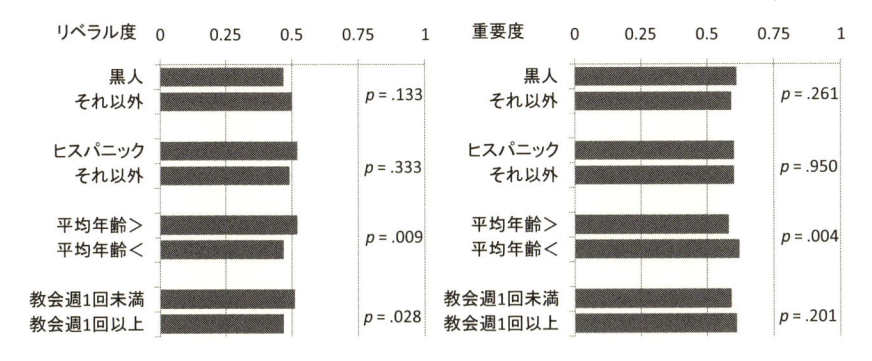

図1-5-7　有権者集団の政策選好の違い：環境保護

ている。特に年齢が高い有権者は他の有権者集団に比べてもこの問題に強いこだわりがあるようである。これらのことから，オバマが雇用や生活水準を犠牲にしてまで環境保護政策を打ち出すのは，支持連合内外どの有権者層の望みでもないということであろう。

図1-5-8は，女性の役割に関する各有権者集団のリベラル度と重要度の違いを表している。この問題に関しては，すべての有権者集団の間においてリベラルな方向性でコンセンサスが成立しているようである。とりわけ若年層と世俗的価値観をもつ有権者はこの問題でリベラルな考えをもっている。重要性の認識も有権者全体として高く，オバマ政権にとっ

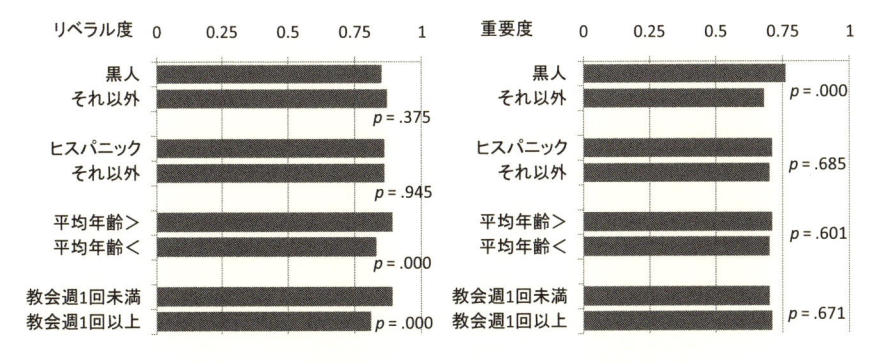

図1-5-8　有権者集団の政策選好の違い：女性の役割

て女性の社会進出を促す政策を推進する上で世論の反対はないと考えられる。

以上の分析結果をもとに,「支持連合内で火種になりうる政策」「支持連合内で協調しやすい政策」「支持連合外と協調可能な政策」をまとめると**表1-3**のようになる。

まず,「支持連合内で火種になりうる政策」についてみると,不法移民の就労,黒人に対する支援,環境保護,防衛支出が挙げられる。不法移民の就労に関してはヒスパニックと黒人の間で対立が存在するが,黒人にとってあまり重要な問題ではないので,やり方によっては,オバマは黒人の支持を失うことなくヒスパニックの支持を広げることが可能であろう。反対に,黒人に対する支援については,黒人が強くこれを求めるのに対し,ヒスパニックと若年層が反対するかもしれない。とはいえ,ここでも反対する側のヒスパニックと若年層は黒人ほどこの問題に重要性を見出していないことから,妥協点を探れる可能性もある。環境保護に関しては,年齢が若く,世俗的価値をもつ有権者が雇用や生活水準を多少犠牲にしてでも環境保護を推進すべきであると考えるのに対し,黒

表1-3 オバマの政策に対するインプリケーション

支持連合内で火種になりうる政策

不法移民の就労	ヒスパニック・若年層　対　黒人
黒人に対する支援	黒人　対　ヒスパニック・若年層
環境保護	若年層・世俗層　対　黒人・ヒスパニック
防衛支出	ヒスパニック・世俗者　対　黒人・若年層

支持連合内で協調しやすい政策

政府サービス支出	リベラル方向で一致
雇用と生活水準の保証	リベラル方向で一致
医療保険	リベラル方向で一致,ただし黒人がやや極端
女性の役割	リベラル方向で一致

支持連合外と協調可能な政策

政府サービス支出	リベラル方向で一致
女性の役割	リベラル方向で一致

人およびヒスパニックが反対する。環境保護をいかに経済成長と両立させるかが，オバマ政権の課題となるであろう。防衛支出に関しては，ヒスパニックと世俗的価値観をもつ者たちが防衛支出を増加させることに慎重なのに対し，黒人と若年層が増加を主張する傾向がある。しかし，この対立はそれほど大きなものではない。

次に，「支持連合内で協調しやすい政策」についてみると，衛生・教育などの政府サービス支出，雇用と生活水準の保証，医療保険，女性の役割がある。これらはオバマ支持連合内部ではリベラルな方向でコンセンサスが存在しており，これらの政策分野でリベラルな政策を実行しても，少なくとも支持連合内部に不協和音をもたらすことはない。ただし，医療保険の問題で黒人が極端にリベラルな立場をとっているので，政策の程度をめぐって支持連合内で問題が起きうる。いずれにせよ，これらの政策分野で支持者の期待に応えることが，オバマの支持率維持の1つの大きなカギとなるであろう。逆に言えば，これらの政策について支持者の期待に応えられなければ，オバマは支持連合内で全体的に支持を失うであろう。

最後に，「支持連合外と協調可能な政策」についてみると，政府サービス支出，女性の役割が挙げられる。これらの争点については，国民全体でリベラルな方向性でコンセンサスが存在する。とりわけ，政府サービス支出を増大させることに関してコンセンサスがあることが，オバマ政権にとって重要であろう。これは，やはり金融危機などによる経済の悪化に対して，アメリカ国民が政府の対策を期待している表れかもしれない。

第4節　おわりに

本章では，オバマの政権運営についてのインプリケーションを引き出すべく，オバマ支持連合の構成についてANESのサーベイデータを用いて特定し，その支持連合を構成する有権者集団がどのような政策選好を

もっているかを検証した。オバマ支持連合を構成するのは主に，黒人，ヒスパニック等の人種的マイノリティ，若年層，そして世俗的価値観をもつ有権者である。こうしたオバマ支持連合の有権者たちは，政府サービスの増大，雇用と生活水準の保証，公的医療保険などの伝統的な大きな政府の政策について，その他の集団よりもリベラルな意見をもち，オバマにその実現を望んでいる。しかし，とりわけ雇用と生活水準の保証，公的医療保険の問題については，政策を実行していく上で，支持連合外部との軋轢を生じる可能性が高い。また，不法移民の就労，黒人に対する支援，環境保護などをめぐってはオバマ支持連合の中でも意見の相違があり，オバマは難しい政権運営を迫られるであろう。

　今回の分析の限界として，データがあくまで2008年大統領選挙時のものであるということが挙げられる。世論は刻一刻と変化しており，当然現在の世論の分布は異なるであろう。しかし今回用いたデータは，選挙時および政権発足直後のいわば「初期値」として，オバマ政権支持率変化の参照点とはなりうる。オバマ政権がこれまで支持率を減らしているという現状は，本章で示された問題についての政策に不満を感じた支持連合内部の有権者の支持を失ったからであると考えられる。この点について，検証するべく，2010年の中間選挙のデータでも分析する必要があるであろう。

注
1　このような有権者集団の連合形成とその変化によってアメリカの選挙を論じた研究として，例えばKey (1955) やBurnham (1970) がある。
2　当然のことながら，人種，年代，社会階層，性別などの属性によって分類される社会集団がどの程度，各候補者に投票したかを検証できる公式のデータは存在しないので，これを検証するには各種サーベイデータに拠るしかない。
3　CNNのウェブサイト (http://www.cnn.com/) の2004年，2008年それぞれの大統領選挙特集ページより。
4　http://www.electionstudies.org/
5　人種はカテゴリカルな変数であり，本来連続変数のように表現するのは

好ましくないが,独立変数の影響の大きさを線の傾きによって表現するためにあえて連続変数のように表現した。要するに,白人,黒人の中間にある推定投票確率の値はすべて実質的に意味がないということに注意。
6 この図の最も若い年齢は17歳であるが,これは調査時に17歳で選挙当日には18歳になっている有権者をサンプルに含むことによる。
7 実際の質問文はここに訳したものとは形式的に異なっているが,そのまま示すのは煩雑になるだけなので,意味は変えないまま形式を整えた。

引用・参考文献

Abramson, Paul R., John H. Aldrich, and David W. Rohde. 2010. *Change and Continuity in the 2008 Elections*. CQ Press.

Burnham, Walter Dean. 1970. *Critical Elections and the Mainsprings of American Politics*. W. W. Norton.

Key, V.O. 1955. "A Theory of Critical Elections." *Journal of Politics* 17: 3-18.

Kinder, Donald R., and Allison Dale. 2009. "Social Groups and Electoral Choice: Religion and Race in the 1960 and 2008 Presidential Contests." Paper presented at the Annual Meeting of the Midwest Political Science Association, Chicago, IL.

Lewis-Beck, Michael S., and Richard Nadeau. 2009. "Obama and the Economy in 2008." *PS: Political Science & Politics* 42: 479-483.

Macdonald, Stuart Elaine, and George Rabinowitz. 2009. "The Issue Dynamic of the 2008 Presidential Election: A Preliminary Investigation." Paper presented at the Annual Meeting of the American Political Science Association, Toronto, ON, Canada.

飯田健,2009「分断か再統合か:選挙の決定要因」吉野孝・前嶋和弘編著『2008年アメリカ大統領選挙:オバマの当選は何を意味するのか』東信堂,145-163頁。

第2章　オバマ政権と連邦議会：
100日と200日とその後

松本　俊太

第1節　はじめに

　2009年の大統領選挙の過程およびその結果において，バラク・オバマは，アメリカを変える（あるいは変えた）歴史的な大統領としての期待，ないしは評価を集めるようになった。これは，初のアフリカ系アメリカ人の大統領であるという点だけでなく，オバマ自らが，"Change" や "Yes we can" といったフレーズを使い，変革，とりわけ党派的・イデオロギー的に分断されたアメリカ国内の融和の重要性を訴えたことなど，オバマ自らが変化を演出したことも見逃せない。しかしその1年後の2010年初頭，アメリカ国内におけるオバマ政権の支持率は50％未満にまで低下し，さまざまな批判の声も大きくなってきた。しかし，アメリカの政治は，大統領のみによってうごかされるものではない。とりわけ，立法を司る連邦議会との関係をみなければ，オバマ政権自体への評価を行うためのバランスを欠いているであろう。本章の課題は，主に内政におけるオバマ政権と連邦議会との関係から，これまでの同政権の成功と失敗の原因を分析し，今後を展望することである。

　結論から述べれば，オバマ大統領の1年目の政権運営自体は，少なくとも「悪くない」ものであった。例えば，2009年2月に成立した景気対策法（2009年アメリカ再生・再投資法）は，その内容の是非はともかく大きな成果であろうし，その後も大きな失政はみられない。しかしその成果は，オバマが「偉大な大統領」であることによるのでは全くない。さらに，就任100日間は議会は大統領の方針を歓迎するという「ハネムーン」という慣例も，オバマの場合には当てはまらなかった。

本章が主張する，オバマ大統領の就任1年目の成功の要因は，第1に，大統領の個人的な要因よりも，十分なリソース，とりわけ，上下両院において民主党が過半数を大きく超える議席を得ていることであり，第2に，国内の融和をはかるという就任以前からの主張に反して，オバマが議会に介入することによって，議会民主党の結束が強化されたことである。そして，本章の初稿が完成した2010年2月中旬の段階におけるオバマの苦境も同じく，議会の党派構成と大統領の行動によって説明される。すなわち，大統領本人の意図は何であれ，就任1年目のオバマの行動は党派的であるように議会共和党には受け取られ，それに刺激された議会共和党が結束を強め，政権との対決姿勢を鮮明にする一方で，議会民主党が共和党のさまざまな抵抗を覆すほどには大勢力ではないことである。

　このように，議会の党派性が重要になっている背景として，アメリカ連邦議会において1970年代から進行している，2大政党の「分極化」と呼ばれる現象を理解しておく必要がある。本章は，この現象について簡単なレビューを行うことから始める。続いて，オバマと連邦議会の関係について，「ハネムーン」の期間にあたる就任直後の100日間と，それ以降から2010年1月までの期間に分けて叙述し，両者の関係が「ハネムーン」という慣例，ひいては，フランクリン・ルーズヴェルト以降確立したといわれる「現代大統領制」から逸脱したものであったことを示す。そして，このことを実証するために，オバマ政権と他の大統領の就任1年目における各種データの提示とその分析を，過去の大統領の就任1年目のデータと比較しつつ行う。最後に，以上の議論から導き出されるオバマ政権の今後の展望を述べて本章を閉じる。

第2節　現代大統領制・分極化・ハネムーン

(1) 行政のトップとしての大統領／党の顔としての大統領

　アメリカは，厳格な権力分立をその基礎としており，大統領は，憲法

上，直接的に立法を行う権限を有しない。しかし，20世紀前半から始まった行政国家化の進行に伴って，大統領は，自らが望む立法を実現させるために，法案に対する「拒否権」の行使や「教書」の提出などによる議題設定といった公式の権限や，エリートや一般国民への説得といった非公式な手段を行使することによって，実質的には，立法過程における主要なアクターとしての役割を果たしているといわれる。こうした，公式の権限を越えて，国政において強いリーダーシップを発揮する大統領職の在り方を，一般に「現代大統領制」という。

　大統領は行政を司る執政府のトップとして，議会は立法の最高機関として，それぞれ異なる行動原理に基づいて行動する (Jones 2005)。しかし実際には，議会と大統領は絶えず対立関係にあるわけではなく，むしろ協力関係にあって，交渉や妥協を行いつつ共同で立法作業を行うこと (Peterson 1990) が常態である。このように，議会も大統領も相手の意向を無視できない理由は，法案等が議会で成立するためには，大統領が有する拒否権や上院におけるフィリバスター（演説を長時間行うことによる議事妨害。以下「議事妨害」と表記）をそれぞれくつがえすには，特別多数を必要とするという制度的制約などから，過半数ではなく，それよりも十分に多い支持を得なければならないからである (Binder 2003; Krehbiel 1998)。逆にいえば，こういった特別多数を超える多数派形成が可能になっているのは，議院内閣制の国におけるそれと異なり，アメリカ議会における政党においては議会内の党組織が弱く，とりわけ，議会で審議される法案に対して党議拘束を課すことができないことによる。

　しかし，党組織の弱さや党議拘束の不在から，政党が何の意味もなさないと判断するのは早計である。ここで本章が注目する現象は，「他の条件が同じならば」，大統領が議会に介入することによって，自らと同じ政党に所属する議員の支持を拡大できるという「正の影響力」をもつと同時に，逆に大統領の介入に刺激されて，敵対する党の議員の反発を招くという「負の影響力」をも有していることである。それは，大統領は，執政府の長や国家統合の象徴という役割をもつと同時に，政党の「顔」

とでもいうべき役割を担っていることによる。

　大統領の議会への介入によって議員が党派的に行動するようになる経路は，選挙政治における議員——有権者関係と，議会内における大統領——政党指導部関係の2つに分けて考えることができる。まず，多くの研究が前提としているように，議員は再選可能性を高めることを志向する。そのため，議員は有権者の動向に敏感である。その有権者は，典型的には，イデオロギー上の位置づけがよく分からない争点が出された場合，外部から与えられる手がかり (cue) を用いて，その争点に対する態度を形成する。有権者が利用する手がかりにはさまざまなものがあるが，ここでは，誰がどういう立場をとるかに関する情報 (source cue) によって有権者が判断を下すことが重要である。エドワード・カーマインスとジェイムス・スティムソンは，人種問題を題材に，従来は党派的な争点ではなかった問題が次第に有権者の間で党派性を帯びてきていることを明らかにし，政党エリートが党を代表してその争点に対して行動や発言をすることをその原因と指摘している (Carmines and Stimson 1989)。そのような，新しい争点に党派性あるいはイデオロギー色をもたせる役割を果たすアクターの代表格として，大統領を位置づけることができる (例えば Mondak 1993)。

　加えて，近年では，政党指導部が議員の選挙活動に介入し，有権者に対して組織的なコミュニケーションを図っている (Lipinski 2004)。また，議会内政党によるコミュニケーションは，有権者の支持を調達するだけでなく，党の方針に反対する議員を議会外から統制することを狙っているといわれる (水谷 (坂部) 2007)。大統領と同じ党の指導部にとっては，大統領が成功を収め，それによって高い支持率を維持することが，来たる選挙における所属議員の再選に資する (コート・テイル効果) と判断されるならば，大統領の政策アイデアの推進に積極的に協力するであろう。同様に，大統領と敵対する党にとっても，大統領が提示する政策アイデアを攻撃し，それによって大統領を貶めることは，自らの存在意義を有権者に対してアピールするための格好の手段であろう。

第2に，大統領が立法府において自らのアジェンダを実現しようと試みる際に，主要な説得の対象とするのは，両党の議会指導部である。アメリカ議会政治の教科書的な理解によれば，アメリカの議会内政党は，議院内閣制における政党のような，議案に対して党議拘束をかけるだけの統制力をもたない。しかしそれでも，議会指導部は，人事などによってある程度は議員を統制することができることから，大統領にとっては，指導部を説得する方が，個々の議員に接触するよりもはるかに効率的に多数派を形成できる。ここで，政党指導部は，大統領が関心をもつ案件はそうでないものより政治的に重要であると判断し，党派的に行動することに利益を見いだすであろう。敵対する政党の指導部にとっては，たとえ本心では支持したいと考える政策であっても，大統領が提示する案をそのまま認めることは，その政策を実現させた手柄は大統領のものになってしまうために，賢明な選択ではない。逆に，大統領と同じ政党の指導部にとっては，大統領の手柄とし，党の顔としての大統領の威信を高めることが，党に対する有権者の評価を向上させ，次の選挙における成功にもつなげることができる。

(2) 議会における分極化と現代大統領制の変化

　さらにここで注目すべき現象は，1970年代ごろから2大政党の分極化が始まり，1980年代にはそれが顕著になっていることである。分極化とは通常，「2大政党における，政党内のイデオロギー的凝集性の拡大と，政党間のイデオロギー距離の拡大」(Aldrich and Rohde 1998) と定義されるものである。

　分極化が進行している状況では，大統領の法案等への介入が刺激となって議員の行動が党派的になる程度は，より大きなものになっていると考えられる。第1に，有権者レベルの分極化は，議員に対して党派的に行動することをより促す。政党帰属意識をもつ有権者の割合は，この20年ほどで再び増加している[1]。これが意味することは，政党帰属意識に基づく投票行動の復活 (例えば Bartels 2000) だけではない。政党帰属意

識が強い有権者ほど大統領の立場表明の刺激をより強く受けることが,すでに実証的に明らかにされている。これまで以上に,新しく生じる争点が党派的争点として認識されることが増えると考えられるのである。第2に,1970年代に行われた議会改革は,委員会制度とシニオリティ・システムを後退させることによって,相対的に政党,とりわけ多数党による統制を強化する方向に作用した(待鳥 2009: 61-71)。委員会に代わって政党指導部が,議員の行動を規律づけることができるだけの制度が整ったのである。

ここで簡単なデータを提示する。図2-1は,コングレッショナル・クォータリー (Congressional Quarterly) が,本会議において大統領が明確に態度を表明した採決のコード化を開始した1953年以降,どちらかの政党の一方の過半数が他方の過半数と異なった投票を行った「政党投票」が行われた割合を,大統領が立場を表明した場合と,そうでない場合に分けて示したものである。ただし,採決を,「手続」(procedural)・「修正」(amendment)・「最終通過」(final passage) の3つに分類した後 (Theriault 2008: Chapters 7-8),「最終通過」のみを分析の対象とした[2]。

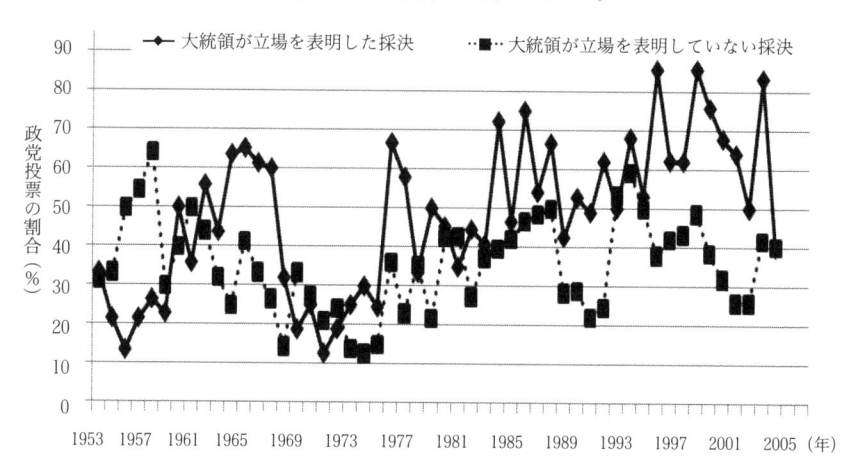

図2-1　大統領の立場表明の有無に応じた政党投票の割合

注) Poole and Rosenthal のデータ・セット (http://www.voteview.com) および Rohde (2004) のデータ・セット (https://www.msu.edu/~pipc/pipcdata.htm) をもとに筆者が作成。

まず明らかに言えることは、大統領が立場を表明した採決・そうでない採決ともに、1970年前後を底に、政党投票の割合が上昇する傾向にあることである。より重要なことは、もし大統領が立場を表明することで議員がより党派的に行動しているならば、実線は破線よりも上方に位置しているはずである。実際、分極化が始まったといわれる1970年代以降は、いくつかの例外を除いてそのようになっており、しかも、その差は、年代が新しくなるごとに、概して大きくなっていることが読める。したがって、このグラフから少なくとも直観的には言えそうなことは、第1に、概して、大統領が立場を表明した採決は、そうでないものと比べて、議員の投票行動はより党派的になること、第2に、その傾向は、分極化の程度が大きくなるに従って強くなっていることである[3]。

(3) 議会における分極化とハネムーンの変化

本章に課せられた課題は、オバマ政権1年目の議会におけるパフォーマンスの評価である。ここで、「現代大統領制」における就任直後の大統領と議会の関係について述べる。

ポール・ライトは、現代大統領制の下では、大統領はさまざまな「リソース」を用いて議会に影響を及ぼすとし、リソースの例として、時間・エネルギー・専門知識・経験といった、大統領がコントロールできる内的なものの他、議会からの支持・世論・選挙でのマージンなど、外的なリソースを挙げている (Light 1999)。ここで重要なことは、リソースの量は、専門知識や熟練度などを除けば、概して時間の経過とともに単調に減少することである。したがって、大統領に当選した候補にとっては、就任までの2カ月強の間に、主要な人事の決定と改革案の選定を済ませ、就任後速やかに、議会に対して立法化を求めることが求められる。準備が念入りであればあるほど、就任してすぐに、改革のための法案等の審議を、議会に求めることができることはいうまでもない。

大統領が改革を実行する最大のチャンスが就任直後であるもう1つの理由は、議会側の事情によるものである。「現代大統領制」を確立させ

たフランクリン・ルーズヴェルトは，大恐慌の最中の1933年に就任し，3カ月の間に国民の救済と経済の復興を目指す緊急施策を実行に移した（砂田 2004: 133-134）。これ以降，就任してから100日は，議会は大統領の方針を基本的には歓迎することが慣例になった。これを「ハネムーン」という。この慣例がルーズヴェルト以降も続いた理由は，議会が、大統領を職務に慣れるよう促すことにある。つまり，ハネムーンは，議会と大統領が長期的にも協働することを前提とした慣習であり，その意味で，「現代大統領制」とは密接不可分のものであるといえる。

　ところで，この「現代大統領制」を支える大統領と議会の協働体制や，そのために必要となる，超党派的な多数派形成が，前項で述べたように，この30年ほどの間に難しくなっているならば，ハネムーンのあり方にも変化がみられるはずである。ハネムーンは，あくまで慣例であり，言い方を変えれば紳士協定である。議会においては，このような慣例が崩れることはたやすい（日本の国会の例として，増山（2003）を参照）。分極化が進行している現状では，ひとたび大統領が党派的にふるまった場合（正確には，後述するように，大統領が党派的であると認識された場合），それに刺激されて，大統領と異なる党に所属する議員（とりわけその指導部）は，紳士協定を破って，政権発足直後から敵対的な態度に転じることは，十分に考えられる。

　大統領の側にも，党の顔としてふるまう（あるいはそのように写ってしまう）理由が存在する。就任1期目の大統領は，4年後にやってくる再選のことを考えなければならない。その大統領選挙のあり方は，1960年代から1970年代にかけて，大統領の選出過程の変更・メディアの発達・旧来のマシーン政治の衰退とそれにかわるアドボカシー的団体や政治的活動家の役割の拡大など，さまざまな要因によって劇的に変化した。そしてその特徴は，大統領選挙における党派性の強化と，選挙運動の長期化の2点に要約できる。果てには，大統領は絶えず次の選挙での再選を意図して，政策活動や一般有権者へのコミュニケーション活動を行うという，「永続的選挙運動」(permanent campaign)[4]と呼ばれる状況が生まれた

のである（大統領の政策活動と有権者・世論との関係に関する詳細は，第3章を参照）。ハネムーンは，国政のパートナーである大統領に習熟期間をあたえるための紳士協定であるとの元来の趣旨に照らせば，目の前の職務自体にではなく最初から次の選挙のことを考えているような大統領に，紳士協定を適用するいわれがないのは当然であろう。

第3節　オバマ政権1年目と連邦議会

(1) オバマ政権の100日以前

　前節でみたように，議会において分極化が進行している状況では，そもそもハネムーンは起りづらく，しかも，大統領の出方次第では，議会と大統領の対立が議会内の政党間対立の形をとって激化することが予測される。では，実際のオバマ政権の軌跡はどうであったか。合衆国憲法は，アメリカ大統領の就任日を1月20日と定めている。「ハネムーン」に該当する期間は，その翌日を起点とするならば，そこから数えて100日目となる4月30日までである。その間のオバマ政権のパフォーマンスについて述べる前に，当選から就任までを簡単に振り返る。

　まず，ライトがいう「リソース」から，オバマ政権にあたえられた初期条件を検討する。オバマはわずか4年であるが連邦上院議員を務めていたことから[5]，議会対策の重要性は少なくとも認識しており，おそらくは自らの経験不足も認識していたと思われる。この点が，連邦政治を甘くみて失敗した，ワシントン・アウトサイダーのジミー・カーターやビル・クリントンとは異なる。オバマは，上院の大物議員であるジョセフ・バイデンを副大統領に指名し，当選直後には，オバマと同じくシカゴ選出で新進気鋭のラーム・エマニュエル下院議員を首席補佐官に任命し，上下両院ににらみがきく2枚看板（吉崎2009a）を得た。ただしその2枚看板は，民主党議員にのみ有効なものであり，この人事こそが議会共和党を刺激し，超党派的な議会運営の妨げとなったとの見方もできる。

　より重要な外的リソースに関して言えば，その中でオバマが唯一明白

に有するリソースは，議会における民主党の議席数である。下院258議席（全体の59.1%），上院57議席（全体の57%）はいずれも，このところの，2大政党の議席数が五分五分に収斂する傾向から反発して，1993年の水準を回復している。しかし，その他のリソースについては，オバマ独自の改革案の実現にプラスに作用したとは必ずしも言えない。第1に，オバマ政権の高い支持率は，通常ならば，改革案を推進する追い風になるはずである。しかし同時に，複数の世論調査が，オバマ政権に求めることとして，"Change" ではなく，目の前の経済危機への対応という回答が多数にのぼることを明らかにしていた。第2に，大統領選挙の結果はオバマの圧勝であり，有権者がオバマに負託 (mandate) をあたえたという見解には疑問が残る。たしかに，選挙前の予想や，過去2回の大統領選に比べれば，対立候補のジョン・マケインに大きな差をつけたといえる。しかしマケインも一般得票の45%をとっており，一般得票における共和党候補に対する得票率でいえば，クリントンが当選した1992年の数字 (53.5%) とほぼ変わらない（選挙人 (electoral college) の獲得数をもって圧勝と評するのは妥当ではない）。ましてや，オバマ当選の重要な要因は，「業績投票」であり，有権者の期待は，未来の新しいアジェンダではなく，近過去に生じた経済状況，とりわけ雇用の悪化への対応である（2008年選挙に関する詳細は，第1章を参照）。

したがって，オバマが就任前に抱えた，改革案の推進への最大の障害は，ライトが挙げたような一般的な要因ではなく，きわめて2008年に固有の要因，すなわち経済である。実際，オバマは当選前後から，"Change" よりも経済危機について語ることが圧倒的に多くなったという（砂田 2009: iii）。

(2) オバマ政権の100日

さて1月20日にオバマ政権は発足した。就任演説においてもこれまでの華やかさはなりをひそめ，その内容も，現状の深刻さを再度国民に確認するものであった。結局，独自の政策アジェンダを最初から出すこ

とは、状況が許さないとオバマは判断し、そのため、最初の100日間に議会で成し遂げられたことは、ほぼ直近の経済危機への対応（景気対策法・2010年度予算決議案の承諾）と人事の2つだけであった。その他の案件については、非公式に議会民主党に要請して審議を開始したり、ホワイトハウス内で政策案の検討を行ったりと、水面下の準備を続けるにとどまった。

内政に関して真っ先に行ったことは、議会の同意を必要としない「行政命令」である。その内容は、グアンタナモ収容所の閉鎖令や妊娠中絶関連の政策変更などであり、本人の意図はともかく、オバマがリベラルな正体を現したという批判の余地をあたえるには十分であった。

懸案の景気対策法（詳細は第5章を参照）は、元々は超党派的に成立する条件が整っていた。それらの条件とは、高い大統領支持率、景気対策と金融の安定化を大統領に期待する世論、早急に法案を成立させること自体については幅広いコンセンサスが得られていたこと、そして、「100年に1度の危機」とまで言われた経済状況の深刻さがハネムーンの起源となったルーズヴェルトの100日を想起させるに十分であったこと、などである。オバマの行動をみても、まず1月27日に議会への訪問を行っている。大統領がわざわざ議会へ出向くのは異例であり、しかもその目的が共和党議員たちへの法案成立の要請であったことは、彼の持論である超党派政治の実を示す（砂田 2009: 46）ためであった。その後も両党の指導部や議員に再三にわたってはたらきかけ、超党派的な編成作業を議会に求めていた。にもかかわらず、立法過程は最初から最後まできわめて党派的に進んだ。下院本会議における点呼投票の結果は、最初の下院案・最終版である両院協議会案ともに共和党議員の全員が反対した。上院でも、法案の妥協と引き換えに得られた共和党議員の票は、クローチャー（議事妨害を打ち切るための動議。以下「打ち切り動議」と表記）を可決させるために必要な60議席を確保するために最低限必要な1人をわずかに上回る3人——うち1人は、ほどなく民主党に移籍したアーレン・スペクター——が精一杯であった。

共和党指導部の最大の不満は，その支出額の大きさではなく，法案の作成が政権と議会民主党のみによって行われたことにある。そもそも，政権発足前から非公式に進んでいた法案作成作業からして，政権と議会民主党のみによるものであった。下院本会議でも，民主党主導の規則委員会は，self-executing rule[6]という，本会議での共和党議員の修正案を事実上封じる議事規則を採用したし，上院における妥協も，3人の共和党議員と，オバマと民主党中道派議員のみの話し合いによるものであり，共和党指導部は排除されていた。議会共和党，とりわけ指導部にとってみれば，一般有権者の目につきやすいところでだけオバマに超党派政治を訴えられても，それはオバマの手柄となるだけであり，彼らにとって得るものはないと判断したのであろう。一方，議会民主党にとっては，圧倒的な議席数を有するだけでなく，自らの党から大統領が選ばれたことにより，16年ぶりに民主党統一政府を実現させることができた。仮に共和党との協働を重視した法案作成を行うとすれば，これまで棚上げになっていた，財政支出を伴う各種政策を景気対策法の中に含めるために，ひとつひとつ共和党と時間のかかる交渉を行い，妥協をせざるをえなくなる。それは，政策案が骨抜きになることや，景気対策法全体の立法過程に時間を費やすことを意味し，彼らにとっては，受け入れがたい選択であったのであろう。

　景気対策法は，オバマも認めるように，ある程度時間がたたなければ効果は出ないことが見込まれるものであるし，一般に経済政策の効果の評価は，政治的・党派的なバイアスを伴いやすいものであるので，同法案の是非を安易に判断することはできない。しかし，このような莫大な支出額と長大な内容を伴った巨大法案を，わずか24日間で成立させたオバマ政権の実務能力は否定のしようもなく，これだけを理由に「歴史的な業績」という評価はできる。ただここで指摘すべきことは，その「成功」の要因が，オバマが主張し続けている政党間の融和ではなく，強大な民主党の議席に依存したものだということである。

　このような議会共和党の強い反発は，上院における閣僚等の人事の承認

にまで及んだ。「オバマの100日」が，大統領が推進する改革案の議会での成立にいたらなかったもう1つの理由は，相次ぐ閣僚候補者の辞退や，彼らのスキャンダルの発覚である。人事が混乱をきたしたことは，オバマ政権の稚拙さの現れとの報道も当然なされたが，それだけでなく，議会共和党の「身体検査」が，かつてないほど厳しかったことが大きいと思われる。就任直後の大統領の人事案は，全会一致で成立するのがこれまでの常であった。しかも，ブッシュ（子）政権2期目のような保守的な人材の登用ではなく，オバマの場合はロバート・ゲーツ国防長官の留任など，超党派的な人事を意図的に行っており，その中で起こった現象であることは注目に値する。

　オバマ政権の場合，前年のうちに全ての閣僚人事を手際よく決定したにもかかわらず，就任した1月21日の段階で上院の承認が済んでいない閣僚が5人も残っていた。しかしその後行われた5人のうち3人の承認において，10人以上の共和党議員が反対票を投じた。最も人事が党派的対立の道具となったのは，保健福祉長官のトム・ダッシュルが指名辞退に追い込まれた件である。これは，直接的には納税漏れが発覚したことを受けた自発的な辞退であるが，問題はもっと根深い。1つは，上院におけるダッシュルの位置である。ダッシュルは10年にわたり上院院内総務を務めており，議会共和党にとっては長年の仇敵であった。しかも，2004年選挙で，ダッシュルが再選に失敗し，ちょうど入れ替わる形でオバマが上院議員に選ばれた際，ダッシュルのスタッフをオバマが引き継いでいる。2008年大統領選挙においても，ダッシュルはオバマの後見人を自認している。もう1つのポイントは，ダッシュルは医療制度を知りつくしており，ホワイトハウスに新設される医療保険改革本部の本部長を兼務することも内定していたことである。オバマが，医療保険改革の責任者としてかつての議会の大物であり後見人であり専門家であるダッシュルを起用することは，医療保険改革に対してオバマが本気であり，しかも民主党主導でことにあたること印象づけるには十分であり，この人事をつぶすことには，オバマが医療保険改革を進めることを

牽制する意図があったものと思われる。

(3) オバマ政権の200日とその後

このように，オバマ政権の最初の100日は，超党派的な支持がなかったことと，オバマ政権が掲げる改革案が実現しなかったことの2点において，「現代大統領制」における「ハネムーン」とは異なるものであった。しかし，砂田一郎(2009: vi)はオバマ政権をどちらかといえば擁護する立場から，吉崎達彦(2009c)は中立的ないしやや懐疑的な立場から，それぞれ，オバマ政権の評価は，100日ではなく，半年ないしは200日経たねば下せないと述べている。その理由として，オバマは景気対策法案を最優先せねばならなかったこと，内外ともにトラブルの火種が多いこと，最初の100日は就任前の「仕込み」で乗り切ることができることなどがあげられている。最後の点は，就任前の「仕込み」を大統領の評価に含めるか否かによって議論が分かれるところである。しかしその他の点は，オバマにはコントロールのしようのない問題であり，したがって，オバマ政権に対して100日間で業績を出すことを期待することは，やはりフェアではないだろう。

そこで，議会が夏季休会に入った8月7日までのおよそ200日目までの経過をも別途検討する必要がある。就任から夏季休会までのオバマ政権には，人事をめぐる混乱が続いていたことを除けば，就任1年目の大統領にありがちな失策は，少なくとも致命的なものはなかった。当時の国内外のメディア論調や世論も，オバマ政権の安定ぶりを高く評価していたものと思われる。そして，たばこ規制法案や環境エネルギー法案(いわゆる「グリーン・ニューディール」を行うことを意図したもの)[7]など，就任前から準備していた独自の政策アジェンダがようやく本会議の場に現れた。2月24日の議会合同演説(例年における年頭教書に相当)において掲げた，教育，環境，医療の改革の3本柱のうちの1つである。

しかし，この時期の主要立法も，そのほとんどが指導部を中心にまとまる共和党の反対を押し切って，民主党の数の力で実現させている。以

下、下院での環境エネルギー法案の審議を例に説明する。

同法案の審議は、石炭産出州選出の民主党議員と、長年の環境保護の第一人者である、エネルギー・商業委員長のヘンリー・ワックスマンとのバーゲニングにほとんどの時間が費やされた。本会議での採決の直前にはオバマも個別の議員の説得に乗り出したが、その相手は態度を決めかねていた民主党議員であり、最初から共和党議員への説得活動には期待していなかったようである。砂田 (2009: 169) は、民主党議員をまとめきれなかったことに、党指導者としての限界を見いだしているが、エネルギー産業は、伝統的には政党ではなく地域や支持団体ごとに対立がみられるものであり、ここは、むしろ共和党議員を取り込むことができなかったことに、オバマの限界を感じるべきであろう。同法案は結局、わずか5票差（共和党：賛成8対反対168；民主党：賛成211対反対44）で下院を通過し、2010年1月末の時点では、上院での審議にうつっている。

さて、この200日の間、オバマ政権は安定した政権運営を行っているという評価がなされていた。そして、おそらくは雇用情勢に対する不満が原因で、支持率が徐々に下がってきている事実を深刻に考える向きは、このころは少なかった。風向きが明らかに大きく変わったのは、その200日が過ぎ、議会が再開された週の9月9日である。これ以降、議会における中心的な案件は、ほぼ医療保険改革一色になった。

この日オバマは、議会合同演説で医療保険改革を訴えた。これまで、超党派立法への努力を尊重して、法案作成作業を議会に任せていたものの (砂田 2009: 148)、当初の目標である1年以内の可決・成立が危うくなってきたことに業を煮やして、ついに自ら乗り出した格好である。医療保険改革の立法過程については、その複雑な内容と合わせて理解する必要があるが、これは第7章にゆずる。ここでは、その改革をめぐる議会の動向に限定して述べる。

この日のオバマの演説は、いつもながらの名演説と評された。しかし、この演説という手法がまずかったように筆者には思われる。第1に、この演説を機に支持率が上昇することはなかった。ちょうど16年前の

同じ9月，同じ統一政府の下，同じく議会合同演説で熱弁をふるったクリントンの場合，その直後に支持率が10ポイント近くも上昇した。当時の世論や経済状況がそれを求めていた（水谷（坂部）2007）からである。オバマは，一般国民の多くが国民皆保険を求めていないという事実を読み誤った。ブランディス・ケインズ＝ローンが理論的・実証的に明らかにしたように，大統領の一般国民への説得活動は，世論の支持が伴わない場合は，何の効果ももたらさない (Canes-Wrone 2006)。むしろオバマは，真っ先に，議会にすりよることを考えなければならなかった。この失敗が後に，2010年1月の上院補欠選挙での敗北と60議席の喪失，最終的には難産の末，医療保険改革法案はまとまったものの，一時的に医療保険改革の帰趨が再び不透明になった事実につながってゆくのである。

　第2に，本章の理論枠組みに従えば，大統領の議会への介入は，「他の条件が同じならば」，自らの党の議員を結束させ，自らと対抗する党の議員の支持を失う。たしかに，大統領の介入は，議事運営を握る議会民主党を刺激し，立法作業のスピードは上がった。しかし同時に，議会共和党の態度はこれまで以上に硬化し，ここで超党派的な合意がほぼ不可能になったのである。上院案も下院案も，原案に反対する中道派の民主党議員との交渉にほぼ費やされた。下院では，妊娠中絶のために保険の使用を認めないようにする修正を認めた上であっても，11月7日にわずか5票差で可決された。共和党からの賛成はわずか1人であった。続く上院では，下院案以上の妥協，とりわけ，「政府による公的医療保険の新設」を法案から外すことでようやく民主党議員と全員と，無所属議員2人の賛成を固めることができ，12月24日に成立した。しかし，共和党は1人たりとも離反者を出さなかった。同法案の成立には，両院協議会による一本化と，一本化された法案の上下両院での承認が残された。すなわち，上院での共和党の議事妨害に対抗するために必要な60票を欠くことによって，直ちに同法案の成立が不透明になることが明らかになったのである。

　オバマにとってさらなる痛手は，2010年1月19日に行われた，マサ

チューセッツ州上院補欠選挙で，共和党候補者のスコット・ブラウンが勝利したことである。上院で1つの党が60以上の議席を有することはそもそも稀であり，60議席の特別な数を失ったことがこれほど騒がれた例を筆者は知らない。それだけ上院の議事運営が，かつてないほどに党派的であることを示していると思われる。ましてやその敗因は，医療保険改革に対するマサチューセッツ州民の反発であるといわれている。議会共和党指導部は，物事に柔軟に対応する姿勢をみせたが，その条件として，医療保険法案をすべて白紙に戻すことを要求するに至った。振り返ってみれば，オバマ政権最初の1年は，医療保険に始まり医療保険に終わったと言っても過言ではない。

(4) 小　括

以上のオバマ政権と議会の関係を，議会と大統領，それぞれの立場から再構成して，要約を行う。

議会共和党は，2007年から上下両院で少数党であり，2009年に始まった第111議会において，大統領のポストを失った。一見すると共和党冬の時代であるが，指導部にとっては悪いことばかりではない。より容易に自党の議員をまとめることができるからである。元々，第111議会において議会共和党の凝集性が高まることは，複数の論者が予測していた。西川賢は中道的な共和党議員の消滅をその理由としている(Nishikawa 2009)。待鳥聡史の枠組みにしたがえば，少数党でかつ大統領を戴いていない共和党は，支持層や選挙のことだけを考える「代表の論理」のみに従っていればそれでよく，その一環として，大統領との対決姿勢を貫くことは，理にかなった行動である（待鳥 2009）。一般的に分極化の原因の説明は，相互排他的でない複数の説明が可能であり（Theriault 2008），これらの説明もまた，誤りではない。しかし，それら構造的要因や環境的要因を考慮してもなお，これまでみたように，大統領の活動が刺激となって共和党指導部が敵対的になったと思われる。一方の議会民主党の側は，元々民主党が，多様な利害を代表する政党であることから，民主

党内の対立が，第111議会においてもみられた。そしてオバマの議会への介入は，特に医療保険改革では，民主党議員同士の対立の緩和という形をとった。しかしその程度は，1970年代ごろまでの南部と北部の対立よりは，はるかに小さいものである。民主党内の対立およびその緩和が焦点になったのは，民主党のまとまりのなさが問題なのではなく，共和党（の一部）との多数派連合を形成できる可能性がなくなったからである。

　では大統領の方はどうか。実はオバマがどういうイデオロギーをもった人物であるかは容易に判断できない。連邦上院議員時代のオバマの投票行動の記録は，民主党議員の中でもリベラルな部類に入る方である。しかし，オバマには伝統を重んじる傾向がたびたびみられ，「オバマコン（Obamacon）」という言葉も生まれたように，保守派からの受けがよい面ももつ。また，アメリカの世論全体は未だ保守的なムードが根強く，民主党系の政治エリートは概してリベラルとのラベルを貼られることは避ける傾向にある。ましてやオバマは選挙戦において，党派的・イデオロギー的な対立からの"Change"を問題にしていたのであるから，自らのイデオロギーを表明することは，"Change"とは整合しない。あるいは，実はオバマにはイデオロギー的なこだわりはあまりなく，政策より政局の人（吉崎 2009b）という見立てや，プラグマティックな政治家であるという見立ての方が，オバマという政治家のより正確な姿であるのかもしれない。

　しかし問題は，オバマがリベラルであるか否かではなく，そのように認識されるか否かである。以下の3点において，就任1年目のオバマは，「リベラル」と認識されるに十分であった。第1に，本章第2節で述べた，アメリカの政治制度と分極化から派生する構造的要因が，統一政府において，特に強く影響するのである[8]。テリオーは，議会の分極化は，その大部分がイデオロギーではなく「手続」をめぐるものであることを論じている（Theriault 2008）。大統領は，議事手続や議事日程の調整など実務的な面においても，議会多数派と交渉する。議会多数派と大統領の政

党が同一になった場合，手続きをめぐる交渉のチャネルと，政策の内容をめぐるチャネルが一本化される結果，議会の党派間対立はさらに助長される。つまり，実際は共和党に慮った穏健な法案を，オバマ政権と議会民主党は作成しているつもりでも，法案編成の場から排除されている立場からすれば，党派的な決定をしているようにみえるのである。オバマは議会対策の重要性は知っていたが，それは多数党である民主党のみを射程においたものであった。むしろこれが，少数党の共和党にさらなる疎外感をあたえてしまったのではないか。

第2に，皮肉にも，オバマの演説の巧さである。再選を目指すことはオバマにとって必然である。しかもオバマはスピーチの巧さで勝ち上がってきた大統領である。どれだけ党派間の融和を主張しても，まさにその演説の巧さが，「次の選挙のため」，ひいては「民主党のため」と解されているように思われる。本当に政党間の融和を図るならば，演説によって世論を動員する作業ではなく，議会共和党との妥協のために汗をかく作業や，時には議会民主党を厳しく批判することが必要であった。

第3に，医療保険改革が野心的にすぎたことである。そもそも医療保険は，首都ワシントンを走る地下鉄のレイルになぞらえて，政治家にとっては触れるだけで感電死する「サード・レイル」のひとつと位置づけられる，難しい課題である。ましてやオバマは，予備選挙の期間中は，ヒラリー・クリントン候補との差別化を図るため，現状の制度を前提とした穏健な改革を訴えていたはずである。本選挙あるいは当選を境に，医療保険を最優先課題としたこと自体が，その内容が段階的な改革であれ，リベラルであると認識されるには十分であった。

以上を要約すれば，元々設定されている分極化という状況の中で，大統領が民主党と多数派形成をしてしまったことにより，議会共和党の態度が硬化し，議会は「現代大統領制」の確立以来，最も党派的になってしまった。したがって，オバマがかつてより主張していた，党派間の融和に基づいた議会運営によるアメリカの改革は，2009年を通してきわめて困難であった。大統領が重要な立法に成功した理由は民主党の議席

のマージンが大きいことであり,大統領が苦境に立たされている理由は,民主党の議席マージンが,共和党の意向を無視できるほどには大きくないことである。

第4節　データ分析

　以上の議論を裏づけるために,本節では,オバマ政権1年目における議会での各種数量データを,他の大統領のそれと比較し,分析する。もちろん数字は万能ではない。とりわけ大統領制の研究は,大統領の行動を定量的に表現することが著しく困難であるため,アメリカ政治研究の中でも定量的な分析が最も遅れている分野である。したがって,以下の分析は,ベンチ・マークとして利用されるべきものであり,読者におかれては,オバマ政権下の政策過程の事例を丹念に叙述した研究,とりわけ本書所収の他の章と合わせて読まれたい。

(1) 下院点呼投票の分析1:大統領の「勝率」

　まず,大統領-議会関係における大統領のパフォーマンスを測定する際に古くから用いられているのは,点呼投票[9]において大統領が立場を表明した議決において,大統領の立場に沿った決定がなされる割合である。この指標は,"success rate"と呼ばれるものであり,「立法成功率」と訳されることも多いが,この指標の算出には,大統領が「反対」の意向を表明したもの(すなわち立法等の阻止をねらったもの)や,法案の形式をとらない決議案等も含まれるため,「立法成功率」という表現は誤解を招きやすい。したがって本章では「勝率」と呼ぶことにする。

　コングレッショナル・クォータリーによれば,2009年のオバマの勝率は96.7%(上院98.7%・下院94.4%)である。これは,同誌がデータをとりはじめた1953年以来,1965年のジョンソン大統領の記録(93%)を破り,最高の記録である。

　より重要な情報は,オバマが立場を表明している頻度が必ずしも高く

ないことである。オバマが立場を表明した点呼投票は下院では72件であり上院は79件であるが，そのうち，閣僚等の承認に関する32件を除けば，わずか47件である。この下院72件という数字は，他の大統領と比較した場合，議会改革が行われた1970年代以降では，ブッシュ（子）に次ぐ少なさであり，同じ民主党大統領のカーターやクリントンのすべての任期における件数よりも少ない。

　この立場表明の頻度の少なさを考慮した場合，大統領勝率が高いことに対して，2通りの説明が可能である。第1に，瑣末な案件や細部は議会に丸投げし，負ける恐れのある戦にはむやみに加担しない，というものである。オバマは，モノグサであり，細部は丸投げして自分は優等生的な演説を行って成果を挙げるタイプのリーダーであるという吉崎（2009d）の指摘は数量データからも裏付けられた格好である。「オバマは口が達者なだけである」という批判は議会共和党からも出ており，それはあながち的外れではないが，別の言い方をすればそれは，彼らの多くが崇拝するロナルド・レーガンと同じく，Passive-Positive 型（Barber 1972）のリーダーシップとみることもできるであろう。第2の説明は，オバマは，少数の重要な案件には精力を集中させ，確実に勝利をものにする，というものである。オバマは，立場を表明する際は，議会に出向いて異例の大演説を行っていたし，関心をもった案件については，執政府内部での仕事量は活発な方である。この見方に従えば，オバマは，クリントンに近い Active-Positive 型のリーダーであるといえる（砂田 2009: 19）。どちらの見方が適切であるかは，「演説」というものの重みをどのように捉えるかによって異なるし，2年目以降のオバマが，より細部に介入するように，議会とのかかわりのスタイルを変える可能性は否定できない（この点は本章の最後に再度述べる）。少なくとも1年目について言えることは，細部にかかわることを必要としていなかったほどに，議会民主党との良好な関係を保っていたことである。

(2) 下院点呼投票の分析2：他の大統領との比較

　本章が問題としているのは，大統領の成功の中身，つまりどのような多数派連合を形成したかである。第2節では，大統領が議会にかかわった場合，「他の条件が同じならば」，議員の行動はより党派的になることを述べ，図2-1でだいたいの傾向を明らかにした。ここでの課題は，それが就任1年目の大統領一般について言えることか，オバマにもそれは該当するか，の2点を明らかにすることである。

　ここで，本来ならば，議員の投票行動(例えば党派ごとの法案の賛成率や「政党投票」が行われた割合)を従属変数にとり，大統領の立場表明の有無を説明変数にして，その効果に関する計量分析を行うべきところである。ところが，先にみたように，十分なN(観察数＝ number of observations)を得ることはできず，しかもオバマの立場と民主党議員の投票行動の相関係数が高すぎるため，まともな仮説検定を行うことができない[10]。したがってここでは，議会が夏季休会を挟んで秋以降も開催されることが常態化したニクソン以降の大統領——ただし，通常の形で就任1期目を迎えなかったフォードを除く——6人の大統領と比較する。図2-2は，「最終通過」に関する点呼投票のうち，大統領が立場を表明したものが「政党投票」(一方の党の過半数の投票行動が，もう一方の党の過半数の投票行動と異なる場合)となった割合と，そうでないものが政党投票となった割合の差をとったものである。この値が負であれば，大統領の立場表明は超党派的な投票行動を促し，逆に正であれば，大統領の立場表明は，議会を党派的にさせてしまうことが読みとれる。

　結果，ブッシュ（父）以降のすべての大統領の場合（クリントンの100日目から夏季休会の期間を除き），大統領が立場を表明したものは，そうでないものよりも政党投票が起こっていることが分かった。つまり，ブッシュ（父）以降は，点呼投票の党派性という点においては，ハネムーンは起こっていないのである。オバマも例外ではないが，オバマの場合は，夏季休会以降に，大統領の立場表明と党派性の関係が特に顕著にみられる。この図からは直接読みとれないが，この時期にオバマが立場表明し

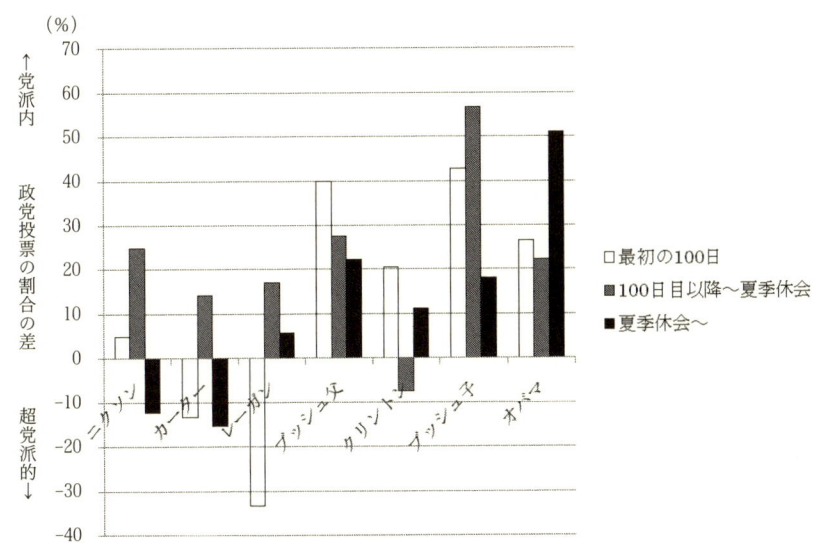

第2章 オバマ政権と連邦議会：100日と200日とその後　51

図2-2　大統領就任1年目における，政党投票が生じる割合の，大統領の立場表明の有無による差

注) 図2-1のデータに加え，オバマ政権のデータについては，各週の *CQ Weekly* に記載される点呼投票の記述をもとに筆者が作成。

た投票9件は，すべて政党投票になっている。前節でみたような，元々大統領の介入が刺激となって議会が党派的になる傾向が，9月を境にさらに顕著になっていることが，数字の上からも明らかになっている。

(3) 上院における「フィリバスター」と「クローチャー」

　度々述べているように，分極化の時代において，一方の党が他方の党に対抗するために有効な手段は，法案等の内容自体を問題にすることよりも，議事手続を駆使することである（Theriault 2008）。景気対策法案に対して議会共和党が強い不満を表したのは，まさにこの点であった。下院，特に分極化が進行している現代においては，規則委員会において，多数党に有利な議事手続方式が設定される。少数党がより効果的に抵抗できるのは上院である。

　そこで，ここでは，上院における議事妨害を分析したい。打ち切り動

表2-1 打ち切り動議の頻度

	ニクソン	カーター	レーガン	ブッシュ父	クリントン	ブッシュ子	オバマ
最初の100日	1	1	0	0	7	1	7
100日目以降〜夏季休会	0	3	3	1	5	8	12
夏季休会からクリスマス休会	0	1	4	8	7	13	16

注）オバマ政権以前のデータについては，各年の *CQ Almanac* に記載される点呼投票の記述をもとに，オバマ政権のデータについては *CQ Weekly* に記載される点呼投票の記述をもとに，筆者が作成。

議の存在をもってフィリバスターが行われたとみなすことを前提とすると（廣瀬 2010），クローチャーの件数，およびそれが頻発する時期によって，党派間対立の様子が分かるはずである。表2-1は，ニクソン以降の大統領（フォードを除く）の1年目における打ち切り動議の件数を数えたものである。議事妨害が常態化したのは近年のことである。それを反映して，打ち切り動議の件数も次第に増えてきている。より重要な発見は，クリントンとオバマの場合のみ，ハネムーン期にも打ち切り動議が頻発していることである。

第5節　おわりに

以上，本章では，オバマ政権1年目の大統領—議会関係は，「現代大統領制」が確立した20世紀中盤以降で最も党派性を帯びたものであったことを明らかにした。これは，アメリカの政治制度と1970年代以降の「分極化」によって体系的に生み出されたものと，オバマ政権固有の特徴（具体的にはオバマと議会とのかかわり方や，医療保険改革をめぐる対立が議会政治全体に波及したこと）の複合的要因によって生み出されたものといえる。両者のうちどちらがより決定的であったかを判断することは難しいが，両者を峻別する作業は，アメリカ政治を説明するのは長期的な「制度」ないしその他長期的要因であるか，個別アクターの短期的な「行動」の積み重ねであるか，という，重要な問いにつながるものである。この点については今後の課題としたい。

以上の議論に基づいて今後のオバマ政権の展望を大胆に予測すると，以下の通りとなる（中間選挙を中心とした展望は，第8章を参照）。

まず各種世論調査にみられる支持率の低下は，それ自体は問題ではない。オバマへの最初の期待が不当に高すぎただけであり，同じように2010年2月現在出ている厳しい評価も，不当に低いものである可能性がある。オバマの就任1年目の平均支持率は，ギャロップ社の調査にしたがえば57％であり，戦後の大統領の中では歴代3位の低水準であるが，歴代1位と2位は，クリントンとレーガンである。いずれも最後は高い支持率を保ったまま2期8年を全うしている。そして，オバマの支持率は，よほどの不祥事や失政がないかぎり，これ以上は下がらないであろう。議会だけでなく有権者も分極化しており，民主党支持者の間のオバマ支持率は，依然80％台を維持している。

オバマ政権にとって真の脅威は，支持率の低下が，来る2010年の中間選挙における民主党候補者の当落に深刻な影響を及ぼすことである。議会における多数派を直ちに失う可能性はうすいであろうが（特に3分の1しか改選されない上院），もし中間選挙の結果，議会共和党が議席を大幅に回復した場合，彼らが「統治の論理」（待鳥 2009）に基づいてオバマ政権および議会民主党に対して融和的な姿勢に転じないかぎり，統一政府が継続されたとしても容易に膠着状態に陥る。しかし，共和党による歩み寄りに期待できない場合は，今のように中途半端に融和的な姿勢をとることは，オバマにとって有効ではない。残された手段は，第104議会（1995〜96年）におけるクリントンのように議会共和党と徹底的に戦って世論に訴えるか，同じく，同時期のクリントンのように，議会民主党を切り捨てて，議会共和党と思いきった妥協を行うことであろう。後者をオバマが選択する場合には，今度こそ選挙前にオバマが主張していた，2大政党の対立状態の緩和が，少なくとも短期的にみられると思われる。

本章の課題は，議会を考慮に入れた，オバマ政権1年目の評価である。筆者の主観を含めた見解を最後に述べることが許されるならば，医療保険改革に着手する「リスクをとった」ことは，改革の内容の是非や，オ

バマの真意（本当に国をよくする改革を行いたいのか，それとも格好よく歴史に名を残したいだけなのか）は別として，高く評価されるべきである。度々述べたように，医療保険改革は，誰が何をどのようにしても批判の対象となるものであるし，2009年初頭からの強い政党間対立のほぼ全てが，同改革に絡んでいるというのが筆者の見方である。とりわけ筆者は，上院における大胆な妥協を評価したい。これは第1に，オバマは医療保険改革は，段階的なものでなければ実現しないことを，過去のクリントンの失敗から学んでいることを示している。第2に，この妥協は，すでに定評のある演説（むしろこれが足かせになっている面もあるが）や選挙や政権内部の管理だけでなく，対議会関係についても，現状では議会民主党内部にとどまってはいるが，高い調整能力をもつことが，ようやく顕在化したものとみることもできる。オバマの「雄弁家」とは別のもうひとつの強みは，シカゴでの社会活動で培った「調整者」としてのそれである。支持率・議会における民主党議員の比率ともに本格的に下がってからが，オバマ政権の実力の見せどころであろうと，筆者はみている。

　　附記：
　本章は，2009年4月24日に早稲田大学日米研究機構にて行った報告「アメリカ大統領の立法活動と，議会における二大政党の分極化」，および，2009年10月11日に日本政治学会研究大会（於日本大学三崎町キャンパス）にて行った報告「アメリカ大統領の政策アイデアと沈黙とレトリック」の前半部をもとに，新たに再構成したものである。それぞれの報告の場にて，参加された方々から貴重なコメントを頂いた。加えて，本章の分析で用いたデータの収集に関して，飯田健氏（早稲田大学高等研究所），城戸英樹氏（京都大学法学研究科），池田麻世氏（同）に，データ・セットの作成に関して，西田洋子氏，太田雅之氏（名城大学法学研究科）に，それぞれ御協力頂いた（いずれも肩書きは2010年2月のもの）。そして，データ分析の過程で生じた，「大統領の立場表明」のコーディングに関する疑問点について，コングレッショナル・クォータリー社に問い合わせを行ったところ，迅速かつ的確な回答を頂いた。以上，本章作成の過程でコメントならびにご協力頂いた方々に，この場を借りて感謝申し上げる。
　また，本章は，平成21-22年度文部科学省科学研究費補助金（若手研究（B）

研究課題「アメリカ大統領の立法活動が及ぼす政党間二極化の効果の実証分析」 課題番号21730129) による研究成果の一部である。

注

1 ミシガン大学の American National Election Studies (ANES) が行っている政党帰属意識の調査 (7段階尺度) によると，「無党派」(independent) の割合は，1974年に18％を記録したのが最高で，その後は10％前後を推移しており，逆に，「強い政党帰属意識をもつ」回答者 (strong partisan) は，1978年に23％まで下がった以降は増加に転じ，現在では1950年代並みの水準である30％台前半を回復している (http://www.electionstudies.org を参照，2010年2月16日最終アクセス)。有権者レベルにおいて分極化が進んでいることについては，否定的な見解も有力ではあるが (例えば Fiorina et al. 2005)，このデータをみるかぎり，そちらの見解にも等しく疑問が呈されるべきである。
2 コングレッショナル・クォータリーは，「手続」に関する採決については，大統領の立場をコード化することは稀であり，かつ，「手続」の採決は政党投票となる割合が高い (Theriault 2008:Chapter 8) ものであることから，これを含めることは分析結果にバイアスを生じさせるため，除外する必要がある。「修正」の採決についても，大統領の立場が明らかなものもあるが，修正案が出される本数やそれに対する議員の投票行動は，多分に議事手続をめぐる党派的な争いであり，これもバイアスを生むため除外した。また「手続」・「修正」・「最終通過」の分類は，Rohde (2004) のデータ・セットに基づいて行った。ただし，全体の97.5％以上の議員が賛成しているものは，分析から除外した。
3 個別の点呼投票を分析単位としたより詳細な分析は，松本 (2009/2010) を参照。
4 元々は，ジミー・カーターの世論調査担当者であったパトリック・キャデルが，カーターの当選直後に用いた言葉であると言われる。このような発想は，世論調査が常時行われるようになった時代からあったと思われるが，実際に世論調査の数値を常時にらみながら政策運営にあたった最初の大統領は，選挙コンサルタントのディック・モリスを擁した1995年以降のビル・クリントンであり，後任のブッシュ (子) もその体制を継続させた。
5 連邦議員の経験者が大統領を務めるのは，ブッシュ (父) 以来であり，議員からそのまま大統領に当選したのは，じつにケネディにまでさかのぼる。あまり指摘されていないが，オバマ当選の意義のひとつは，知事職から大統領に選ばれるという，ワシントン・アウトサイダーが好まれたこの30年の傾向から，連邦議員の経験者が大統領に就任するという，現代大統領制の初期にみられたパターンへの回帰である。
6 同規則の詳細は，Oleszek (2006) を参照。

7 内容の詳細については，山家 (2009) を参照。
8 同じように，オバマの前任者のブッシュ（子）もクリントンも，中道を標榜して最初の選挙を勝ち上がって大統領に就任した直後に，国を分断する党派的アクターのようにみられるようになったことに注意。
9 点呼投票の分析を行うとしても，すべての法案を一律に扱うだけではなく，重要立法（Mayhew 1991）や，それに加えて，立法化に失敗した重要法案（Edwards, Barett and Peake 1997; Theriault 2008）に限定して論じる必要はあるであろう。重要立法のリストは，随時デヴィッド・メイヒューのウェブサイト http://www.yale.edu/polisci/people/dmayhew.html にて更新されているが，2010年2月16日に最終の確認を行った際には，2009年のものは更新されていなかった。今後更新され次第，分析を行いたい。
10 このことは，それだけオバマ政権1年目におけるオバマと議会民主党の結束が強く，議会共和党がオバマに結束して対抗していたことを意味しており，重要な発見である。

引用文献

Aldrich, John H., and David R. Rohde. 1998. "Measuring Conditional Party Government." Paper Presented at the Annual Meeting of the Midwest Political Science Association.

Barber, James D. 1972. *The Presidential Character.* Prentice Hall.

Bartels, Larry M. 2000. "Partisanship and Voting Behavior, 1952-1996." *American Journal of Political Science* 44 (1): 35-50.

Binder, Sarah. 2003. *Stalemate.* Brookings Institution.

Canes-Wrone, Brandice. 2006. *Who Leads Whom?: Presidents, Policy, and the Public.* University of Chicago Press.

Carmines, Edward G., and James A. Stimson. 1989. *Issue Evolution: Race and the Transformation of American Politics.* Princeton University Press.

CQ Almanac, 1953-2008. CQ Press.

CQ Weekly. January 12, 2009-January 11, 2010. CQ Press.

Edwards, George C., III., Andrew Barrett, and Jeffrey Peake. 1997. "The Legislative Impact of Divided Government." *American Journal of Political Science* 41 (2): 545-563.

Fiorina, Morris P., Samuel J. Abrams, and Jeremy C. Pope. 2005. *Culture War?: The Myth of a Polarized America,* 2nd ed. Pearson Longman.

Jones, Charles O. 2005. *The Presidency in a Separated System,* 2nd ed. Brookings Institution.

Krehbiel, Keith. 1998. *Pivotal Politics: A Theory of U.S. Lawmaking.* University of Chicago Press.

Light, Paul C. 1999. *The President's Agenda: Domestic Policy Choice from Kennedy to Clinton*. Johns Hopkins University Press.

Lipinski, Daniel. 2004. *Congressional Communication: Content and Consequences*. University of Michigan Press.

Mayhew, David R. 1991. *Divided We Govern: Party Control, Lawmaking, and Investigations 1946-1990*. Yale University Press.

Mondak, Jeffery J. 1993. "Source Cues and Policy Approval: The Cognitive Dynamics of Public Support for the Reagan Agenda." *American Journal of Political Science* 37 (1): 186-212.

Nishikawa, Masaru. 2009. "Realignment and Party Sorting in the 2008 Presidential Election."『選挙研究』第25巻第1号.

Oleszek, Walter J. 2006. "'Self-Executing' Rules Reported by the House Committee on Rules." CRS Report for Congress. http://www.rules.house.gov/archives/98-710.pdf/（2010年2月16日最終アクセス）.

Peterson, Mark A. 1990. *Legislating Together: The White House and Capitol Hill from Eisenhower to Reagan*. Harvard University Press.

Poole, Keith T., and Howard Rosenthal. *Voteview*. http://www.voteview.com（2010年2月16日最終アクセス）.

Rohde, David W. 2004. *Roll Call Voting Data for the United States House of Representatives, 1953-2004*. Compiled by the Political Institutions and Public Choice Program, Michigan State University.

Theriault, Sean M. 2008. *Party Polarization in Congress*. Cambridge University Press.

砂田一郎，2004『アメリカ大統領の権力』中央公論新社．

─────，2009『オバマは何を変えるか』岩波書店．

廣瀬淳子，2010「連邦議会におけるイデオロギー的分極化──両院の立法過程と党派性」五十嵐武士・久保文明編『アメリカ現代政治の構図』東京大学出版会，185-219頁．

増山幹高，2003『議会制度と日本政治──議事運営の計量政治学』木鐸社．

待鳥聡史，2009『〈代表〉と〈統治〉のアメリカ政治』講談社．

松本俊太，2009/2010「アメリカ連邦議会における二大政党の分極化と大統領の立法活動（一）／（二）」『名城法学』58巻4号／60巻1・2合併号（予定）．

水谷（坂部）真理，2007/2008/2009「アメリカの福祉国家の再編──リスクの『私化』一九九〇年代の分岐点──（一）／（二）／（三）」『名古屋大学法政論集』220/221/229号．

山家公雄，2009『オバマのグリーン・ニューディール』日本経済新聞出版社．

吉崎達彦，2009a「溜池通信」2009年1月9日号（http://tameike.net/report.htm）．

─────，2009b「同」1月23日号（46頁にて引用）．

―――, 2009c「同」2月6日号。
―――, 2009d「同」10月16日号。

第3章　オバマ政権のメディア戦略と世論：「ゴーイング・パブリック戦略」の終焉？

前嶋 和弘

第1節　はじめに

　1年目時点でのオバマ政権のメディア戦略や世論の動向を本章では論じる。多元主義の傾向が強いアメリカの政治では，幅広い政治参加に直結するマスメディアの報道や一般国民の世論の存在が政治過程で非常に重要である。政権1年目のオバマ大統領は効果的なメディア戦略を狙ったほか，インターネットの新しい双方向メディア（ソーシャルメディア）を使った2008年の選挙戦術を，そのまま政権運営に活かそうとした。

　これまでの政権と比べ，オバマ政権のメディアとの関係や世論がどのように変わったのか。本章ではテレビなどに対する既存メディアとともに，新しい政治コミュニケーションのツールであるソーシャルメディアを使った政策運営の双方を検証し，オバマ政権のメディア戦略を分析する。政権1年目の段階では，国内的には各種政策課題そのものの困難さもあり，オバマ大統領のメディア戦略のもたらした成果について，国内世論は2つに分かれている。一方で，オバマのイメージや"言葉の力"は世界各国のアメリカ観を劇的に好転させた。本章では，オバマ政権の既存メディアとの関係，ソーシャルメディア戦術をまず論じ，国内世論と世界各国の対米意識の急激な改善についてふれる。さらに，大統領の「ゴーイング・パブリック戦略 (going public strategy)」が常態化する中，大統領のメディア戦略がますます難しくなっている事実を指摘し，今後を展望する。

第2節　オバマ政権のメディア戦略（1）：既存メディア

　多くの識者が指摘するように，オバマ大統領は"言葉の力"をとても重視する大統領である。元々，オバマの名前を広くアメリカ国民に知らしめたのが，"言葉の力"であった。2004年の民主党大会での「リベラルのアメリカも，保守のアメリカもない。黒人のアメリカも白人のアメリカも，ラテン系の，アジア系のアメリカもない。あるのは（人々がまとまった）合衆国としてのアメリカである」というオバマの演説は，非常に斬新で素晴らしいものであり，上院議員としては無名に近い存在であったオバマが一気に注目を集めることとなった[1]。また，2008年の大統領選挙でも，巧みに「Change」「Yes, We Can」などの変革を訴えるサウンドバイトをしのばせたオバマの数々の演説が支持者を魅了したのは記憶に新しい。オバマの言葉はテレビ，ラジオ，新聞，雑誌などを通じて広がり，2008年選挙では多くの共感者を増やしていった。

　大統領就任後もオバマ大統領は"言葉の力"を信じて，政策運営に活かそうとした。選挙戦では投票を目的としたが，政策運営では自分が推し進める政策に対する共感者を増やすことで，立法を進めようというのがオバマの狙いである。"言葉の力"を最大限に利用しようとしたオバマ大統領のメディア戦略の典型といえるのが，2009年9月9日に上下両院合同会議で行った医療保険改革への支持を求める演説である。いうまでもなく，医療保険改革はオバマ政権1年目の内政面での最重要課題であったが，年頭の一般教書演説以外で大統領が両院合同会議で特定の政策について演説するのは異例中の異例である。この演説は視聴率が最も高い夜のプライムタイムに合わせて行われ，国民皆保険の実現を目指す医療保険改革を立法化させるために，議会そのものに訴える以上に，国民の世論を利用し議会を動かそうという狙いがあった。大統領の主要演説であったため，地上波ネットワークやケーブル・衛星のニュース専門のテレビネットワークがこぞって生中継を行った。

　オバマ大統領は就任からこの上下両院合同会議での演説までに，医

療保険改革をテーマにした演説を全米各地で28回にわたって行ってきた[2]。この時点までに民主党が中心となってまとめてきた法案については「公的医療保険制度の新設のために財政赤字を増してしまう」「保険市場を政府が支配する」という懸念から，保守派が猛反発を続けてきた。特に，2009年夏の議会の休会中に全米各地で開かれた各議員主催の説明会（タウンホール・ミーティング）では，保守派の市民が相次いで阻止行動をするなど，医療保険改革反対派が勢いを増していた。オバマ大統領は保守派の反発を抑え，世論を味方につける機会をうかがっており，形勢を逆転させようとする切り札がこの上下両院合同会議での演説であった。

演説では医療保険改革の重要性について，オバマが切実に訴えた。「何もしなければ，病気にかかってどうしても保険が必要な時に，医療保険がないという国民も増加する。その結果，より多くの人が命を落とす」と指摘したほか，保守派が半ば意図的に広めた虚偽の議論について，国民の恐怖感をあおる戦略であるとして，厳しく非難した[3]。

この虚偽の議論の代表的な例として，「不法移民も保険の対象となる」という議論を挙げ，オバマ大統領はこれが間違っているとした。また，直接には言及しなかったが，他の虚偽の議論には，「オバマの改革は『死の審査会 (death panel)』を生む」としたサラ・ペイリン前アラスカ州知事らが指摘した発言なども含まれていると考えられている。ペイリンの指摘は，終末医療の方法を選べるようにする，という項目が医療保険改革案には入っており，「政府が個人の生命をコントロールするのではないか」という生命倫理を重視する保守派の不安を代弁するものであった。ただ，「不法移民は保険の対象とならない」というオバマ大統領の説明の直後，演説を聞いていた共和党のジョー・ウィルソン下院議員が「（大統領の言ったことは）うそだ！」と叫んだことで，ウイルソン議員への注目も高まる結果をもたらしている。

元々，医療保険改革については反対も多かったため，演説直後の多くの世論調査では改革に対する支持は大きくは増えなかった。『ワシントン・ポスト』とABCの調査では，オバマ大統領の医療保険改革については賛

成48％，反対48％，医療保険改革そのものについての賛否は賛成46％，反対48％であり，いずれの数字も演説前とほとんど変わっていない。

　それでも，不退転の決意でオバマ政権が医療保険改革を進めることを，この演説で議会に高らかに宣言した形となった。この医療保険制度の法制化ができなければオバマ政権の政治基盤は大きく揺らぎ，2010年秋の中間選挙での民主党の議会多数派支配はおぼつかなくなるという民主党幹部の懸念もあって，下院では2009年11月7日，賛成220票，反対215票という僅差であったが，法案は通過した。また，同年12月24日，上院でも医療保険改革の上院案から政府運営の公的医療保険案を排除し，民間による運営で一定の公的関与を残した保険の新設などの妥協策が盛り込まれた法案が通過した（Murray and Montgomery 2008）。2010年1月のマサチューセッツ州上院補選で，共和党のスコット・ブラウンが予想に反して勝利し，共和党のフィリバスター（議事妨害）を阻止できる安定多数の60議席を民主党は割り込んだため，それまで話し合われてきた医療保険改革が大きく頓挫する形とはなったが，この選挙の番狂わせがなければ2009年末というオバマ政権が当初示していた期限にほぼ沿う形で，医療改革案が進んでいったと考えられる。この背景には演説という"言葉の力"の成果も少なくなかったはずである。

　このほか，オバマ大統領は様々な機会を使って，"言葉の力"に頼ってきた。例えば，オバマ大統領は2009年9月8日，全米の児童・生徒に向けて行う演説を行い，その模様は全米の学校で中継された。児童・生徒に向けた演説はブッシュ大統領（父）以来であり，この演説もきわめて異例であるということで，メディアから大きく注目された。ただ，アメリカでは教育に関する裁量が，地方自治体や学校，家庭に大きく委ねられており，連邦政府の教育への介入という観点から論争を呼んだのも確かである。

　オバマ大統領は"言葉の力"に頼った外交政策も頻繁に行っている。代表的な例には，「アメリカは核兵器のない世界に向けた具体的な措置を取る」とし，「核兵器のない世界」を主張した同年4月5日のプラハ演説，

イスラム世界との共存をうたった6月4日のカイロ演説,「気候変動の脅威の重大さを理解している」とした9月22日の気候変動サミットでの演説,「アメリカが単独行動主義的に振る舞うことへの反省」を盛り込んだ9月23日の国連総会での演説など,数多い。演説ではないものの,就任後初のインタビューが中東の衛星テレビネットワークのアルアラビーヤであったこともイスラム世界との対話の推進を象徴的に国際社会に示すこととなり,「言葉による外交」のスタートとしては印象的であった。

　オバマ大統領のメディア戦略で特筆されるのが,接触するメディアを慎重に選んでいる点である。これは自分のメッセージをいかに効果的に伝えるかに腐心しているためであろう。大統領就任7カ月時点のメディアとの対応を分析した研究によると[4],過去の2人の大統領に比べ,オバマ大統領は自分がじっくり説明するチャンスがある長時間のインタビューや記者会見を重視する傾向にある。メディアとの対応の数が3人の中で最も多いのはクリントン大統領であったが,クリントンの場合,全体の7割以上が「短い質疑応答」であり,このうちのほとんどが朝のジョギングに同行する記者との非常に簡単なやり取りであった。「短い質疑応答」の分を除くと,オバマ大統領が意図的にメディアに頻繁に露出しようとしているのが理解できる（**表3-1**）。また,インタビューの対象として選んでいるのがテレビであり,全体の57％を占めている。これについては,自分の意見をそのまま伝えるのに適しているという判断があると考えられる。テレビへの頻繁な露出という点でも,クリントン（同15％）,ブッシュ(子)(同43％)に比べて,非常に特徴的である（**表3-2**）。

　記者会見については,オバマのこなした記者会見は22回で,ブッシュ

表3-1　大統領就任7カ月のメディアとの対応

(タウソン大学 Martha Joynt Kumar による)

| 大統領 | 記者会見 | | | 短い質疑応答 | インタビュー | 合計 |
	(計)	(単独)	(共同)			
オバマ	22	9	13	34	114	170
ブッシュ (子)	14	3	11	91	37	142
クリントン	23	8	15	176	41	240

表3-2 インタビューの内訳

大統領	テレビ	ラジオ	活字メディア	複数のタイプ	合計
オバマ	66	7	36	5	114
ブッシュ（子）	16	0	21	0	37
クリントン	6	18	17	0	41

(14回) よりやや多いが，クリントン (23回) とは差がない。ただ，テレビ視聴率が高い「プライムタイム」にホワイトハウスで行う記者会見の場合，オバマ大統領は就任7カ月の段階で4回行っているが，この数はクリントン，ブッシュ（子）という2人の大統領がそれぞれ8年間に行った回数にすでに並んでいる。レーガンの場合，2期8年間で計23回のプライムタイムの記者会見を行ったが，就任7カ月の時点では1度もなかった。

さらに，この調査対象の後である2009年9月第3週末には，オバマ大統領は現役の大統領としては前代未聞といえる形でテレビ各局の対談番組にたて続けて計5本に登場し，政権への批判が一部で根強い医療保険改革やミサイル防衛システムの東欧配備中止，アフガニスタン，北朝鮮問題などで，自らの政策を正しいとする持論を展開した。その際，出演するテレビネットワークについても，オバマ大統領の場合，意図的に選択する傾向があることが明らかになった。出演した5つの番組は，3大ネットワーク（NBC，ABC，CBS）とCNN，スペイン語放送のユニビジョンのものであり，自分の主張に常に批判的なFOX(地上波)，FOXニュース(ケーブル・衛星放送) を回避した。翌週には深夜に放送されるコメディ・トークショーの「The Late Show with David Letterman」に現役の大統領としてはきわめて異例な出演をした。この番組は元々，コメディ・トークショーであり，司会者からの質問は医療保険改革のものを含めて，厳しくないものばかりであったほか，冗談中心にたわいないやり取りを繰り返した。

一連のテレビ出演があった直前に，オバマ大統領自ら，「最近のメディアの報道は，意見が中心のブログのようなもので事実が少ない」と新聞記者とのインタビューの中で暗にFOXニュースを非難したこともあり[5]，FOXニュースへの出演を回避したのが余計に目立つ形となった。FOX

ニュースとの対立はさらにエスカレートし，10月末にはオバマ政権はFOXニュースを正面から「政敵」と位置付け，「正当な報道機関ではない」とまで断ずるようになったほか，ホワイトハウスは主要テレビ各局の合同取材からFOXニュースだけを一時期排除することを決めた。敵視策を打ち出した経緯には，オバマ大統領だけでなく，政権の要人，特にホワイトハウスのコミュニケーション担当部長のアニタ・ダンに対し，FOXニュースが厳しい論調を続けたという事実があり，ホワイトハウスがそれに報復した形である (Rutenberg 2009)。その後，オバマ大統領自身がFOXニュースに出演し，政権とFOXニュースとの正面衝突は避けられた感があるものの，ビル・オライリー，シーン・ハニティ，グレン・ベックら，FOXニュースの看板番組ホストはいずれもオバマ批判を弱めておらず，政権への批判は2010年3月現在，ますます強まっている。

第3節　オバマ政権のメディア戦略 (2)：ソーシャルメディア

　オバマ大統領とメディアとの関係でさらに注目されるのが，インターネットを利用した新しい双方向メディア（ソーシャルメディア）の積極的な利用である。オバマ大統領については，候補者であった2008年のアメリカ大統領選挙戦で陣営がソーシャルメディアを駆使した選挙戦を本格的に行ったことで，世界的に大きな注目を集めた。特筆すべきであったのは，ソーシャルメディアの利用については，オバマ陣営は選挙戦だけにとどめることを意図していなかったことである。選挙戦が進む中，陣営は当選後，通常の政策運営でソーシャルメディアをいかに利用するかに焦点を移していった。

　ソーシャルメディアを利用することで，透明性が高まるだけでなく，政策における様々な決定の質も向上する。さらには，国民自身が政治にかかわっているという感覚が高まることで政治参加も促進させることができる。政治学者が長年夢に描いてきたような高いレベルの参加型民主主義を実現することもソーシャルメディアの利用で可能になるかもしれ

ない。このようなソーシャルメディアを利用した政策運営をオバマ陣営は「ホワイトハウス2.0プロジェクト（White House 2.0 project）」と名付けた[6]（詳しくは後述）。「ホワイトハウス2.0」がアメリカの政治コミュニケーションを変えていく可能性の高さから，「オバマ革命」と呼ぶ識者もいる（Kennedy-Shaffer 2009）。一方で，政権1年目の段階では各種アプリケーションの有効性についてはまだ課題も多い。

(1)「ホワイトハウス2.0」プロジェクト

　候補者であったオバマは2008年の大統領選挙で各種ソーシャルメディアを有効に使い，有権者と立候補者の間の政治コミュニケーションを大きく変えていった。ソーシャルメディアとは，映像発信サイト「ユーチューブ」，ミニブログ「ツイッター」などの双方向性を重視したインターネット上のメディアのことを指す。特に，ユーザーが情報を発信しながら，ユーザーどうしの社会的なつながりを深めていくことに重点を置いたメディアであるため，「ソーシャルメディア」と呼ばれている。2008年前後から爆発的に世界中でソーシャルメディアの利用者が増えているのはいうまでもない。

　2008年の大統領選挙ではオバマ陣営は公式ウェブサイト（mybarackobama.com）を組み込んだSNS（ソーシャル・ネットワーキング・サービス）などのソーシャルメディアを積極的に利用し，支持者相互の連帯の輪を拡大させていった。オンラインで知り合った支援者はオバマを支援することでつながり，オバマを支える「水平型」の支援ネットワークが自然発生的に構築されていった。その上でオバマ陣営はオバマの訴える公約だけでなく，オバマの遊説日程や選挙運動の細かな指針などの情報を公式サイトやツイッターを使って効率的に伝えていった。この「垂直型」の情報伝達の効率化は「水平型」の支援構造の広がりと有機的に関連させることを狙っていたのはいうまでもない。その結果，オンラインでの支持者が爆発的に拡大し，さらには現実の世界であるオフラインにおけるオバマの支援運動が広がることとなり，特に党員集会を中心とする予備選挙段階での

オバマの強さにつながっていった。

　さらに，アメリカでは近年急速に影響力を増している『Daily Kos』『Huffington Post』などの有力リベラル系政治ブログの多くがオバマを外部から応援する「オバマ勝手連」の役割を担うこととなった。有力政治ブログの多くはユーチューブを組み込んでいたため，複合型のソーシャルメディアがオバマを外部から応援する形となった。こうして，オバマ支援運動は一種の社会運動に昇華していく。一方，オバマ陣営のオンラインを使っての小口献金の多さは際立っており，総献金額でも予備選挙でのヒラリー・クリントン，本選挙でのジョン・マケインを大きくしのいだ。潤沢な選挙資金を使い，アメリカでは既存の選挙運動の中心であるテレビ CM などの既存メディアでの選挙運動でも対立候補を圧倒していった（前嶋 2009; Harfoush 2009）。

　オバマの選挙戦が引き金となって，2008 年選挙では大統領選挙，連邦議会選挙のいずれの連邦選挙においてもソーシャルメディアは爆発的に利用が進み，選挙運動そのものが深化した。同年の選挙では，先行するオバマ陣営に習い，各候補者の選挙陣営は競って全く同じ形で陣営独自の SNS を立ち上げ，支持者相互の連帯の輪を拡大させる「水平型」の支援構造の構築を狙ったほか，選挙公式サイトやツイッターを使った「垂直型」の情報伝達を充実させた。2008 年選挙の結果を受け，今後のアメリカにおける選挙運動の雌雄を決めるのは，候補者の質や既存のメディア利用だけではなく，この「垂直型」の情報伝達と「水平型」の支援構造との関連，さらには「オンライン勝手連」といかに有機的に連携していくか，といったようにソーシャルメディアをフル活用した選挙戦略を確立できるか否かにかかっているといわれている。

　オバマ大統領は大統領就任後，このソーシャルメディアをいかに効果的に政策運営に昇華させるかに力を注いでいる。既に構築したオバマ個人に対する支援のネットワークをさらに広げ，政策そのものへの支持に転換させることで国民を動かし，さらには国民の声に議会を従わせる形で，支持する政策を立法化させていくというのが狙いである。オバマ政

権は政策運営のために一連のソーシャルメディアの利用を「ホワイトハウス2.0」プロジェクトと呼んでいる。この言葉は，いうまでもなく送り手と受け手が流動化し，誰でもが情報を発信できるように変化したインターネットのワールドワイド・ウェブとしての役割に着目してティム・オライリーが提唱した「ウェブ2.0」という言葉に基づいている[7]。「ホワイトハウス2.0」の発想は「ウェブ2.0」と同じであり，情報提供の効率化とともに，国民からのフィードバックを受け，政府と国民とが双方向で政策運営をしていくような政府が「ホワイトハウス2.0」である。

　アメリカでは1990年代から「電子政府 (e-government)」の名前で双方向メディアを政府機能に組み込む試みを世界に先駆けて始めている (Chadwick 2006)。「電子政府」の一環として，すでにブッシュ大統領（子）がツイッターを使っていたように，ソーシャルメディアの利用がオバマ政権以前の段階でも一部で始まっていた (Owen and Davis 2008)。しかし，あくまでも試験的な段階であり，政策運営のためにこのソーシャルメディアを本格的に利用しようとするのは，オバマ政権が初めてである。これが「電子政府」のオバマ政権版である「ホワイトハウス2.0」の最大の特徴である。ここ数年，アメリカでは頻繁に使われている「政府2.0 (government 2.0)」という言葉も「ホワイトハウス2.0」と同義である (Edgers 2005)。

　「ホワイトハウス2.0」の中心となるのはソーシャルメディアを活用した「水平型」支援と，オバマ陣営（政権側）からの効率的な「垂直型」の情報提供である点は，選挙戦と変わらない。ただ，選挙戦と政策運営との大きな違いは，オバマ陣営から送られる「垂直型」情報提供の内容である。選挙戦では分かりやすい公約が中心であり，一般からの支持も取り付けやすいのに対して，政策運営に関する情報は複雑であるだけでなく，情報そのものの開示がそもそも十分でない。複雑な政策は「ユーチューブ」の画像を使って繰り返し説明したり，SNSでの口コミ情報が広がることで国民の理解度が増すことは期待できるものの，情報そのものが十分に開示されていなければ提供される情報はどうしても断片的になってしまう。

そのため，オバマ大統領が「ホワイトハウス2.0」の前提として位置付けたのが政府の情報公開である。情報を提供することで，政権が掲げている政策課題の論点がどこにあり，どこを変えていけばよいのかが正確に明らかになる。さらに，問題解決のアイデアも広く募ることができる。

オバマ大統領は就任直後の2009年1月21日，大統領としての最初のメモランダム「省庁における透明性と開放的政府についてのメモランダム (Memorandum for the Heads of Executive Departments and Agencies on Transparency and Open Government)」で，省庁の情報公開を積極的に行うことを明らかにした。これによると，各省庁は国民からの信頼を構築するため，①透明性を高め，②国民の政策への参加を促進し，③省庁間，民間セクター，非営利団体などとの協力を活発にさせる必要があり，そのためには過去にないレベルでの情報公開が必要になっていると指摘している。

まず，①の透明性については，これまでは政府が独占的に利用してきた政策形成に必要な情報を公開することで何が政策の課題であり，分析の際，どこに問題点があるのかが顕在化する。提供される情報が多ければ解決策を探る際には多くの選択肢を設定することができる。このように政策に関連する情報の透明性が高まることは，国民の政治参加や各方面との協力の基盤となる「ホワイトハウス2.0」の根本概念である。

次に②の政治参加については，政策決定に関する情報が上意下達ではなく，ボトムアップで吸い上げられることにより，政治情報が水平的なものに変化し，民主主義を促進することになる。情報化社会への変化が民主主義の度合いを深めるというこの議論は W. ラッセル・ニューマンらが長年，主張してきたとおりである (Newman 1991)。また，多くの国民の声が寄せられることで，政策における様々な決定の質そのものが高くなることが期待できる。「人対人 (P to P)」の政策情報のやり取りが進む中で，政策に関する優れたアイデアが蓄積され，優れた集合知 (collective intelligence) が形成されていく。オバマ政権の情報政策に対してアドバイスをしているグーグルのエリック・シュミットが指摘しているように「1

人の意見よりもコミュニティの意見の方がよい判断が下せる」という発想に基づいている (Lyons and Stone 2008)。さらには，自分が働きかけ，政策が変わっていく（世の中が変わっていく）ことが実感できるという点で政治有効性感覚が高くなることも期待できる。このようにして，政治参加の質も高くなっていくことになる。オンライン上のコミュニティ構築を研究していることで知られているドン・タプスコットがたびたび指摘しているように，「公開された中での様々な軋轢は本当の永続的な変革を生み出すことにつながる可能性がある」というのが，オバマ政権の見方である (Harfoush 2009: x)。

最後に，③の省庁間，民間セクター，非営利団体などとの協力については，それぞれのレベルで公開された情報を共有することで，協力体制を進化させていくことを狙っている。政策に関する環境や条件が複雑化し，絶え間なく変化しているため，「政府」と「国民」だけではなく，その中間にある「非営利団体」の政策形成上の重要性は市民社会（シビル・ソサエティ）をめぐる議論で繰り返し強調されているところである (Putnam 2000)。官民の協力も含め，政策をめぐるコミュニティを構築することで，集合知がさらに深化する。

この3つの目的を達成するため，メモランダムでは具体的には，オバマ政権に合衆国最高技術責任者 (Chief Technology Officer of the United States) を新設し，行政管理予算局長と協力して120日以内に「開放的政府命令 (Open Government Directive) を行政管理予算局長が発令することで，情報公開を省庁全体に広めることが記されている[8]。

メモランダムに従い，2009年4月に最高技術責任者にバージニア州技術長官であったアネッシュ・チョップラを任命した (Shear and Kumar 2009)。2002年電子政府法 (The E-Government Act of 2002)[9]で創設することが決まっていながら，ブッシュ政権では任命者がなかった合衆国最高情報責任者 (Chief Information Officer of the United States) に初めて任命されたビベック・クンドラと協力し，チョップラはオバマ政権の情報公開促進を急いでいる。「開放的政府命令」の発令は2009年12月まで遅れたが，各

省庁のオンラインでの情報公開の内容の質向上などの義務化を明言している[10]。

さらに, オバマ政権は大統領選挙中のITアドバイザーであったメイコン・フィリップスをホワイトハウスのニューメディア担当部長に起用し, ホワイトハウスのウェブサイトの運営や, 民主党の全国委員会 (Democratic National Committee: DNC) との政策連携などを担当させている。

(2) 政策支援のためのソーシャルメディア活用の具体的な試み

次にオバマ政権がこれまで行ってきた「ホワイトハウス2.0」の具体的な試みをオバマ政権の公式なソーシャルメディアと, 政権の別部隊のソーシャルメディアの2つに分けて具体的に検証する。

まず, オバマ政権の公式なソーシャルメディアとしては, オバマ政権の動向を克明に記録したブログのほか, ツイッター (図3-1), 写真共有サイトのフリッカーなどが代表的で, 一般的に広く利用されているプラットフォームでの情報提供に力を入れている。

図3-1 ホワイトハウスのツイッターのページ (2010年1月12日)

また，オバマ政権スタート時の政策課題であった景気対策法の成果を州ごとにまとめ，景気対策法がどれくらいの数の雇用創出を可能にしたのかを分かりやすく示した「リカバリー（景気回復）・ゴブ (recovery.gov)」，政府が収集してきた各種データを公開する「データ・ドット・ゴブ (data.gov)」などは情報公開に重点を置いたユニークな試みである。

　しかし，これらの公式のオバマ政権のソーシャルメディアよりも，政権を応援する組織的には別部隊のソーシャルメディアである，「オーガナイジング・フォー・アメリカ (Organizing for America)」の方が政策に対する国民からの支援を集める試みとしては注目される。このサイトは，前述のホワイトハウスのニューメディア担当部長のフィリップスが中心となって進められており，2008年の大統領選挙の際の運動の公式サイトを基盤としながらも，それを政策運営用に改良したものである。アドレスは選挙公式サイトと同じであり[11]，オバマの選挙での支援者作りのノウハウを政策運営の際の"オバマ応援団"に転換させることを狙っている。ただ，「オーガナイジング・フォー・アメリカ」はオバマ陣営ではなく，DNCが運営する形をとっており，形式上はオバマ政権とは別の運営主体となっている (Curry 2009)。

　「オーガナイジング・フォー・アメリカ」の仕組みは，オバマの候補者時代の選挙公式サイトとほぼ同じであり，オンライン上での支援コミュニティ組織の形成を狙ったものである。**図3-2**は「オーガナイジング・フォー・アメリカ」のトップページであり，ここに現在のオバマ政権が推し進めている政策が分かりやすく示されている。毎回，ブログ形式でオバマ大統領のスタッフが情報を書き込んでいる。図3-2は，2010年1月12日のものであり，2009年に議会の上下両院で別々に採択された医療保険改革を1つのものにまとめるための「オバマ政権の医療改革案」が示されている。

　「オーガナイジング・フォー・アメリカ」の更新は2010年3月現在，ほぼ土日を除くほぼ毎日，1日に2,3回行われ，オバマ政権の政策運営に関する最新の情報が分かりやすく提供されている。この「オーガナイジ

第3章　オバマ政権のメディア戦略と世論：「ゴーing・パブリック戦略」の終焉？　73

図3-2　「オーガナイジング・フォー・アメリカ」(2010年1月12日)

ング・フォー・アメリカ」で注目されるのが，単なる「垂直型」の情報提供サイトではなく，このサイトを通じて「水平型」の支持者どうしのネットワークの構築を目指している点である。具体的には，選挙公式サイトと同じように，オバマ支持のためのSNSである「マイ・バラク・オバマ・ドット・コム」をこの「オーガナイジング・フォー・アメリカ」を通じて利用することができる。選挙で話題となったこのSNSをそのまま政策運営に利用するという発想である。逆に言えば，SNS「マイ・バラク・オバマ・ドット・コム」にアクセスするためには，「オーガナイジング・フォー・アメリカ」のページにあるリンクをたどらなければならないため，利用者は毎回，「オーガナイジング・フォー・アメリカ」のサイトも目にすることとなり，政権の訴える政策についてのメッセージにふれることとなる。

　図3-3は「オーガナイジング・フォー・アメリカ」内の筆者自身のSNSページである。元々，このSNSにアクセスするためには，自分のメールアドレスとアメリカ国内の郵便番号を登録しなければならないため，筆者は日本に帰国する前のアメリカの住所を登録している。このように，

図3-3　「マイ・バラク・オバマ・ドット・コム」内の筆者のSNSページ
(2010年1月13日)

利用者はアメリカ国内に住所を持つことを前提とされており，オバマ政権からみれば，郵便番号から利用者の住所周辺を特定でき，地域ごとの政策に対する支援者のネットワーク構築を狙った政治マーケティングが可能となる。実際，このSNSには支持者の地域ごとの支援組織の構築を目指した各種機能が盛り込まれている。例えば，このSNSの右側にある「My Neighborhood」のフレームには，郵便番号からSNSページの利用者に近いオバマ支援のグループの一覧が表示され，活動内容やアクセス方法などが表示される。また，「My Groups」や「My Friends」で通常のSNSと同じように，自分のオンライン上でのグループ（コミュニティ）や友人のアイコンをSNSのサイト内に掲示させ，オンライン上でのネットワーキングが可能となっている。ここに表示されるグループや友人は，オバマ支援とは関係ない場合もあるが，基本的には同じ「オーガナイジング・フォー・アメリカ」上のSNSを共有する「オバマのファンクラブ」の会員であり，オバマ支援の横の連携の拡大につながっているのはいう

までもない。また，画面中央には各種支援イベントに自分がどれだけ関連したかを数字で表す「Making A Difference」というフレームもある。さらには，オバマ陣営に対する献金をしたり，自分自身の外部ブログへのリンクを張ることもできる。各機能は選挙戦の時の「マイ・バラク・オバマ・ドット・コム」とまったく同じである（前嶋 2009）。

　この献金については，オバマ陣営が随時送ってくる電子メールとタイアップしており，オバマ政権の各種政策に対して支援を募る形となっている。例えば，2010年1月12日付の "How to Lose on Health Reform" というタイトルの電子メールでは，「何もしないでいるのが医療保険改革を失敗させる」「医療保険改革を進めるために献金を」とうたい，医療保険改革法案を成立させるための名目で支援のための献金を募る内容となっている。ただ，アメリカの政治家に対する献金は，候補者に対する選挙献金であり，政策のための献金というのは存在しない。「オーガナイジング・フォー・アメリカ」上の献金は運営を引き継いだ DNC に入っていくこととなる。つまり，支持者はオバマやオバマ陣営への献金であると思ってはいても，実際は民主党という政党への献金になっている。欧州や日本と比べ，厳密な三権分立が徹底しているアメリカでは，大統領と議会内の大統領の所属政党の各連邦議員とは同じ政党であっても，必ずしも共同歩調を歩まないことも頻繁にあり，時には大統領の政策に真っ向から反対する議員もいる。このことを考えると，この献金の仕組みがさらに発展した場合，政党そのものの団結力・拘束力が強固になる可能性もあるため，今後アメリカの政治にもたらす変化は注視しておく必要がある。

第4節　世論：2分化する国内世論，諸外国の対米感情の改善

　これまで論じたようにオバマ大統領は，既存メディア，ソーシャルメディアの双方を使って政策運営を続けてきた。それでは，このオバマ大統領のメディア戦略に対し，世論はどのように反応したのであろうか。

大統領に対する国民の支持率はまず，就任時の1年目は比較的高く（大統領と国民が結びついた"新婚"の直後にたとえられるため，「ハネムーン現象」と呼ばれている），その後徐々に落ち，停滞は続くが，3年目の後半から再選に向けて再び支持率が高くなる傾向にある。就任当初に各種スキャンダルが続いたクリントン大統領を例外として，過去のほとんどの大統領の支持率はこの傾向を示している。

オバマ大統領に対する支持もこのパターンに近い形であった（図3-4）。大統領に対する世論の支持率はかなり長い間高かったが，夏ごろから世論が離れ出しており，2009年の11月には不支持が支持を逆転する結果となっている。オバマ大統領の支持率はギャラップの調査では11月中旬に初めて50％を割り込んだ。ギャラップの調査では，第2次世界大戦後の大統領のうち，過半数の支持率を割ったのはオバマが4番目の早さである。就任後最も早く支持率が50％を切った大統領はフォード，次いでクリントン，レーガンであり，オバマはこれに続く。ギャラップのオバマ大統領の就任後最初の支持率は68％で，戦後ではケネディの72％に次ぐ歴代2位の高水準であった。その直後に69％に達した後は徐々に低下し，8月には50％台になっていった。ギャラップによると，賛否両論が広がる医療保険制度改革や，巨額の財政赤字に結びつく経済政策

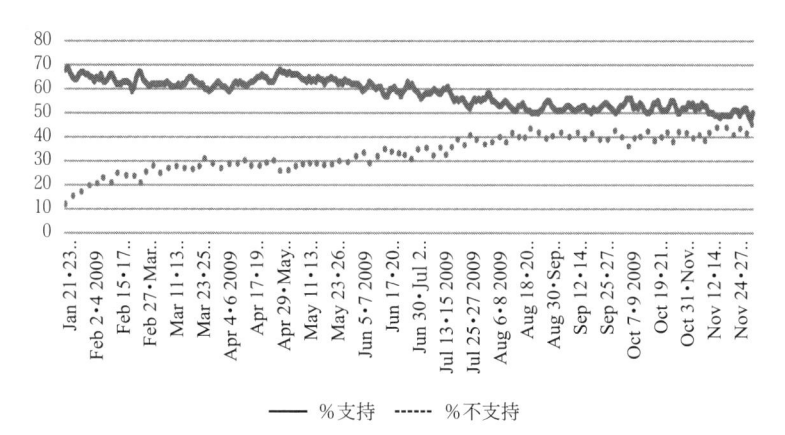

図3-4　ギャラップのデータに基づくオバマ大統領の支持率

に保守派が反発を強めたことが支持率低下の原因であると分析している[12]。

　国民からの支持（"好感度"）を示す世論調査の数字が大統領の政策能力を示す目安の1つとなっているのは，広く知られており，カーター政権以降，ホワイトハウス内部で独自の世論調査担当者を置いて，大統領の世論に訴える能力を常にはかっている。議会側も大統領に最低50％の支持があるかどうか，すなわち国民の後押しがあるかどうか，常に注目しながら立法化を進める形をとっている。オバマ大統領の場合，政権1年目の終りの段階で危険水域といえる支持率50％割れに直面している。世論の支持だけをみると，オバマは「歴史的大統領」から「普通の大統領」あるいは「普通以下の大統領」になりつつある。

　この背景にあるのは，世論が保守派とリベラル派という世論の2分化が考えられる。保守派がもともとオバマを支持していない中で，中道やリベラル派が少しずつオバマ支持から離れていくことで大統領に対する不支持が増えていったとみられる。ギャラップによると，2月はじめの段階では自分を「保守」であると回答した層のうち，46％がオバマを支持していたが，11月の段階では27％に急落している。「リベラル」と回答した層が2月はじめの段階では87％がオバマを支持し，11月の段階でも支持は82％とあまり変化していないのとは対照的である。また，政党支持の中では同じ期間に民主党支持者からの支持がマイナス6ポイントであったのに対し，共和党支持者の場合，マイナス24ポイント，無党派の場合，マイナス18ポイントと大きく異なっている。さらに人種別にも2分化している。白人のうち，2月はじめの段階では61％がオバマを支持していたが，11月の段階では39％に急落している。非白人の場合，2月はじめの段階では80％がオバマを支持し，11月の段階でも支持は73％とあまり変化していない。このように，保守や白人層のオバマ離れが激しくなっている[13]。

　世論の2分化はそのまま立法府の中での対立にも見て取れる。景気対策法案や医療保険改革法案などの動向をみると，議会の中をみても超党派での取り組みの可能性の限界が明らかである。議会の場合は共和党内

の穏健派の減少とともに，民主党内の対立（穏健派のブルードックス対リベラル派）という構図もあるため，さらに複雑となっている。

一方でオバマ大統領の登場以来，「反アメリカ」主義が世界中の多くの国で大きく後退している。次の2つの表は，ピュー・リサーチセンターのグローバル・アティチュード・プロジェクト（Pew Global Attitude Project）が行ったアメリカの好感度についての世界各国の世論調査の結果である[14]。ここ数年，アメリカに対する好感度は大きく下がっていたが，オバマ政

表3-3 米国の好感度（ピュー・グローバル・アティチュード・プロジェクトによる）

	1999-2000	2002	2003	2005	2006	2007	2008	2009
アメリカ	未	未	未	83	76	80	84	88
カナダ	71	72	63	59	未	55	未	68
イギリス	83	75	70	55	56	51	53	69
フランス	62	62	42	43	39	39	42	75
ドイツ	78	60	45	42	37	30	31	64
スペイン	50	未	38	41	23	34	33	58
ポーランド	86	79	未	62	未	61	68	67
ロシア	37	61	37	52	43	41	46	44
トルコ	52	30	15	23	12	9	12	14
エジプト	未	未	未	未	30	21	22	27
ヨルダン	未	25	1	21	15	20	19	25
レバノン	未	36	27	42	未	47	51	55
パレスチナ自治区	未	未	未	未	未	13	未	15
イスラエル	未	未	78	未	未	78	未	71
中国	未	未	未	42	47	34	41	47
インド	未	66	未	71	56	59	66	76
インドネシア	75	61	15	38	30	29	37	63
日本	77	72	未	未	63	61	50	59
パキスタン	23	10	13	23	27	15	19	16
韓国	58	52	46	未	未	58	70	78
アルゼンチン	50	34	未	未	未	16	22	38
ブラジル	56	51	35	未	未	44	47	61
メキシコ	68	64	未	未	未	56	47	69
ケニア	94	80	未	未	未	87	未	90
ナイジェリア	46	76	61	未	62	70	64	79

権がスタートした2009年7月発表の調査結果ではブッシュ政権以前の2000年段階にほぼ戻りつつある(**表3-3**)。また,「アメリカ外交が国際問題に対して正しい方向性を持っているか」という外交の信頼度を問う設問に対する回答をみると,オバマ政権に対する信頼は,2008年のブッシュ政権に比べて,非常に改善している(**表3-4**)。

表3-4　アメリカ外交への信頼（同）

	2008（ブッシュ）	2009（オバマ）	差
アメリカ	37	74	37増
カナダ	28	88	60増
イギリス	16	86	70増
フランス	13	91	78増
ドイツ	14	93	79増
スペイン	8	72	64増
ポーランド	41	62	21増
ロシア	22	37	15増
トルコ	2	33	31増
エジプト	11	42	31増
ヨルダン	7	31	24増
レバノン	33	46	13増
パレスチナ自治区	8	23	15増
イスラエル	57	56	1減
中国	30	62	32増
インド	55	77	22増
インドネシア	23	71	48増
日本	25	85	60増
パキスタン	7	13	6増
韓国	30	81	51増
アルゼンチン	7	61	54増
ブラジル	17	76	59増
メキシコ	16	55	39増
ケニア	72	94	22増
ナイジェリア	55	88	33増

第5節 「ゴーイング・パブリック戦略」の終焉？

　"言葉の力"を使った政策運営を目指したオバマ大統領の1年目は，海外諸国のアメリカ観を好転させた。しかし，国内的には政策案件そのものの複雑さもあり，大統領を支持する世論は就任直後の陶酔的熱狂感に比べるとかなり離れつつある。大統領が国民世論に訴えても，国民は必ずしもそれに好意的に反応するとは限らないほか，国民だけではなく，メディア側にも飽きられる可能性がある。

　政策支援のためのソーシャルメディア活用についても課題も少なくない。例えば情報公開を進めるための「リカバリー・ドット・ゴブ」では明らかなミスがあったことも報じられた。これは景気対策法が創出した雇用を示す際に実際には存在しない地域の雇用創出数もデータに加えられていたケースであり，不注意によるミスなのか，意図的な改ざんなのかは不明だが，情報公開の観点から考えると，いずれにしても大きな問題である[15]。また，オバマは「選挙戦にツイッターを使った」ということで有名になったものの，実際にはオバマ自身がツイッターを書いておらず，スタッフがオバマ名義で書いていることが発覚している。オバマが実際に初めてツイッターを使ったのは2010年1月のハイチ大地震の際であった[16]。匿名性が大きいインターネットという世界において大統領自身が「なりすまし」を許していたというのは，看過できない深刻な問題である。さらに，「オーガナイジング・フォー・アメリカ」のように，大統領を支援する組織のサイトであると利用者には映るが，実際には政党組織を支援するサイトであることも，厳格な三権分立の政治システムを持つアメリカでは今後，問題となっていく可能性も否定できない。そもそも，ソーシャルメディアの双方向性を活かし，一般国民から政策についてのアイディアが数多くホワイトハウスには寄せられているが，それをしっかり読み込み，政策に活かしきっているかどうかは大きな疑問である。目新しいアプリケーションを利用しても，政策運営上の変化はほとんどないといっていいかもしれない。このように，オバマ政権1年目で

はまだ大きな成果は上がっているとは言い難く、ソーシャルメディアを利用した本格的な成果はオバマ政権の2年目以降に問われることとなっている。

　オバマ政権のメディア戦略や世論との関係をさらに大きな流れでとらえてみると、大統領の「ゴーイング・パブリック戦略」そのものが大きく変節しているという事実にたどりつく。「ゴーイング・パブリック戦略」とはメディアを通じて、国民に対して直接に訴え、世論の支持を取り付け、議会を動かす戦略のことである。アメリカ政治では、かなり前からメディアと政治とは相互依存関係にあり、政治家が国民世論に訴えて政策を進める手法自体は決して新しくはないが、ゴーイング・パブリック戦略の目標については、非常にはっきりしている。それは、広く世論にアピールすることで、大統領の難敵である議会を動かすことにほかならない。世論に訴え議会を動かすこの大統領の戦略を、ゴーイング・パブリック戦略と名付けたのは、サミュエル・カーネルである。「ゴーイング・パブリック」には元々、「株式上場」の意味であり、上場すれば、株式市場での広い取引が可能になる。これと同じように、大統領と議会という狭い交渉過程ではなく、一般への広いアピールで政策を実現させるという手法がゴーイング・パブリック戦略である (Kernell 2007)。

　アメリカの政治システムは、議院内閣制の日本とは異なって、厳密な三権分立である。基本的には、行政の運営権（行政執行権）は大統領にあるものの、重要な新政策を盛り込んだ法案を作るのはあくまでも連邦議会である。アメリカの政治システムのことを指して、日本では「大統領制」と簡単に呼ぶことがあるが、そもそもアメリカの憲法にはどこにも「大統領制」という言葉はない。実際には、アメリカの連邦政府は立法府（連邦議会）、行政府（大統領）、司法（最高裁を頂点とする連邦裁判所）の3つの部門が政治の力を共有している「パワー・シェアリング (power sharing)」の状態である (Peterson 1993; Fisher, 2007)。

　大統領には、最高立法責任者（チーフ・レジスレーター：chief legislator）としての役割もあるものの、大統領が自分の進めたい政策に関する法案

を実現するのは、パワー・シェアリングの中では簡単ではない。大統領には議会が承認した法案の署名権や拒否権はあっても、大統領自身が法案そのものを議会に提出することはできない。大統領は予算教書のような形で、各省庁の予算を議会に「提案」することはできるが、実際の予算審議は議会の手に委ねられている。また大統領令はあるが、これはあくまでも議会が決めた法律を大統領が解釈・運用するための行政運営の一環であり、立法に比べると拘束力は非常に小さい。さらに政権が変われば、過去の大統領令はどんどん書き換えられてしまう。

大統領のリーダーシップ研究の嚆矢ともいえる、リチャード・ニュースタットの『The Presidential Power』では、「大統領の力は交渉する力である」として、大統領が議員（あるいは政権内の閣僚）を説き伏せて自分の政策を支援させる「交渉能力（バーゲニング・パワー：bargaining power）」を大統領の最も重要な資質としている（Neustadt 1991）。かつては、「バーゲニング・パワー」に長け、対立党を含む議員との個人的なつながりをフルに活用し、国論を2分するような議会の反対が強い政策を次々に実現させていった大統領もいた。優れた「バーゲニング・パワー」を持っていた代表的な大統領が、ニューディール政策を進めたフランクリン・ルーズヴェルトや、下院議長であった経歴を活かし、数々の公民権法案を立法化させたリンドン・ジョンソンである。しかし、この2人の大統領のような議会との太いパイプを持つ大統領は少なくなっている。

世論に訴え、議会を動かすゴーイング・パブリック戦略は、この「バーゲニング・パワー」の欠如を補うための大統領の工夫であり、厳密な三権分立の壁を乗り越え、議会の反対を抑えるため、必要となっている。この戦略が特に重視されるようになったのが1980年代ごろからであり、大統領の所属政党と議会の多数党が別の党によって占められる「分割政府」がほぼ日常化し、困難な政策運営を乗り越える手段が求められるようになったためである。さらに、この時期にはケーブルテレビが全米規模で普及したほか、政治マーケティングを担うコンサルティング産業の急成長もこの戦略を支えるようになった（Kernell 2007）。

元々の「ゴーイング・パブリック戦略」は大統領が推し進めたい政策について，議会側が反対している中で，議会を世論の力で屈服させて，大統領の願いどおりに立法化を進めさせることを意味していた。そして，時期的には比較的短期間での効果を求めるものであった。ただ近年になり，メディア側の環境が大きく変化した。アメリカのメディアはケーブルテレビや衛星放送が急激に普及し，多チャンネル化の時代を迎えている。

多チャンネル化を背景にした視聴者獲得合戦の中，イデオロギー分化も同時に進んでいる。FOXや保守系トークラジオ，『ウォールストリート・ジャーナル』などの保守メディアどうしが連携しながら，政策の議題設定をしている事実が指摘されている。ジェーミーソンとキャペラは，保守メディアが相互に連携し合いながら，政策の議題設定がなされていく様子をこだまが響きあう様子になぞらえて「エコー・チェンバー（こだまが効果的に響きあう部屋）」と呼んでいる（Jamieson and Cappella 2008）。2009年8月から9月にかけてのACORN（Association of Community Organizations for Reform Now）をめぐるスキャンダルや，小さな政府を掲げた草の根保守の「ティー・パーティー（Tea Party）」の運動の活発化（図3-4）などは，明らかに保守派の「エコー・チェンバー」の結果であると考えられる。ただ，ケーブル・衛星放送のMSNBCが急激に左傾化するなど，リベラル派を意識したメディアの反発も急になっており，アメリカのメディアが2分する状況にある。

一方で，インターネットの爆発的普及による政治コミュニケーションの変化も大きく，政治ブログの議題設定能力が高まっており，リベラル派（『Daily Kos』『Huffington Post』など）と保守派（『Michelle Malkin』『Talking Points Memo』など）に分かれて，スピン合戦を行っている（例えばDavis 2009）。このようにアメリカの政治メディアは非常に多様化している。このような変化の中，大統領がかつてのように短期間で自分の訴えたい政策について世論を短期間になびかせるのは比較的難しくなっている。このようなメディア環境の変化が，国民世論が2分している背景にある

図3-5　「ティー・パーティー」のワシントン集会

2009年9月12日の「ティー・パーティー」のワシントン集会，筆者が撮影。正面の看板には「政府が問題を解決するのではなく，政府そのものが問題」というレーガン元大統領の有名な言葉を掲げられている。

のかもしれない。

　政治メディアの変化と世論の2分化の中で，近年，「ゴーイング・パブリック戦略」については，オバマ大統領の積極的な国民への政策PRの効果が薄れてきたと考えられている。まず，大統領の政策PRは度を過ぎると国民に飽きられてしまう可能性がある。直接，政策への協力を訴えられた国民は，「大統領が自分に訴えている」「私が何かしなければならない」ときわめて個人的な感傷を抱く。テレビの中の「私たちの大統領」を支援するテレデモクラシーの幻想に国民は酔いしれることとなる。そうすることで，世論からの支持は最初は好意的なものになるかもしれない。大統領のメディアでの政策PRが生む疑似的な「個人的なつながり」をセオドア・ロウィは「パーソナル・プレジデンシー：personal presidency」(「個人的な大統領」制度) と批判した (Lowi 1986)。「パーソナル・プレジデンシー」の結末は明らかである。大統領から国民に訴えること

はあっても，国民の意見がそのまま大統領に伝わることはほとんどなく，"個人的な関係"は一方的な思い込みで作られているにすぎない。メディアを使って自分の政策を訴える回数が増えれば増えるほど，大統領の言葉は陳腐化してしまう。

さらに，大統領はメディアを介することで常に国民を意識しなければならないため，政治がドラマチックなものを追い続ける「劇場政治」に陥ってしまう。そのため，政策がどうしても近視眼的になってしまい，常に国民を見ながら国民の喜ぶ方向に政策を向けなければならないというジレンマに陥ってしまう。一方で，1度国民にメディアを通じてアピールしたことは，大統領はなかなか変更することができず，議会との政策的な妥協が難しくなってしまう。また，政策に関して意見を異にする他の政治家を必要以上にたたくことで，その政治家の信頼度にも傷をつけてしまう。さらに，政策を訴えるだけで，政策の成果が上がらなければ，国民からの失望はさらに大きくなってしまう。そのうえ決まり文句の「サウンドバイト (sound bites)」は，周りにいるものを思考停止にさせてしまうという大きな病理を抱えている。

大統領と議会との関係の研究で知られるジョージ・エドワーズは，ゴーイング・パブリック戦略のような広く国民に訴える手法ではなく，議会とのバーゲニングに力を入れる「ステイング・プライベート (staying private)」(広く大衆に訴えずに，プライベートな交渉を進める) 戦略の方が結局は功を奏すると指摘している (Edwards 2003)。「ステイング・プライベート」という言葉はもちろん，「ゴーイング・パブリック」に対する皮肉である。

「ゴーイング・パブリック戦略」が困難になる中で，オバマ大統領はあえて"言葉の力"を信じて，政策運営に活かそうとした。自分のメッセージをいかに効果的に伝えるかに腐心し，接触するメディアを慎重に選んだり，2008年の選挙戦でほかの候補に対して優位性を保ったソーシャルメディアを積極的に利用した。ただ，前述のような変化の中，「ゴーイング・パブリック戦略」といっても，かつての大統領が進めてきた短

期的な戦略ではなく，恒常的な長期間にわたるメディア戦略に重点を置いたものになっている。

　ただ，「ゴーイング・パブリック戦略」が常態化するということは，常に世論対策に大統領が腐心しなければならない状況に陥っているといえる。自分の支持する政策に対する「スピン」(メディアでの出演や発言が"回転を広げ"，世論に影響を与えていくこと)をかけ続け，反対意見が出てきたらこれを牽制する情報に対して「逆スピン」をかける必要に大統領は迫られている。大統領側に都合がいい「良いスピン」を広げるために，政権スタッフや政権に近い議員，評論家などを総動員して，日曜朝の各ネットワークの政治討論番組や，政権に否定的なFOXニュースを除くCNNやMSNBCなどの24時間ニュース専門局に送り込む状況が続いている。大統領に対抗するために，共和党側も同じように，議員，評論家などを総動員し，大統領のスピンを食い止めている。

　結局，「ゴーイング・パブリック戦略」の常態化は，政策をめぐるスピン合戦の激化に行きついてしまう。大統領にとって，「議会を演説の力で屈服させて，大統領が進めたい政策を一気に立法化させる」という時代はすでに過去のものになっているのかもしれない。「ゴーイング・パブリック戦略」が常態化し，効果そのものの効き目が少なくなっているとすれば，この戦略そのものが終焉を迎えつつあるのかもしれない。

第6節　おわりに

　本章では，1年目時点でのオバマ政権のメディア戦略や世論の動向を論じた。オバマ大統領は"言葉の力"を重視し，効果的なメディア戦略を狙ったほか，ソーシャルメディアを使った2008年の選挙戦術を，そのまま政権運営に活かそうとした。しかし，国内世論が2分化する中，オバマ大統領のメディア戦略のもたらした成果には，限界がある。ソーシャルメディアの活用もまだ，課題が多い。一方，世界各国の対米意識は急激な改善しており，「オバマ効果」は顕著であった。

第3章　オバマ政権のメディア戦略と世論：「ゴーイング・パブリック戦略」の終焉？　87

いずれにしろ，大統領の「ゴーイング・パブリック戦略」が常態化する中，大統領のメディア戦略がますます難しくなっているのは間違いない。オバマ大統領がこれからどのように「言葉による政策運営」を行い，限界はどこにあり，それをどう乗り越えていくのか。また，ソーシャルメディアを駆使した政策運営が定着し，成果を上げていくのか。さらには，「ゴーイング・パブリック戦略」が本当に終焉を迎えたのか。オバマ政権の2年目以降のメディア戦略の動向は大いに注目される。

注

1　Obama, Barack (2004) Democratic National Convention Keynote Address, delivered 27 July 2004, Fleet Center, Boston.
2　「オバマ大統領　異例の議会演説　医療保険改革，行動の時」『産経新聞』2009年9月11日。
3　スピーチの全文は http://www.nytimes.com/2009/09/10/us/politics/10obama.text.html/ を参照。
4　http://whitehousetransitionproject.org/resources/briefing/SixMonth/Kumar-WHTP-Press%209-13-09.pdf（2010年1月20日にアクセス）
5　http://www.onthemedia.org/transcripts/2009/09/25/01（2010年1月15日にアクセス）
6　http://www.whitehouse.gov/blog/09/05/01/WhiteHouse/
7　http://radar.oreilly.com/archives/2005/09/what-is-web-20.html（2010年1月15日にアクセス）
8　Federal Register (2009), 74-15, 4685.
9　PL. 107-347.
10　http://www.whitehouse.gov/omb/assets/memoranda_2010/m10-06.pdf（2010年1月15日にアクセス）
11　http://www.barackobama.com/
12　http://www.gallup.com/poll/122627/Obama-Job-Approval-Down-49.aspx（2010年1月20日にアクセス）
13　http://www.gallup.com/poll/124484/Obama-Approval-Slide-Finds-Whites-Down-39.aspx（2010年1月20日にアクセス）
14　http://pewglobal.org/reports/display.php?ReportID=264（2010年1月15日にアクセス）
15　http://www.abcnews.go.com/Politics/gao-50000-jobs-stimulus-projects-spent-money/story?id=9117506（2010年1月30日にアクセス）

16 http://techpresident.com/blog-entry/obamas-very-first-tweet-and-other-haiti-relief-social-media- wins（2010年2月1日にアクセス）

引用・参考文献

Chadwick, Andrew. 2006. *Internet Politics: States, Citizens, and New Communication Technologies.* Oxford University Press. pp.180-183.

Curry, Tom. 2009. "Democrats take control of Obama's 'Web.org': DNC aims to nourish Internet- based organization that helped elect him." MSNBC.com. http://www.msnbc.msn.com/id/ 29069515/.

Davis, Richard. 2009. *Typing Politics: The Role of Blogs in American Politics.* Oxford University Press.

Edgers, D. William. 2005. *Government 2.0: Using Technology to Improve Education, Cut Red Tape, Reduce Gridlock, and Enhance Democracy.* Rowan & Littlefield Publishers.

Edwards, George, C., III. 2003. *On Deaf Ear: The Limits of the Bully Pulpit.* Yale University Press.

Fisher, Louis.2007. *Constitutional Conflicts between Congress and the President.* University Press of Kansas.

Harfoush, Rahaf. 2009. *Yes We Did: An Inside Look at How Social Media Built the Obama Brand.* New Riders.

Jamieson, Kathleen Hall, and Joseph N. Cappella. 2008. *Echo Chamber: Rush Limbaugh and the Conservative Media Establishment.* Oxford University Press.

Kennedy-Shaffer, Alan. 2009. *The Obama Revolution.* Phoenix Books.

Kernell, Samuel. 2007. *Going Public: New Strategies of Presidential Leadership,* 4th ed. CQ Press.

Lowi,Theodore J. 1986. *The Personal President: Power Invested, Promised Unfulfilled.* Cornell University Press.

Lyons, Daniel, and Daniel Stone. 2008. "President 2.0." *Newsweek.* Dec. 1.

Murray, Shailagh, and Lori Montgomery. 2009. "Senate May Drop Public Option." *Washington Post.* December 9.

Neustadt, Richard E. 1991. *Presidential Power and the Modern Presidents: The Politics of Leadership from Roosevelt to Reagan.* Free Press.

Newman, W. Russell. 1991. *The Future of the Mass Audience.* Cambridge University Press.

Owen, Diana, and Richard Davis. 2008. "Presidential Communication in the Internet Era." *Presidential Studies Quarterly.* 38 (4): 658-674.

Peterson, Mark A. 1993. *Legislating Together: The White House and Capitol Hill from Eisenhower to Reagan.* Harvard University Press.

Putnam, Robert, D. 2000. *Bowling Alone: The Collapse and Revival of American Community.* Simon and Schuster.

Rutenberg, Jim. 2009. "Behind The War Between Fox And Obama," *New York Times.* October 23.

Shear, Michael D., and Anita Kumar. 2009. "Obama Appoints Virginian to CTO Post." *Washington Post,* April 18.

前嶋和弘, 2009「大統領予備選挙:『オバマ現象』の分析」吉野孝・前嶋和弘編『2008年アメリカ大統領選挙:オバマの当選は何を意味するのか』東信堂, 29-50頁。

第Ⅱ部：政策の動向と成果

第4章　特使外交：問われる司令塔機能

高畑　昭男

第1節　はじめに

　辣腕で知られるベテラン外交官，政治の機微を熟知した元議会指導者，現職の外交大学院院長――。2009年1月，アメリカの内政・外交全般におよぶ「変革の政治」を掲げて就任したバラク・オバマ大統領は，政権スタート直後から鳴り物入りで多くの著名なプロフェッショナルを「大統領特使」や「政府特別代表」などの肩書きで外交の要職に起用し，重点分野に投入してきた。さながらベテラン大物俳優を取り揃えたハリウッド映画のような新政権の外交スタイルが俗に「特使外交」と呼ばれるゆえんである。

　実際，就任式のわずか2日後の1月22日，オバマ大統領は内外のメディアが注目する「初仕事」の1つとしてジョセフ・バイデン副大統領らを伴って，わざわざ国務省へ足を運んだ。そして外交政策の舵取りを託したヒラリー・クリントン国務長官と共に演壇に立ち，内外の脚光を意識しつつ，ジョージ・ミッチェル中東和平担当特使(76歳＝2010年1月1日現在，以下同)とリチャード・ホルブルック　アフガニスタン・パキスタン担当特別代表(69歳)の2人の大物特使を任命した[1]。

　ミッチェルはかつて民主党上院院内総務を務めた大物議会人として，国内で知らぬ人はいない。議会政治の駆引きや妥協術の機微を熟知した超ベテラン政治家である。1990年代に政界を引退後，米英両国間の長い懸案となってきた北アイルランド和平担当仲介特使を務めたほか，2000年にパレスチナで起きた反イスラエル第2次武装蜂起闘争(インティファーダ)問題でも，クリントン大統領の委嘱を受けて国際調査団を率

い，重要な勧告をまとめている。一方のホルブルックも大物外交官として知られ，ボスニア・ヘルツェゴビナ和平の枠組みを定めたデイトン合意（1995年）の立役者である。時に歯に衣を着せぬ「剛腕」型の交渉スタイルで国際的知名度が高く，大統領選では一貫してクリントンの筆頭外交顧問を務めた。クリントンの外交政策面の懐刀といってよい存在である[2]。

　中東和平とアフガニスタン問題は，いずれもオバマ，クリントンが選挙戦中から米外交の最優先課題の中に掲げてきた。特使外交の華麗なスタートを飾る舞台を仕立てて，これらの課題に向けた両人の起用をアピールしたことに，オバマ政権の意気込みと明瞭なPRの政治的意図がうかがえた。

　これを皮切りにオバマ，クリントンは，ブッシュ前政権が消極的姿勢に終始してきた地球温暖化問題について「気候変動問題担当特使」を新設し，京都議定書交渉（1997年）当時の米政府上級交渉担当官を務めたトッド・スターン（58歳）を起用した。北朝鮮の核問題については米タフツ大学フレッチャー大学院長のスティーブン・ボズワース元駐韓大使（70歳）を担当特使に任命した（いずれも2月）。

　特使，特別代表らの任用は3月以降も続き，重要な選挙公約の1つとなっていたグアンタナモ（キューバ）の9・11テロ容疑者収容施設の閉鎖問題についてはダニエル・フリード元駐ポーランド大使（57歳）を担当特使に，またダルフール紛争を含むスーダン問題の担当特使にはオバマの外交顧問を務めたスコット・グレーション退役空軍少将をそれぞれ任命した。グレーションは宣教師であった両親の下でコンゴ民主共和国で育ち，自身も両親らと共に難民生活を経験したという。空軍の軍人でありながら，アフリカ問題通とされる異色の人材である。

　さらに，クリントン長官が力点を置く国際協調と多国間協力の問題を手がける「グローバル・パートナーシップ」担当国務長官特別代表には長官と個人的にも親しいエリザベス・バグリー元駐ポルトガル大使（57歳）を，オバマ大統領が掲げるイスラム社会との関係改善を推進する「イ

スラム社会との関与」担当特別代表にはインド・カシミール州生まれの女性外交官，ファラ・パンディス（41歳）をそれぞれ起用した。

特使・代表以外の専門ポストについても，国家安全保障会議（NSC）で核・大量破壊兵器不拡散，軍備管理・軍縮問題などを包括した調整役を担う軍備管理・不拡散・対テロ問題調整官にはゲイリー・セイモア米外交問題評議会副会長を，またクリントン政権の中東特使を長く務めたデニス・ロス（61歳）を湾岸・南西アジア担当国務長官特別顧問に起用するなど，重要分野・地域ごとに著名な専門家，ベテランを随所に配置してきた。

セイモアはクリントン政権時代にも国家安全保障会議で北朝鮮の核問題や不拡散問題を担当したベテラン専門家である。ロスも同様に党派を超えて米国の中東政策に長い間携わってきた中東政策通として知られている（**表**4-1）。

このように，多芸・多彩な顔ぶれの特使を随所に配置した外交は，オバマ，クリントンが展開する外交を内外に強く印象づけるスタイルになったといってよい。では，その狙いや背景は一体どこにあるのか。

特使外交を採用した理由の第1は，いうまでもなく政権首脳の経験不足を補うと共に，外交交渉の機動化・加速化を狙ったものとみてよいだ

表4-1 オバマ政権の主な特使，政府代表など
（職名中の「長官」は国務長官をさす）

職　名	氏　名	経　歴	任命日
中東和平特使	ジョージ・ミッチェル	元民主党上院内総務	1/22
アフガン・パキスタン担当特別代表	リチャード・ホルブルック	元国連大使	1/22
気候変動問題担当特使	トッド・スターン	京都議定書上級交渉官	1/26
NSC軍備管理・不拡散調整官	ゲイリー・セイモア	外交問題評議会副会長	1/29
北朝鮮問題特別代表	スティーブン・ボズワース	フレッチャー大学院長	2/19
6カ国協議担当特使	ソン・キム	（国務省，留任）	2/19
湾岸・南西アジア担当長官特別顧問	デニス・ロス	元中東特使	2/23
グアンタナモ施設閉鎖担当特使	ダニエル・フリード	元ポーランド大使	3/12
スーダン担当特使	スコット・グレーション	退役空軍少将	3/18
不拡散担当長官特別補佐官	ロバート・アインホーン	元国務次官補	6/01
グローバルパートナー長官特別代表	エリザベス・バグリー	元ポルトガル大使	6/18
イスラム社会関与担当特別代表	ファラ・パンディス	国務省欧州局	6/26

ろう。大統領自身が若く，外交経験も皆無に等しいというだけではない。リンカーンの故事にならった「チーム・オブ・ライバルズ」(政敵の起用)精神で国務長官に据えたクリントンについても，ファーストレディーとしての外国訪問回数は多いにせよ，利害が錯綜する外交交渉の実務に携わった経験はほとんどないのが実情である。

　一方，特使起用の最大のメリットはスピードにある。閣僚級はもちろん，国務副長官から次官補クラス(日本でいう局長級)に至る指名と就任には公聴会を通じた上院の指名承認プロセスが不可欠であり，実際の着任までに長い時間がかかる。場合によっては党派政治が絡んで，野党側との厄介な政治取引も欠かせない。これに比べて，特使や特別代表の起用には上院の承認が不要である。このため，任命されたその日から外国に出向いて実務に取り組むことも不可能ではない。例えば，国務省でアジア・太平洋を担当するカート・キャンベル次官補の就任が上院で承認されたのは6月下旬である。指名から2カ月かかり，政権発足から6カ月も経っていた。特使起用に伴うこうした簡便さ，スピード，機動性は外交手法として大きなメリットとなり得る。

　第2に考えられる理由は，ブッシュ外交との違いを強調するための大義名分にある。オバマ政権は，前政権が国際協調を回避して一方的な実力行使に走り，「国際社会の信頼と信用を失った」と批判してきた。クリントン長官も折に触れて「対話や説得，協調を柱とする外交」への回帰や「スマート・パワーを生かす外交」という新たなアプローチを主張してきた[3]。国際協調姿勢を多角的にアピールする上で，あまたの著名な特使や政府代表を世界に派遣して活躍させることによって，「外交重視」という新政権のイメージ向上につなげる効果が期待される。

　現実面でも，新政権が直面する外交・安全保障課題は多岐にわたっている。大半は前政権から引き継いだものであるにせよ，イラク，アフガニスタンの「2つの戦争」に加え，対ロ，対中関係，日米・米欧間の同盟管理，中東和平，核軍縮・不拡散，テロとの戦い，地球環境，貧困などの問題が山積している。1分野に集中してのめり込むような余裕はない

といっていい。ブッシュ前政権のコンドリーザ・ライス国務長官は，任期後半にかけて中東和平と北朝鮮の核問題に絞って実績を挙げようとしたものの，逆にイスラエルや北朝鮮など相手方に足元を見られて目立った成果はなかった。オバマもクリントンも，選挙戦を通じてそうした経過を批判的に捉えてきただけに，同時並行でいくつもの課題をこなす外交スタイルを強調して演出する必要があったことはいうまでもないであろう。

　また，クリントン国務長官が夫（クリントン元大統領）の外交スタイルの部分的な復活を試みているとの見方もある。というのは，クリントン政権時代にはアフリカ民主化など中小のテーマに至るまで政治的な論功行賞として支援者らを特使に任命する例が多くみられ，2001年にブッシュ政権が引き継いだ際には，ホワイトハウスや国務省などに50以上の特使ポストができていたという。このためブッシュ政権1期目のコリン・パウエル国務長官は「国務省の簡素化」を打ち出し，特使・代表などのうち不要と判断した計23ポストをまとめて廃止した経緯があった[4]。

　一方，オバマは自らの外交方針について，大統領選のかなり早い段階から「熟達した外交，強力な軍，核不拡散への取り組みを通じて，世界的な米国の指導的地位を回復・刷新する」と訴えてきた[5]。「強力な軍」と「核不拡散」の課題に加えて，この「熟達した外交」については，経験と能力に富むプロフェッショナルの活用を念頭に置いていたとみられる。政権首脳部が特定分野に没入して全体を見失うことを避けようとする心理がはたらき，個別の分野や実務は専門家に委ねる一方で，大統領や国務長官は全体を俯瞰しながら統括する「対外関係マネージメント」に重きを置いた観が強い。その結果が特使多用外交になったとみることができる。

　第3の理由（もしくは背景）として，冷戦終結以後，グローバル化が進む中で劇的な変動が続く国際関係の様相も見落とせない。ソ連崩壊後，米国は「唯一超大国」の地位を手に入れたものの，「一極支配」と呼ばれた国際政治構造はここへきて揺らぎ始めている。とくにブッシュ政権下

のイラク戦争やリーマン・ショック (2008年9月) 後の世界金融危機を契機に，世界秩序の「多極化」や「無極化」もいわれるようになり，BRICs (新興経済国) の台頭といった新たな現象が21世紀の秩序を見えにくくしている。

中でも中国，インドの政治・軍事・経済面での世界規模の存在感の高まりによって，国際政治・経済上の秩序形成力というべきものは米欧の旧世界からアジアや旧第三世界などへシフトしつつあるといわれる。国際テロ・犯罪，地球環境，エネルギー安全保障などの地球規模課題 (グローバル・イシュー) も相次いで浮上し，「米国1国では世界の諸課題を解決できない。また国際社会も米国なしにはそれらを解決できない」(オバマ大統領) という相互依存性のかつてない高まりをオバマ政権も強く意識しているに違いない。

冷戦時代においては，例えばニクソン政権の「チャイナ・カード」による歴史的訪中と米中関係改善，カーター政権の「人権外交」，レーガン政権の「対ソ強硬外交」のように，「ワン・テーマ」に絞り込んで大きな外交的成果を狙うことも不可能ではなかった。だが21世紀の今は，超大国といえども1国の力わざや一握りの主要国との談合だけでは何も解決できないほど国際関係が複雑多岐に入り組んだ構造になっている。こうした点も考えれば，特使外交の手法はオバマ政権に限った現象というよりも，むしろ必要性と汎用性を合わせもつ外交スタイルとして今後も一般化する可能性があるのかもしれない。

本章では，以上の前置きと考察をふまえて，オバマ政権の特使外交の主な分野と顔ぶれ，経過をたどりながら，中間総括として1年目の成果や問題点を検証していきたい。

第2節　中東和平とミッチェル特使

ミッチェル中東特使は，日本風にいえば2010年8月20日の誕生日に「喜寿」(77歳) を迎える。一連の特使・代表の中では最長老で，政治経験も

豊かである。アイルランド系移民の父親とレバノン移民の母親の間に生まれ、マロン系キリスト教徒としてアラブ系移民の家風の下で育てられたという。米政界では「アラブ系（非イスラム）で議会のトップをきわめた政治家」とも評され、高い識見、公正な姿勢、現実主義的な交渉能力を合わせもつ人物とされている。

　1994年に議会を引退後、当時のクリントン大統領から英領北アイルランド和平担当政府特使に任命され、英政府の後押しも受けて積極的な和平仲介（1995〜1998年）を進めた。この結果、1998年にはカトリック、プロテスタント両派の過激勢力の間の流血とテロの歴史に終止符を打つ「ベルファスト和平協定」調印を実現させ、米英両国からその歴史的功績を表彰されている。この手腕を買われて、2000年には同大統領からパレスチナ暴動（インティファーダ）の解決策を探るための国際調査を依頼され、翌年に①イスラエルはパレスチナ地域の入植地拡大を停止する、②パレスチナ自治政府はテロや暴力を根絶させる——を柱とする「ミッチェル報告」をまとめた[6]。オバマ政権が今回、ミッチェルに白羽の矢を立てたのは、中東の文化・伝統に通じた血筋や人脈、公正中立な評判、北アイルランド和平などの調停手腕を見込んだものである。

　ミッチェルは発令から5日後、直ちに特使として第1回目の中東歴訪に向かい、これまでに前後10回以上のシャトル外交を重ねている。アラブ諸国側もおおむね好意的であり、最も活動的な特使として個人的評価は高い。だが、今のところ目立った成果は出ておらず、仲介はむしろ難航をきわめているのが実情である。その大きな要因は、ミッチェル特使のレベルを超えたオバマ政権中枢の中東政策をめぐるジレンマにあるといってよい。

　オバマ政権は中東和平について、ブッシュ前政権が2003年に打ち出した新中東和平案（ロードマップ）に基づく「パレスチナ国家とユダヤ人国家（イスラエル）の2国家並立と共存」構想を継承し、その実現を最終目標に掲げている。だがパレスチナの現状は、イスラエル国家の生存権とロードマップ構想のいずれも受け入れたファタハ勢力と、いずれも拒

否して対イスラエル武力闘争を続けるハマス勢力とに分断され，流血と暴力の対立が続いている。

　こうしたパレスチナ勢力側の分裂に加えて，イスラエル政府の問題が大きい。対パレスチナ強硬派のベンヤミン・ネタニヤフ首相率いるイスラエル現政権は，米国が主導する2国家共存方式に難色を示し，「パレスチナ国家は非武装でなければ認めない」などとさまざまな条件をつけて抵抗してきた。とりわけ，ネタニヤフ政権が進めるパレスチナ地域のユダヤ人入植地拡大方針は，国際世論の非難が集中する象徴的問題ともなり，和平交渉再開の重要な障害となってきた。

　ネタニヤフ政権は2009年11月，米国などの圧力で入植地建設を10カ月凍結する方針を表明したものの，パレスチナ側が新パレスチナ国家の首都に指定している東エルサレムは凍結地域から除外されている。このため，パレスチナ自治政府側は，凍結を全地域で行うよう求めて反発している。こうした状況から，ミッチェル氏の調停作業が機能するためには，第1にハマス勢力に武装闘争を終結させ，ロードマップ構想を受諾するよう説得する。その上で，第2にはハマスとファタハを和解させてパレスチナ人の意思統一を図る必要がある。第3に，イスラエル政府を説得して入植地拡大問題を解決しなければならない。少なくともこれらの3条件をクリアしなければ，仮に双方が和平交渉再開のテーブルについたとしても，実質的な進展を図るのは困難であろう。

　だが，第1のハマス問題に関して，オバマ大統領とクリントン長官は「ハマスが暴力停止とイスラエル生存権承認を含む既存の合意の順守を約束するまでは直接対話に応じない」との原則を政権スタート当初から明示してきた。オバマは「ならず者国家」などとも直接対話を拒まない原則を掲げてきたとはいえ，イスラエル国家の消滅や武装・暴力闘争を大義に掲げる勢力と無条件で対話を行うことは到底世論の支持を得られない。このため，ミッチェル特使もハマス勢力との直接折衝を通じて説得努力を行うことができず，問題の核心に容易に切り込めない状況が続いている。

第4章　特使外交：問われる司令塔機能　101

またミッチェル特使に対しては，イスラエル側の警戒感もある。ミッチェルはアラブ首脳会議が2007年に採択した「中東包括和平案」（全占領地からのイスラエル軍撤退と難民問題解決を条件にアラブ諸国がイスラエルを承認するという内容）について米国側で最初に支持を表明したことで注目された。自身の経歴もあって，アラブ側も「イスラエルに肩入れしない公正・中立な立場」に期待を寄せている。

しかし，米国は歴史的にも政治・戦略的にもイスラエル国家の存立と安全を枢要な国家安全保障戦略の柱に組み込んでいる。オバマ政権もその例外ではなく，クリントン長官は2国家共存を進める上で，①パレスチナ地域の経済開発と統治能力の向上，②和平協議の再開，③パレスチナ人とイスラエルの安全保障を揺るがせない――とのアプローチを掲げ，イスラエルの安全を脅かすような形での和平案はあり得ないことを明確にしている。ミッチェル特使がアラブ・パレスチナ側に「不偏・公正・中立」を強調すればするほど，逆にイスラエル側は調停に対する警戒を強めるという一種のジレンマがある。このジレンマは米政府そのものが抱える問題点でもあるといえる。

さらには，中東和平に地域大国イランの存在と行動が大きな影を投げかけていることも問題を複雑にしている。イランは宗教，民族的には大半のアラブ・スンニ派諸国と対立する一方，軍事・政治的には「パレスチナの大義」を掲げてパレスチナのハマス勢力や，レバノン国内の隠然たる政治勢力に台頭したヒズボラに対して強力な軍事・財政支援を行い，対イスラエル強硬派のシリアとも連携を保ってきた。また核・ミサイル問題では，北朝鮮との連携も取りざたされている国である。とりわけイスラエルは，イランの核保有やミサイル能力の向上を極度に警戒しており，イランの核関連施設にイスラエルが先制攻撃をしかけるシナリオが過去に何度も浮上している。

こうした中東・湾岸地域全体の構図を見た場合，オバマ政権がイスラエル支援を縮小・停止したり，中東・湾岸戦略から切り離すことは到底不可能である。パレスチナ側が求める入植地建設の凍結についてもイス

ラエル政府に強く出ることができない事情がある。オバマ大統領も就任1年の外交を振り返る中で,「われわれの説得能力を過信していた。(中東和平が)これほど手に負えないとは思いもよらなかった」と認めている[7]。このように歴代米政権がイスラエル問題に関して抱えてきたジレンマを何とか打開できないかぎり,ミッチェル特使の精力的な調停活動は空回りを続ける恐れがある。

第3節 「アフパック」問題の迷走

　オバマは大統領選挙戦中から,「ブッシュ前大統領がアフガニスタンで国際テロ組織『アルカイダ』や地元の反政府武装勢力タリバンとの戦いを放棄してイラク戦争に踏み切ったことが最大の誤り」と指摘し,イラク戦争は「不要な戦争」であり,アフガニスタンは「必要な戦争」[8]と明確に区別してきた。こうした論理に立てば,当然ながらイラクから早期撤退を果たして,アフガニスタンではテロとの戦いに勝利することが「正しい解決」となる。

　その際に当面最大の課題となるのは,武力抵抗を続けるタリバンを鎮圧すると共に,アルカイダなどのテロ組織を掃討して治安を回復させることである。治安の安定なしには,統治の正常化,経済・社会の復興,民生の安定といったこともあり得ないからである。その重大な障害となるタリバン勢力の大半はアフガニスタン,パキスタン両国にまたがるパシュトゥン人が主体で,アフガニスタン国境と地続きのパキスタン連邦部族地域を聖域とし,各地で麻薬栽培なども手がけてきた。また米同時多発テロ(2001年9月)以前にかけては,パキスタンの軍情報機関「三軍統合情報部(ISI)」がひそかにアルカイダやタリバン勢力を支援してきた歴史的経緯もある。

　こうした認識に立ってオバマ大統領は就任3カ月後の3月27日,前政権の政策を全面的に改め,アフガニスタンとパキスタンの問題を地域一体と捉え,その包括的解決をめざす「アフガニスタン・パキスタン包括

戦略」を発表した[9]。これが「アフパック」(アフガニスタンとパキスタンを総称する造語)と俗称されるアプローチである。

新たな包括戦略の柱は，①アルカイダの撃破と掃討，②タリバン勢力の復活阻止，③アフガニスタン治安部隊育成のため米軍4,000人を増派，④民生支援の文民を大量派遣，⑤パキスタンに5年間の大型支援を組み，アフガニスタンと連携して取り組む，⑥国連，北大西洋条約機構(NATO)，周辺諸国との協力拡大と強化——などからなっていた。

アフパック問題で政府特別代表に起用されたホルブルックは，欧州，アジアのいずれにも外交官としての経験が豊富なベテランで，しかも辣腕の交渉人として知られる。任命の際にも「特使」よりも一段重い「特別代表」という肩書を付与され，アフガニスタン，パキスタン両政府との交渉や，軍事作戦を除く民生復興支援，社会安定化など多省庁の業務におよぶ活動に加えて，官僚・行政機構の指揮系統を飛び越えて「クリントン長官とオバマ大統領にいつでも直接報告できる」とする広範な権限を与えられた。

ホルブルックは一貫してクリントンの外交顧問を務めてきた。特別代表任命後も「直接のボスはヒラリー(クリントン長官)である」ともらすなど，実際にはオバマよりもクリントンに近い。クリントン長官にとっては，自らの主要責務となるアフガニスタン・パキスタン問題のために，自身のブレーンの中から最大級の「エース」を投入したといってよい。しかし，中東問題と同様に現実は厳しく，包括戦略は間もなく大きな壁に突き当たり，アフパック戦略はしばし迷走することになる。

壁の第1は，アフガニスタン政府の統治能力をめぐる混乱である。同年夏に当初予定された大統領選が近づくにつれて，暫定行政機構議長を経て2002年からアフガニスタン統治を担ってきたハミード・カルザイ大統領にまつわる政治腐敗の問題が浮上し，これをめぐって大統領選は紛糾を重ねた。カルザイ周辺では以前から親族重用や贈収賄疑惑などが跡を絶たず，米欧から「汚職を根絶できなければ民生支援も続けるべきでない」などの批判が噴出した。

大統領選の第1回投票は8月に行われ，カルザイに挑戦したアブドラ・アブドラ前外相が次点となったものの，国連などによる不正調査の結果，カルザイの得票率が規定の過半数に達しないことが分かり，決選投票が行われることになった。しかし，アブドラは11月に至って，「投開票に不正があった上，それが是正される見通しがない」との理由で決選投票出馬を辞退し，最終的にカルザイの不戦勝再選が確定した。この間に同国の治安が不安定なまま数カ月が空費されることになり，国民の士気も低下した。

　オバマ政権のアフパック戦略は，軍事作戦と並行して民生復興支援に力を入れることで前政権の軍事重視路線との違いをアピールする狙いがあったが，肝心の受け皿となるカルザイ政権の行政・統治機構が機能しなければ民生支援の効果も発揮できない。11月に再選が確定したカルザイも，翌2010年には指名した新閣僚の大半が議会で信任拒否されるなど不信と混乱が続いている。大統領選がこのように紛糾した背景には，ブッシュ前政権の人脈に近いカルザイとオバマ大統領との個人的な信頼関係が必ずしも円滑でないことも影響したといわれている。

　壁の第2は，統治の混乱に加えて，タリバン勢力による反政府テロや国連機関，民間国際支援組織，米軍，国際治安支援部隊（ISAF）などを標的とした攻撃が再び頻発するようになったことである。これに伴って米兵死傷者も増加し，アフガニスタン作戦に対する米世論の厭戦気運が高まったために，オバマ大統領は秋から年末にかけて包括戦略の見直しを迫られることになった。この見直しのきっかけは，米軍現地司令官らが「タリバン掃討作戦を強化し，治安を回復するには米軍の大幅増派が必要」と訴えたことであるが，アフガニスタン大統領選の結果を見定める必要があったことも加わって，大幅に作業が遅れた。さらに，民主党を中心に米軍増派に消極的な意見と，増派を強く支持する軍部や共和党などの意見が政界でも激しく対立したことから，大統領の明確な判断が問われる事態となった。

　オバマは12月1日，3月に発表した包括戦略に修正を加えた「アフガ

ニスタン・パキスタン新戦略」[10]を発表し、駐留米軍の要請に応じて米兵3万人を2010年前半に追加増派する決定を下した。と同時に、アフガニスタンからの早期撤退を求める世論にも配慮して「2011年7月にアフガン駐留米軍部隊の撤退を開始する」とする出口戦略が初めて盛り込まれた。しかしながら、2度にわたる増派の一方で、時限を切って撤退の下準備を始めるという一見相反する要素を抱えた「折衷型」の修正戦略は、対外的にも肝が据わっていない印象を与えたことは否めない。このように政権の対応が迷走する間にホルブルック代表の存在感も薄れていき、民生復興支援のために国務省職員など文民担当官を現地に送り出すなどの作業を除いては際立った成果が報告されていないのが現状である。

第4節　北朝鮮問題と国連制裁

　オバマ政権の北朝鮮外交とその尖兵役を担うボズワース政府特別代表（北朝鮮担当）の滑り出しは、北朝鮮側に足元をみられた格好となり、決して順調ではなかった。クリントン国務長官がボズワース代表の任命を発表したのは2月19日で、長官就任後初のアジア歴訪の一環として韓国を訪問する途上であった。特使外交の幕開けを飾るミッチェル中東特使ら2人の任命から1カ月近く過ぎていたことは、予想以上に人選に時間がかかり、難航したことをうかがわせる。

　北朝鮮問題の特使候補には、クリントン政権時代にオルブライト国務長官の腹心で長官顧問や北朝鮮政策調整官を務めたウェンディー・シャーマンら有力者の名前がいくつも挙がっていたが、北朝鮮問題の見通しが難しいとみられたために引き受け手がなかったとの観測もある。同月初めにはすでに北朝鮮が長距離弾道ミサイル発射の準備をしている兆候が米情報筋によって明らかになっており、「何とかミサイル発射前に特別代表を決めて対話に着手したい」という米側の思惑が透けて見える状況でもあった。最終的にボズワースの特別代表起用に落ち着いたが、現職のタフツ大学フレッチャー大学院院長を兼職したままでフルタイム

の政府特別代表を務めるという異例の待遇に対して,米メディアから「そんなことで特別代表が務まるのか」という疑問の声も上がった。

　クリントン長官やボズワース代表は,直ちに北朝鮮に対して新たな対話を呼びかけたものの,金正日政権はこれを2カ月近くも無視し続けた。しかも,オバマ大統領がプラハで核廃絶と不拡散を呼びかけた「核なき世界」演説(4月5日)のタイミングを狙いすましたかのように,長距離ミサイル発射実験を行った。また1カ月半後の5月25日(同日は米国民にとって大切な戦没将兵追悼記念日でもあった)には,これ見よがしに2度目の核実験を強行した。

　ミサイルと核の立て続けの実験強行は,就任したばかりの大統領の横面をひっぱたくような挑発行為であり,オバマは世界が見守る中で大胆不敵な果たし状を突きつけられたといってよい。プラハ演説の直前に,滞在先の宿舎でミサイル発射の第1報を聞いたオバマも,これには激怒したと伝えられる。オバマは大統領就任後,ブッシュ前政権下で始まった北朝鮮の核問題をめぐる6カ国協議を継承し,北朝鮮の一方的離脱によって中断された同協議の再開を通じて北朝鮮に核廃棄の履行を求める基本方針を明らかにしていた。しかしながら,ボズワース代表は就任直後から「北朝鮮に圧力を加えるのは生産的といえない」などと,「圧力よりも対話」を優先する融和的姿勢を示しており,初っ端から北朝鮮に甘くみられた可能性はきわめて高い。これが5月までの経過であった。

　プラハから帰国後,オバマ大統領はクリントン長官や腹心のスーザン・ライス国連大使らを総動員し,日本などの同盟国や国連安全保障理事会にも強くはたらきかけて,6月12日,船舶検査条項や金融制裁も盛り込んだ安保理制裁決議1874を成立させた。ボズワース代表も決議採択前日(11日),上院外交委員会公聴会に出席して「新政権による対北朝鮮政策の見直しを終えた結果」について証言を行い,①6カ国協議の北朝鮮を除く5カ国の連携を強化する,②国連制裁や米単独制裁を着実かつ完全に履行する,③米国の防衛能力と同盟国への核の傘を強化する,④対話の窓口は開いておく――の4本柱からなるオバマ政権の対北朝鮮政策

を明らかにした。オバマ政権は発足後半年を経て,「対話よりも圧力」に軸足を置く厳しい姿勢に切り替えたといってよい。

　というのも,オバマ,クリントンは大統領選挙中に前政権の「圧力重視」路線を何度も批判し,6カ国協議についても必ずしも前向きとはいえなかったからである。オバマは「ブッシュ政権が北朝鮮との直接対話を拒んだために危機が悪化した」と非難し,「対話が先決」と強調してきた[11]。またクリントンも上院議員,大統領候補時代を通じて米朝2国間の直接協議による核問題解決を主張していた。北朝鮮がボズワース代表らの対話の呼びかけに応じようとしないばかりか,挑発的なミサイル・核実験強行に及んだ背景には,こうしたオバマ政権の足元を見透かした上で,対話に応じる見返りの「対価」を高めようとする思惑があったとも推測できる。

　オバマ,クリントンによる2国間対話志向の背景には,1993〜1994年の「第1次朝鮮半島核危機」に取り組んだのが同じ民主党のビル・クリントン大統領であったことが指摘できる。同政権は数次にわたる米朝2国間の直接協議を通じて,核兵器開発の凍結と引き換えに軽水炉を建設するという「米朝枠組み合意」(1994年10月)を結び,これがその後約8年間にわたって米朝関係の基調となった。ボズワース代表は,国務省政策企画部長,駐韓国大使などを歴任し,枠組み合意直後に軽水炉供与のために新設された国際コンソーシアム「朝鮮半島エネルギー開発機構(KEDO)」の事務局長を務めた朝鮮半島問題のベテランでもある。

　ところが2002年になって,北朝鮮が90年代からひそかにウラン濃縮計画に手を染めていた疑惑が新たに発覚した。このため,当時のブッシュ政権は「枠組み合意は踏みにじられた」と北朝鮮を非難し,「約束を守らず,信用できない相手とは2度と2国間協議はできない」と判断して多国間協議方式(現在の6カ国協議)に政策の基本を切り替えた経緯がある。

　とはいえ,クリントン,ブッシュ両政権からオバマ政権になっても,北朝鮮の核開発を外交を通じて断念させ,見返りに一定の経済支援や国交正常化などで応じるという「ギブ・アンド・テイク」の基本方式は大筋

で変わっていない。

　国連制裁決議成立後，北朝鮮はさまざまな策を弄して制裁解除と米朝直接協議に米国を引き込もうとしている。これに対し，オバマ政権は日韓の両同盟国や中国，ロシアの意見もふまえて，①北朝鮮が無条件で6カ国協議に復帰する，②2005年9月の6カ国協議共同声明や2007年2月の共同文書に基づく核放棄の約束を履行する——よう求めている。6カ国協議の再開までは国連制裁も解除せず，また6カ国協議の枠外では米朝直接協議にも応じないとしている。さらにクリントン長官は7月22日，「北朝鮮が完全かつ検証可能で後戻りできない核放棄」の履行に応じれば，完全な米朝関係正常化，恒久的平和の達成，大規模経済・エネルギー支援を行う——を柱とする「包括解決構想」を提示し，これを受け入れなければ，米国独自の金融制裁の強化などを含めて制裁措置をさらに強める方針を明らかにした[12]。その後の北朝鮮側の揺さぶりにもかかわらず，この方針は現在も堅持されている。したがって，北朝鮮が6カ国協議復帰の決断をいつ下すかが核問題の当面の焦点といってよい。

　なお，6カ国協議が再開されても，米側首席代表はブッシュ前政権のソン・キムが留任して務めることになっている。当面は北朝鮮の「出方待ち」という要素もあって，ボズワース代表は2009年12月に訪朝し，これ以前の5月と9月に日韓，中国などを歴訪した以外には，目立った活動はしていない。クリントン政権時のウィリアム・ペリー北朝鮮政策調整官やブッシュ前政権時のクリストファー・ヒル国務次官補らと比べると，活動の場や出番は少ない。大学院長の兼任を続けてもあながち不都合でない状況に置かれているのは，皮肉な結果ともいえる。

第5節　対イラン政策の「空白」

　2008年大統領選でオバマは，イラン，シリア，キューバ，北朝鮮などのいわゆる「ならず者国家」の指導者と「無条件の直接対話を拒まず，必要なら首脳会談も辞さない」との方針を表明して大きな論議を巻き起

こした。ブッシュ前政権がこうした国々との直接交渉を拒否してきたことを批判し、「タフ（強靭）な直接外交」に改めるという趣旨であった。この「無条件直接対話」については、クリントンや共和党のジョン・マケイン大統領候補らから「ナイーブ過ぎる」との批判を浴び、その後「周到な準備を重ねた上で対話に臨む」と軌道修正したが、基本的に「相手国に『罰』を加えるために対話を拒むのは問題解決に有効ではなく、直接対話から逃げてはならない」というのがオバマの原則であった。

ただ、北朝鮮やシリアとの直接・間接対話の取り組みは始まったものの、イランとの公的な直接対話は不在のままである。そればかりか、「特使外交」スタイルに反して、イラン問題を担当する特使や政府特別代表は任命されていない。「アフパック」や北朝鮮、中東問題と比べれば、イラン政策に大きな空白状況がみられることも留意しておきたい。

第2節でも触れたように、中東・湾岸におけるイランの行動と存在は中東和平、イラク安定化、アフガニスタン・パキスタン問題、核不拡散と北朝鮮の核問題などきわめて多くの課題と密接に絡んでいる。中東和平に関しては、パレスチナのハマス勢力やレバノンのヒズボラ勢力を支援し、アラブ強硬派のシリアとも連携している。イランは、シーア派が多数派を占めるイラクのマリキ政権にも影響力をもつ半面、アフガニスタン安定化に関してはイランの協力と支援があればタリバンやアルカイダの掃討作戦には有益とみられる。さらに、オバマ大統領が掲げる「核なき世界」と核不拡散政策に関しては、北朝鮮と共にイランの核兵器開発疑惑が重大な国際社会の懸念となっている。

こうしたイランの位置づけと影響力を考えた場合、オバマ政権が真っ先に取り組むべき課題の1つとして包括的な対イラン政策の構築が問われるのは当然である。しかし、現実にはイラン問題を担当する特使・代表は任命されないままになっている。唯一、核兵器開発疑惑に関して、ブッシュ前政権期に始まった国連安保理5常任理事国にドイツを加えた「5＋1」方式による対イラン協議の米政府代表となったウィリアム・バーンズ国務次官をそのまま留任させて実務協議にあたっている。その意

では，バーンズ次官がイラン問題担当官の役割を果たしているともいえなくはない。それでも，「5＋1」協議はあくまで核疑惑に特化された多国間協議の枠組みにすぎず，米政府とイランの包括的な直接交渉の代わりにはならない。

こうした空白状態を招いた1つの要因は，2009年6月に行われたイラン大統領選の混迷にあるといえる。現職のアフマディネジャド大統領と改革派とされるムサビ元首相の事実上の一騎打ちとなった大統領選は，アフマディネジャド大統領の勝利と判定されたものの，投開票の混乱をめぐって改革派勢力と政府の激しい対立や暴動が起きた。

オバマ大統領は当初はイランとの対話実現を志向し，3月のペルシャ暦正月にちなんだビデオ演説の中で，一般的な形で「信頼と尊敬に基づく対話」をイランに呼びかけている[13]。ビデオ演説という形ではあったが，米側から対話の手を差し伸べるという明確なメッセージであった。しかし，この時はイラン大統領選が6月に迫っていたため，直接対話に踏み切るかどうか，その場合どんな形式をとるかといった決断は「大統領選の結果をみて検討する」として先送りされた。ところが，6月には開票に伴う混乱が起きたために，明確な判断をさらに先に延ばさざるを得なくなった事情がある。

一方，核疑惑をめぐってはオバマは2009年10月の国連総会を期限として，「それまでにイランがウラン濃縮停止を含む協力的姿勢を示さなければ，対イラン制裁の強化を検討する」と内外に表明してきた。この背景には，ウラン濃縮の進展を強く警戒するイスラエルが「米国や国際社会が制裁強化などの行動に踏み切らなければ，単独でも先制軍事攻撃を辞さない」と，背後からオバマ政権を揺さぶった事情もあったという。

オバマ政権は夏から秋にかけて，アフガニスタン戦略の練り直しを強いられたり，医療改革法案など国内政策に関心を集中せざるを得なかったりしたこともあって，結局は国連総会をすぎてもイランの核問題に明確な対応を示すことができずに越年してしまった。またイラン側も，一時は米欧や国際原子力機関（IAEA）が提案したイラン国外でのウラン濃

縮構想に応じる融和姿勢を示したり，国内で散発的に改革派勢力による反政府抗議行動が続いたりして，イラン政府の真意や国内政情が不透明であったことも見落とせない。

2010年1月11日，アフマディネジャド大統領は「イスラム革命31周年記念日」の演説で，新たに「濃縮度20％のウランの国内製造に成功した」と宣言した。これをきっかけに，「5＋1」協議を通じて国連安保理による対イラン制裁の再強化が検討される段階に至っている。

こうした経過をみると，イランの核問題への対応の遅れを米政府の対応のみに帰するのは無理かもしれない。制裁強化には，「5＋1」メンバーでイランとの間に利害関係の深い中国が消極的対応を貫いている。しかしながら，国連や「5＋1」協議で最大の指導力を発揮すべき位置にあるオバマ政権にとって，対イラン政策を明確に描ききれていないことも否定はできない。

第6節　まとめ：特使外交の中間評価

中東，アフガニスタン，北朝鮮，イラン問題を中心に，特使外交のその後をみてきた。本章の冒頭でも触れたように，特使を多用する外交手法の長所としては，①分野別に深い政策知識や豊かな実務経験をもつプロフェッショナルを充当することができる，②外交協議に機動性とスピードをもたらすことが可能，③大統領，国務長官は分野ごとに関心を奪われることなく，米外交全体を俯瞰しつつ，バランスある政策管理が可能になる——などを挙げることができる。

その半面，この1年間をみるかぎりは中東，アフガニスタン・パキスタン，イラン問題で少なくとも表立っての重要な成果や進展はみられていない。北朝鮮問題に関しては特使の活動が低調ではあるものの，6カ国協議復帰を拒む北朝鮮に対して国連制裁を着実に履行する政策が比較的効果を示しつつあるとの見方もある。また国務長官にとっては，特使を活用するメリットがある半面，本人は現場と実務から遠くなりがちで，

重要な決断のタイミングを失うリスクも抱えている。クリントン長官は時宜をみてアジアや中東など現地を踏む努力を欠かしてはいないが，自ら任命した特使たちとの意志疎通を十分に図る必要があることはいうまでもない。

総じていえることは，特使外交があくまでも問題解決をめざす外交手法であって，政策・戦略の不足や不在を代替するものにはならないことである。換言すれば，政策そのものの中身はもちろん，全体の司令塔機能が問われるということでもある。

例えば，アフガニスタン問題に関しては当初，ホワイトハウスと国務省の間で対立があり，アルカイダ掃討作戦に焦点を絞り，タリバン対策や民生復興には深入りをしないように主張するバイデン副大統領らの「最小限関与派」と，治安の安定から国家再建まで進めるクリントン長官らの野心的な「国家再建派」に分かれたという。この対立は2009年3月に発表された最初のアフパック戦略では国家再建派に軍配が上がり，クリントン長官やホルブルック特別代表らは，タリバン勢力穏健派の懐柔やイランを安定化に取り込む政策を主張した。しかし，12月の新戦略では目標を下方修正し，出口戦略も示すことになった。この背景には，米世論がアフガニスタン早期撤収に傾いたことも影響しているという。

一方，イラン政策をめぐる空白に関しても，オバマ政権内でイランとの対話に積極的なバイデン副大統領の人脈を中心とする「対話促進派」と，イスラエルに配慮しつつ，厳しい対応を求めるクリントン長官の人脈の「強硬派」とが対立したと伝えられる。例えば，クリントン長官の湾岸・南西アジア担当特別顧問に起用されたデニス・ロスは実質的にイランとの対話を担当する予定であったが，親イスラエル派としても知られるロスは，制裁などの国際的圧力を背景にしてイランとの対話に臨むべきであるとする「圧力を伴う対話 (engagement with pressure)」原則を提唱してきた。このことから，イラン側の強い反発を招き，結果的にロスは国家安全保障会議 (NSC) に異動され，中東政策全般の調整役を担当することになったと報じられた[14]。

こうした内部調整の結果，当面はイランとの対話を「5＋1」協議中心に取り組むことになり，特使を起用せずにバーンズ国務次官を窓口としてイラン問題にあたる方針が決まった。しかし，その一方でホルブルック特別代表はアフパック戦略の観点からイランとの協力可能性を探ることに意欲を示し，またミッチェル中東特使も中東和平問題を促進させるためにイランの出方に大きな関心を示したという。このように，イラン問題は多方面にわたっているにもかかわらず，バーンズ次官を窓口とする以外に包括的な対イラン対話戦略を構築することができないままに進んできたきらいがある。

こうした点をふまえると，特使たちの活動を束ねて個別・分野別の戦術を策定し，さらに米外交全体の戦略の中で調整を行う政権中枢の「司令塔機能」が何よりも重要ということができる。とくにイラン問題に関しては，イラン側の変化や事情もあるとはいえ，対話の窓口に誰が最適なのか，いかなる枠組みや議題を設定して臨むのか——といった具体的戦略が明確に詰め切れていない。

なおイランとの対話についてはイランが濃縮率20％のウラン濃縮成功を発表したことをきっかけに，2010年2月になって，クリントン国務長官が「(イランが)核兵器製造をめざす間は(対話を通じて)関与する気になれない」と表明し，直接対話による解決をめざしてきた当初の路線から国際制裁強化の方向へかじを切り始めた[15]。

特使，特別代表らはそれぞれに一家言をもつプロフェッショナルであるだけに，窓口の一本化はもちろん，対話の主題設定や周到な事前準備にも確固とした司令塔の存在が欠かせない。外交は相手のあることでもあり，一概にオバマ政権側の問題だけを並べるのは適切とはいえないであろう。それでも政権発足1年をすぎた現在，オバマ大統領，バイデン副大統領，クリントン国務長官，ゲーツ国防長官など外交安全保障政策を担う政権中枢や主要幹部らにとっては改めて外交政策目標を点検し，政権内の意志統一と具体的な達成手段などについて司令塔機能の強化と充実を図ることがますます重要であろう。

注

1 2009年1月22日，国務省で行われた特使任命式でのクリントン長官発言は以下のサイトにある。http://www.state.gov/secretary/rm/2009a/01/115297.htm.

2 ホルブルックは米大統領選中の2008年1月，クリントン候補が日米同盟に関する政策不在を批判された際，クリントンに代わって「日米同盟重視」声明を発表し，カート・キャンベル現国務次官補と共にクリントン陣営を支えてきた。

3 2009年1月13日，米上院外交委員会の国務長官指名承認公聴会証言などによる。http:// www.state.gov/secretary/rm/2009a/01/115196.htm

4 Michael Fulliove, "Send the Envoy–Obama's Diplomatic Posse." *Foreign Affairs*. March. 2009.

5 Barack Obama, "Renewing American Leadership." *Foreign Affairs*. July/August, 2007.

6 正式名称は "Report of The Sharm el-Sheikh Fact-Finding Committee Report" (April 30, 2001). 入手先は以下のサイトなどがある。http://www.consilium.europa.eu/ueDocs/cms_Data/docs/pressdata/EN/reports/ACF319.pdf

7 Joe Klein, "Q & A: Obama on His First Year in Office." *TIME*. Jan.21,2010.

8 Barack Obama, "Renewing American Leadership." *op. cit.*

9 President Barack Obama, "Remarks On A New Strategy For Afghanistan And Pakistan." Executive Office Building, Mar, 27, 2009. http://www.whitehouse.gov/the_press_office/Remarks-by-the-President-on-a-New-Strategy-for-Afghanistan-and-Pakistan

10 President Barack Obama, "Remarks in Address to the Nation on the Way Forward in Afghanistan and Pakistan." U.S. Military Academy at West Point, West Point, New York, Dec.1,2009. http://www.whitehouse.gov/the-press-office/remarks-president-address-nation-way-forward-afghanistan-and-pakistan

11 2006年10月22日，オバマ候補の米NBCテレビ「ミート・ザ・プレス」との会見。Meet The Press transcript (http://www.msnbc.msn.com/id/15304689/)

12 2009年7月22日，タイ・プーケットで行われたクリントン国務長官の記者会見。Press Conference by Secretary of State, Hillary Rodham Clinton, Sheraton Grande Laguna, Laguna Phuket, Thailand, July 22, 2009.

13 2009年3月20日発表のオバマ大統領ビデオ演説。VIDEOTAPED REMARKS BY THE PRESIDENT IN CELEBRATION OF NOWRUZ. http://www.whitehouse.gov/the_press_office/Videotaped-Remarks-by-The-President-in-Celebration-of-Nowruz

14 2009年8月18日付イスラエル紙「ハーレツ」報道。"Why is Dennis Ross being ousted as Obama envoy to Iran?" *Haaretz, an Israeli Daily*, Aug. 18, 2009.

15 クリントン長官は中東歴訪中の2010年2月14日,湾岸・ドーハで開かれた国際会議でイランのウラン濃縮に関して「国際社会はより大きな代償を強いるしかなくなりつつある」と強調し,「意味のある関与なら歓迎するが,彼ら(イラン)が爆弾を製造する間は関与する気になれない」と,対話の窓口は閉じない一方で対北朝鮮型の制裁強化へ向かう方向を強く示唆した。Hillary Clinton, Secretary of State, Remarks and Question & Answer Session at the U.S.-Islamic World Forum. Doha, Qatar, Feb. 14, 2010. http://www.state.gov/secretary/rm/2010/02/136687.htm

参考文献

Friedman, George. 2009. *The Next 100 Years.* Doubleday.
Plouffe, David. 2009. *The Audacity to Win: The Inside Story and Lessons of Barack Obama's Historic Victory.* Viking Adult.
Woodward, Bob. 2008. *The War Within A Secret White House History 2006-2008.* Simon & Schuster.
梅本哲也,2010『アメリカの世界戦略と国際秩序』ミネルヴァ書房。
バラク・オバマ,2007『合衆国再生:大いなる希望を抱いて』棚橋志行訳,ダイヤモンド社。Obama, Barack, *The Audacity of Hope: Thoughts on Reclaiming the American Dream.* Crown, 2006
久保文明編,2007『アメリカ外交の諸潮流——リベラルから保守まで』日本国際問題研究所。
———,2009『オバマ政権のアジア戦略』ウェッジ。
東京財団政策研究部,2008『米大統領候補人脈の研究——現代アメリカ研究プロジェクト』東京財団。

第5章　経済危機対策：
1年目の経済施策を振り返って

吉崎　達彦

第1節　経済危機が生んだ大統領

　アメリカ大統領選挙は，「4で割り切れる年の11月の第1月曜日の次の火曜日」に行われる。近年は，その2年くらい前から事実上の選挙戦がスタートすることがめずらしくなくなっているが，それでも投票日のほぼ2カ月前，「9月のレイバーデイをすぎてからが本番」であるといわれる。夏場に2大政党の党大会が行われ，正副大統領候補と政策綱領が出揃い，大統領候補受諾演説が行われてから，有権者は真剣に「次の大統領」を考え始めるというのである。

　2008年の大統領選は，このレイバーデイの直前に民主党と共和党それぞれの党大会が2週連続で行われた。両党の候補者は，バラク・オバマとジョン・マケインという2人の上院議員であり，オバマはコロラド州デンバーの屋外フットボール場に8万人の大観衆を集めて盛大な受諾演説を行い，マケインは副大統領候補に無名のアラスカ州知事，サラ・ペイリンを抜擢して周囲を驚かせた。両者の支持率は，9月中旬時点でほぼ横一線となった。

　状況を一変させたのは，9月14日に全米第4位の証券会社であるリーマン・ブラザーズ社が倒産してからである。翌15日にはニューヨーク平均株価は504ドル下げて1万917ドルとなり，同時多発テロ事件以来の下げ幅となった。ウォール街は一種のメルトダウン状態となり，株安と金融不安はたちどころに全世界に広がった。

　当時のポールソン財務長官は，事態沈静化のためには公的資金の投入が不可避であると考え，議会に対して「不良債権買い取り構想」（Troubled

Asset Relief Program, TARP）と呼ばれる7,000億ドルの資金を用意するように訴えた。だが，金融システム回復の切り札として考案されたこの構想は，「ウォール街の強欲な経営者を国民の税金で助けるもの」として，有権者から強い反発を受ける。TARPを盛り込んだ緊急経済安定化法は，9月29日には下院において23票差で否決されてしまう。

　このニュースを受けて，ニューヨーク平均株価は1日で777ドルも暴落し，株安の連鎖が世界を駆けめぐった。10月になっても株価の下落は止まらず，グリーンスパン前FRB議長はこの金融危機を「百年に1度の津波」と呼んだ。1年前に比べて全世界で約31兆ドルの時価総額が失われ，緊急避難的なドル高と他の通貨安が生じた。それと同時に銀行同士が互いを信用できなくなり，極端な金融収縮による貸し渋りが行われるようになる。このことは否応なく実体経済に影響し，世界各地で急速な景気の落ち込みをもたらした。

　かくして金融危機への対応は，2008年大統領選挙の最重要テーマとして浮上する。マケインは同僚の共和党議員たちに対して，TARPの必要性を説得しようとした。しかし，すぐ後に選挙を控えている議員たちの賛同を得ることは難しかった。高齢であり，経済問題に詳しくないマケインは，どこまで問題を理解しているか疑問に思われることもあり，対応も首尾一貫していないように見えた。

　対照的にオバマは，「これはウォール街の危機ではなく，アメリカの危機なのだ」と一貫して国民に協力を呼びかけ，終始，落ち着いた印象を与えた。マケインが選挙運動の停止を呼びかけたときも，オバマは「大統領たるものは，いくつものことを同時にできなければいけない」とクールに応じた。両者の支持率は9月下旬からオバマがリードを拡大するようになり，3度のテレビ討論会を通して決定的な大差となっていく。

　11月4日の投票日には，オバマは予想以上の大差で勝利を収めた。獲得した選挙人の数は365対173というダブルスコアであったし，一般投票でも6,554万票と全体の53％を獲得した。投票率が高かったこともあり，「自分はアメリカ国民の負託を得た」と十分に誇ることのできる得

票であった。

投票日当日，CNN が行った世論調査によれば，「あなたにとって最も重要な政策は？」という問いに対し，実に回答者の63％が「経済・雇用」を選択した[1]。これに「医療保険」9％と「エネルギー政策」7％を足すと，全体の8割近くが経済問題を「最重要」としていることが分かる。ちなみに2004年の選挙では，最も重要な政策は「道徳(moral values)」(22％)，「経済」(20％)，「テロ対策」(19％)の順であった。2008年の大統領選挙は，もっぱら経済を争点とする選挙であったといっていい。もちろん，それはアメリカのみならず，世界中の経済が危機的な状態であったからにほかならない。

当然のことながら，オバマ新政権にとって最大のテーマは「経済危機からの脱出」であった。

第2節　危機の中の政権発足

オバマ自身は，かならずしも経済に強い政治家であったわけではない。大学では法律を専攻し，職業としてはシカゴでのコミュニティ・オーガナイザーの経験があるくらいで，大学で経済学を勉強したり，企業の実務に携わったりといった経験は乏しい。

彼の著書『合衆国再生――大いなる希望を抱いて』(The Audacity of Hope)を読むと，憲法や宗教，人種問題については自分の言葉で深い洞察を語っているが，経済や外交については控えめな筆致となっている。これらの得意でない課題についてはオリジナルな見解は少なく，むしろ自分が見聞きした事実や他者の意見を多く紹介している。

経済問題について触れた第5章「再生のための政策」の中では，元財務長官のロバート・ルービン，カリスマ投資家のウォーレン・バフェットなどの有名人が登場する。オバマはこれらの「賢者」に教えを請い，彼らの口を通して望ましい政策が語られる。ルービンは自由貿易の重要性を説き，バフェットは富裕層に増税すべしと説く。前者はリベラル派

を，後者は保守派を敵に回しかねない主張であるが，オバマは自らの身を安全地帯に置きつつ，「再生のための政策」としてこれらの意見を提示している。彼自身が「自由貿易」や「増税」の必要性を信じているかどうかは定かではない[2]。

大統領になってからのオバマは，しばしば「レトリックは巧みであるが，彼自身の信念がどうなのかが分からない」という批判を受けている。その指摘は就任以前から，ある程度当たっていたと言えるだろう。

オバマ政権の経済政策は，「経済スタッフ」を登用することから始まった。投票日の3日後となる11月7日には，オバマの地元，シカゴで経済問題を討議する会合が行われた。この場には，ルービン元財務長官，ローレンス・サマーズ元財務長官など，ビル・クリントン政権時代の経済閣僚が多く参集した。それと同時に，ポール・ボルカー元FRB議長のような共和党系の大物もいれば，IT企業グーグルのエリック・シュミット会長のような著名経営者も入っていた。文字通りのオールスターキャストで，難題に取り組むことを明らかにしたのである（図5-1）。

11月24日には，主要な経済閣僚としてティモシー・ガイトナー財務長官，ローレンス・サマーズ国家経済会議（NEC）担当補佐官，クリスティーナ・ローマー経済諮問会議（CEA）委員長などの人事が発表された。

図5-1　2008年11月7日，ワシントンポスト電子版が掲載した写真

ジョー・バイデン次期副大統領，ラーム・エマニュエル首席補佐官（候補）を左右に配し，多くの「経済のプロ」を従えて，自らの言葉で会見に応じるオバマ次期大統領の姿はいかにも頼もしげに見えた。

目立ったのは，「中道派，実務家，財政均衡派」の顔ぶれである。シカゴの会議に呼ばれたメンバーの中でも，ジョン・ポデスタ元首席補佐官やロバート・ライシュ元労働長官のようなリベラル派には，重要なポストは回ってこなかった。

オバマ政権の経済スタッフは，「イデオロギー色の薄い現実主義的な布陣」となったが，このシフトは当時の状況から考えると当然の選択であったといえる。財務長官を射止めたガイトナーは，それまでニューヨーク連銀総裁としてポールソン財務長官やベン・バーナンキFRB議長と共に金融危機対応の最前線に立っていた。緊急経済安定化法が定めるTARP資金は，財務長官の判断で支出を決めることになっており，財務長官は「7,000億ドルを動かせるポスト」であった。この重責を背負い，ブッシュ政権からの切れ目のない対応を可能にするためには，財務長官には「即戦力の人材」を登用する必要があった。同時にまったく未知数の人物を登用することで，ウォール街に懸念を生じさせることも得策ではなかった。事実，この日のニューヨーク平均株価は上昇してこの人事を歓迎している。

ただ当然のことながら，「なぜ金融危機を招いたブッシュ政権の人間を使うのか」という反発もあった。経済政策の司令塔となるNEC担当補佐官には，経験豊かなサマーズ元財務長官が起用されたが，彼はクリントン政権時に金融界への規制緩和を推進した張本人でもある[3]。政策の抜本的な転換を求めるオバマ支持者たちが，こうした人事に不満を抱いたことは想像に難くない。

なお，外交・安全保障チームの指名は，経済チームより少し後となった。12月1日にはヒラリー・クリントン国務長官，ロバート・ゲーツ国防長官，ジェームズ・ジョーンズ安全保障担当補佐官，エリック・ホルダー司法長官，ジャネット・ナポリターノ国土安全保障長官，スーザン・ライス国連大使などが指名されている。重要閣僚の指名も「経済が優先」であったことは，従来の政権移行期に比べてもめずらしい現象であった。

一連の閣僚人事においては，いくつかのトラブルもあった。商務長官

に指名されたリチャードソン・ニューメキシコ州知事,厚生長官に指名されたトム・ダッシュル元上院議員などが就任を辞退している。とはいえ,一連の閣僚人事は通常の政権交代プロセスに比べれば順調で,手際のよい作業であった。重量級のスタッフを多く起用したにもかかわらず,またオバマ自身が上院議員1期目で47歳の若さであるにもかかわらず,この「人づかい」の上手さはこの政権の特徴の1つと言っていいであろう。

第3節　オバマ政権の3つの危機対策

　明けて2009年1月20日正午,オバマは第44代大統領に就任した。就任演説には全米から180万人が押し寄せたが,オバマは2,401語のテキストを19分間で淡々と読み上げ,選挙戦の時のような万雷の拍手や,「イエス・ウィ・キャン」コールはなかった。もはや候補者ではなく,大統領となってしまったオバマには,これ以上,聴衆を鼓舞する必要はなく,むしろ前途に対する国民の期待値を下げることが肝要であった。したがって,就任演説は困難な時代における「新しい責任の時代」を説く,地味なものとなった。

　この日の演説で,オバマは次のような言葉を残している(筆者訳)。

　　　われわれが今日問うべきなのは,政府が大きすぎるとか小さすぎるかではなく,政府が機能するか否かである。家族がちゃんとした給料の仕事を見つけられるか,負担できる医療保険や立派な退職資金を手に入れるか,政府がその助けになるかどうか,である。

　オバマのイデオロギー色の薄さ,現実主義,プラグマティズムがよく表れた言葉といえるであろう。おそらくオバマ本人は,「大きな政府」であろうが「小さな政府」であろうが,どちらでも構わないと思っている。大切なのは結果であり,それは国民の生活に直結したことでなければならない。

思うに危機の時の指導者に求められるのは，こういう現実的で実務的な精神であろう。実際に政権発足から約半年のオバマ政権には，少なくとも経済政策に関するかぎり，選択の余地はあまりなく，目の前の課題に全力で取り組むよりほかになかったのである。

初期のオバマ政権は，「景気浮揚」「金融安定化」そして「ビッグスリーの経営不振」という3つの難題の処理を迫られていた。どれ1つとっても，政権の命取りになりかねない問題であった。以下，それぞれの課題について，オバマ政権がどのように対応したかを振り返ってみたい。

(1) 大型景気刺激策

米国経済の落ち込みは深刻であった。2008年10月30日に発表された7-9月期GDP速報値は，年率－0.3％と発表されたが，注目すべきはその中身であった[4]。GDPの7割を占める個人消費が，実に17年ぶりにマイナスに転じたのである。

なんとなれば，アメリカは家計貯蓄率がゼロ，もしくはマイナスの状態であったから，金融不安がストレートに個人消費に影響してしまう。金融収縮によってカードローン，自動車ローン，住宅ローンなど身近な金融が麻痺して借金ができなくなると，文字どおり消費者がモノを買えなくなってしまうのである。経済を立て直すためには「家計貯蓄率の改善」が必要であり，そのためにはしかるべき調整期間を必要とする。となれば，その間の需要の落ち込みを埋めるべく，政府の景気対策が必要になる。

大型のケインズ政策を実施し，一時的にでも政府の役割を拡大する必要があることは，エコノミストの間でもほぼコンセンサスがあった。この点でよく援用されたのは，「1930年代の失敗を繰り返してはならない」という議論である。大統領の経済ブレーンとなるCEA委員長に，大恐慌時代研究の権威であるクリスティーナ・ローマーが選ばれたことも，かなり早い時点からこの点が意識されていたことの反映であろう。

ただし1930年代の経験といっても，フランクリン・ルーズヴェルト大統領の「ニューディール政策」については評価が分かれがちである。リ

ベラル派の学者は，ニューディールは効果があったとするが，保守派の学者はそうではなく，第2次世界大戦によって初めてアメリカ経済は浮揚したと考える。実は大恐慌時代を議論することは，エコノミスト間の党派的対立を深めるという副次効果があったのである。

　民主党が上下両院で優位となった議会では，オバマ政権が誕生する以前からすでに大型の景気刺激策の検討を始めていた。1月28日には早々と下院案が成立したが，向こう2年間で8,190億ドルという支出には，共和党議員の全員が反対した。そこで上院では予算規模をやや縮小し，減税の規模をより多くすることで妥協が図られた。かろうじて3人の共和党議員が賛成に回ったものの，「超党派」と銘打つことはいささか憚られるような法案であった。結局，7,870億ドルの大型景気刺激策法案 (The American Recovery and Reinvestment Act of 2009) は2月13日に成立し，17日にオバマ大統領が署名して成立した。その概要は以下のようなものである。

　○景気対策法案の概要
　　（歳出拡大：約5,000億ドル＝64％）
　　・公共投資：1,200億ドル（15％）：インフラ整備と科学技術振興
　　・教育・自治体向け支援：1,060億ドル（13％）
　　・雇用・医療助成：1,930億ドル（25％）など
　　（減税：2870億ドル＝36％）
　　・所得減税：1,160億ドル（15％）～個人で400ドル，夫婦で800ドル
　　・中間層向け負担軽減：700億ドル（9％）
　　・代替エネルギー投資促進：200億ドル（3％）など

　この法案は，①政権発足から1カ月以内という成立までの速度と，②7,870億ドルという史上空前の規模に関しては，申し分ないものであったといえよう[5]。1990年代の日本の経験が示すように，バブル崩壊によ

る激しい経済の落ち込みに直面した時は，景気対策はとにかく急がなければならない。不況が深刻になってしまうと，そこから立ち直るにはさらに巨額の財政支出が必要になってくる。また，③資金がいつ，どの程度使われたかがネット上で公開されているという点で，透明性についても高く評価することができよう[6]。

その反面，この景気刺激策は民主党議会が中心になって作ったために，①利益誘導型のプロジェクトが多く盛り込まれたこと，②中間選挙を意識したために，予算の執行が2010年になる部分が多くなったことは，景気対策の即効性という面で問題があったと言わざるを得ない[7]。

さらに，③この法案に「バイ・アメリカン条項」が入ったことは，内外の批判を浴びることになった。世界経済が恐慌に近い状態にある時に保護主義に走ってはいけないということは，1930年代における教訓の最たるものである。オバマはこれを批判したが，かといって拒否権を発動してまで修正させようとはしなかった。

オバマはこの景気刺激策により，「350万人の雇用を創出する」と宣言した。対策は確かに景気の底割れを防ぐ効果があったと思われるが，雇用の促進という面では力不足であった。そのことは，後で多くの批判を招くことになる。

(2) 金融安定化策

金融安定化策においては，オバマ政権は前のブッシュ政権からのTARP資金を引き継いだ。ポールソン財務長官は当初，「不良債権買い取りのために使う」と説明していたが，それが難しいことに気付くと，今度は「経営が不安定な金融機関に公的資金を投入する」ことに目的を切り替えた。もちろん議会や世論の顰蹙を買う行為であったが，2008年秋の時点ではそれはまさしく必要なことであった。

当初，7,000億ドルのTARP資金は，米国経済が抱えている不良債権の規模から考えると，いかにも少なすぎるように思われた。不良債権問題の発端になったのは，サブプライムローンという低所得者層向けの住

宅ローンである。本来，ハイリスク・ハイリターンであるこの貸し出しを，CDO (Collateral Debt Obligation) という金融商品に組み入れることにより，商品全体の利回りを高めるとともに，高い格付けを得るというテクニックが，近年のウォール街では広範に行われてきた。住宅市場が活況を続けている間はそれでもよかったが，2007年ごろから住宅価格が頭打ちになり，サブプライムローンの延滞率が10％を超えると共に一気に問題が表面化した。

　この場合，サブプライムローン自体の規模は小さくても，それによってCDOの「値付け」ができなくなるので，実態の何倍もの規模の不良債権が発生してしまう。端的に言えば，投資家や金融機関が自分の投資額（あるいは損失額）を把握できなくなってしまうのである。リーマン・ブラザーズ社の倒産以後は，金融機関が互いの経営内容を信用できない状態になり，それが極端な信用収縮をもたらしたわけである。

　この問題に取り組んだガイトナー財務長官の対応策は，お世辞にも首尾一貫したものではなかった。まず2月10日に金融安定化策を発表するが，市場は「内容が不明確」であると判断して株価は急落する。3月23日にはその具体策として，「官民共同買い取りファンド構想 (Public Private Investment Program, PPIP)」を発表すると，今度は市場が好感して株価は急騰した。PPIP構想は，少ない政府資金に民間の資金を組み合わせ，レバレッジをかけつつ不良債権の買い取りをめざすという手の込んだプランで，「毒を以て毒を制する」的な発想である。実際にふたを開けてみると，ファンドはほとんど組成できなかった。

　ところが金融市場は，思いがけず安定に向かい始める。きっかけは5月8日の「ストレステスト」の結果発表からであった。財務省は金融機関の経営の安全性をチェックするために，米国経済がさらに悪化した場合に大手19行の経営が受ける「ストレス」を想定したシミュレーションを行った。その結果は，「9行は健全であり，10行は自己資本が不足している」というものであった。

　発表を受けて，優良行とされた9行は一斉に公的資金の返済に動き出

し，不健全行とされた10行は自力での増資をめざした。そのために，金融機関の経営は表向き財務省が安全を確認したことになり，市場は次第に落ち着きを取り戻した。それまで誰も手を出さなかった社債などにも資金が向かい始め，逆に1月には2％近くまで低下していた10年物米国債の金利は4％程度にまで上昇した。また公的資金の返済が進んだために，残り少なくなっていた財務省のTARP資金の残高が増加に転じた。

いいことづくめのように見えるが，ストレステストはかなり「甘め」に行われたという指摘も少なくない。金融機関に対して国民の税金を投入することは，民主主義国においては非常に不評な政策となる。財務省は議会に対してTARP資金の増額を求めることを躊躇し，「追加の公的資金投入が巨額にならない程度」のシミュレーション結果を出した。それで市場は安定したわけであるが，各金融機関が十分な不良債権処理を行ったのかどうかは，今もって定かではない。例えば今後，住宅価格や商業用不動産の価格が大きく下落するようであると，再び金融機関の経営が危ぶまれる事態が生じるかもしれない。

それでも2008年9月に始まった金融危機が，2009年前半にも落ち着きを取り戻したことは，望外の成果であった。ポールソンからガイトナーへ，2人の財務長官が拙速を重んじて行動し，なりふり構わぬ政策を打ち出したことが「結果オーライ」につながったといえよう。

1990年代に同様な試練にみまわれた日本の場合は，1996年の住専処理の際に5,280億円の財政資金を投入したことに対する世論の反発から，その後は公的資金投入の議論がタブーとなってしまう。いよいよメガバンクの経営が危うくなった1998年秋になって，ようやく議論が本格化するが，この間に金融不安が長期化したことで日本経済全体の体力が低下してしまう[8]。ゆえに「金融問題の処理はとにかく迅速に」というのが，日本の経験が教えるところである。米国経済が同様の経路をたどらなかったのは僥倖であった。

ただし金融不安が去り，公的資金の返済が済むと同時に，ウォール街のトップたちは好業績を背景に高額なボーナスを手にし始める。まさし

く「喉元すぎれば熱さを忘れる」であり，これだけの混乱を招いたことへの反省がなさすぎる。かくして世論は再び金融界への批判を強めていくのである。

(3) ビッグスリー処理策

　米国における乗用車販売台数は，2002年から2007年まで6年連続で年間1,600万～1,700万台であった。クルマ社会である米国では，国内に2億5,000万台もの乗用車が保有されているから，オーナーが15年に1度，クルマを買い替えるだけでも，年間でこの程度の台数は売れてしまうのである。それが2008年には1,319万台，2009年には1,035万台にまで急減する。不況により耐久消費材の買い控えが広がったこと，金融危機で自動車ローンが使いにくくなったためである。

　2008年末には，米国の自動車大手3社，GM，フォード，クライスラーといういわゆる「ビッグスリー」の経営が困難に陥る。3社は政府への支援を求めるが，議会公聴会でワシントンに呼ばれた際に，プライベートジェット機を使ったことで非難を浴びる。それでもブッシュ政権は幕切れ寸前であったこともあり，GMとクライスラーに対するつなぎ融資を決めて，オバマ政権に問題を先送りするという安直な手段を選択した。

　2月17日には，GMとクライスラーが議会に対して再建策を提出するが，いかにも中途半端で不徹底な内容であった。『ウォールストリート・ジャーナル』はこれを酷評し，「ただ倒産だけが必要な手段と法的権限を提供することができる」と社説に掲げた[9]。同社の経営陣がやっていることは，経営再建ではなく政治的駆け引きにすぎず，全米自動車労働組合（United Auto Workers, UAW）と共に厳しい決定の先送りを続けるだけである，というのである。オバマ政権の自動車問題タスクフォースは，両社に再建策の再提出を命じた。

　そもそもビッグスリーの経営が傾いたのは，レガシーコストと呼ばれる退職者向けの医療・年金債務が膨大であったことが大きな原因である。これが製品価格に上乗せされることでクルマが割高となり，海外の自動

車メーカーとの価格競争で不利になった。しかしUAWにとっては，既得権を守ることが最大の組織目標となる。彼らは2008年選挙では民主党政権の誕生に協力したし，特にオバマにとって自動車産業が多い5大湖周辺州で勝利することは重要であった。それだけに「オバマは自分たちに悪いようにはしないはず」との思いがあったことは想像に難くない。

しかしオバマ政権の対応は果断なものとなった。4月30日には，クライスラーがイタリアのフィアット社に身売りを決める。こちらは非上場会社だけに処理は比較的容易であったが，その4倍の規模であるGMでは，債権者や労働組合との債務削減交渉が難航する。それでも6月1日には，同社は連邦破産法11条（チャプターイレブン）の適用を申請することになる。これだけの大問題が，大きな波乱なく粛々と完了した[10]。

もちろんGMやクライスラーの経営問題がこれで解決したわけではない。企業の再生には財務の再生（Financial Turnaround）だけではなく，本業の再生（Business Turnaround）が必要である。つまりレガシーコストなどを切り離し，身軽な体質に生まれ変わることと同時に，「売れるクルマを造れるようになる」ことが欠かせない。それは企業努力次第であるが，国有自動車会社（Governmental Motors）になった企業にそれが可能かどうか。すべては今後にかかっている。

この問題の処理は，オバマ政権の特色が非常によく表れているといえる。まず危機管理が巧みである。周知を結集して慎重に物事を運び，思い込みをもたずに柔軟に対応する。そしてダメージの最小化をめざす。選挙期間中からずっとそうであったように，途中でトラブルを起こしたり，マスコミに内部情報を抜かれたりはしない。

その一方で，「大統領は何がしたいのか」が見えにくい。オバマは，「アメリカに自動車産業を残したい」「雇用の喪失を避けたい」と発言していた。そのために敢えて国有化に踏み切った。ところが「自動車会社を経営したくはない」とも言っている。察するに，国有化のままではダメだと分かっているのであろう。かといって，自由放任主義で見放すつもりもない。

イデオロギー色が薄く、現実主義的なのがオバマの特色であるが、「こうしたい」という理想や、描いている着地点は分かりにくい。そしてこれと同様な批判は、他の問題においても繰り返されることになる。

第4節　2009年の米国経済

ここでオバマ政権にとって最初の1年となった、2009年の米国経済がどんな状態であったかをあらためて振り返っておこう。「景気回復」「雇用情勢」「財政状況」の3つの点からまとめてみたい。

(1) 景気回復

2008年秋に経済危機に陥った以後の米国経済は、実質GDP成長率は4四半期連続のマイナス成長となった（**図5-2**）。しかし2009年7-9月期からはプラス成長に転じており、どうやら最悪期はすぎたようである。金融不安も、多くの人々の懸念よりは早く終息した。となれば、問題はこれから先、どうやって持続的な成長を実現していくかである。

過去の経験からいくと、米国経済が不況から脱出する時は個人消費が主導することが多い。しかし前述のとおり、現在の家計部門は大きな負債を抱えているので、消費主導型の回復は期待しにくい。足元の家計貯蓄率は4～5％にまで上昇しており、それだけ消費を控えていることがうかがえる。今後、ある程度の期間は「消費より貯蓄」の時代となり、家計部門のバランスシート調整が行われることになるであろう。

オバマが明確に打ち出しているのは、輸出主導型の景気回復シナリオである。2009年11月のアジア歴訪の際に、オバマは東京のサントリーホールで包括的な対アジア政策演説を行った[11]。この中で世界経済の現状に対し、次のような考え方を示している。

「この景気後退が私達に教えた重要な教訓の1つは、主にアメリカの消費者とアジアの輸出業者に依存しながら成長を促進することの限界」であるとオバマは言う。アジアが商品を作り、アメリカが過剰な債務を

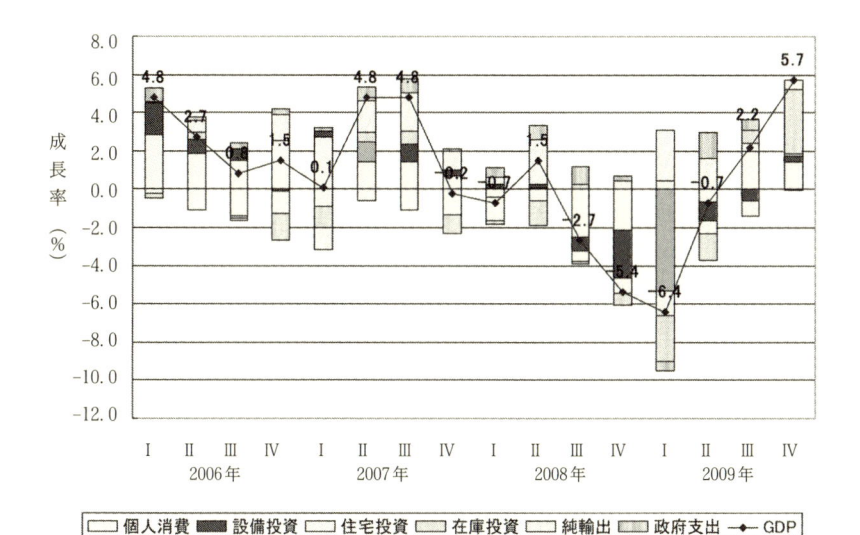

図5-2 アメリカGDPの推移と寄与度
出典）米商務省

抱えつつこれを買い続けるという経済成長はもはや持続不可能である。実際に米国経済が悪化した時に，アジアの輸出は急激に下落して経済成長が止まり，世界の景気後退は一層深刻になってしまったではないか。

ゆえに「均衡の取れた経済成長のための新戦略を追求する」ことが必要である。アメリカにとってそれは，「貯蓄を増やし，支出を減らし，金融システムを改革し，長期的債務と借入れを削減することを意味」する。そして「私達が構築し，生産し，世界中で販売できる輸出により重点を置くことを意味」する。そして「アメリカにとっては，これは雇用戦略」であるとも断言している。

オバマの輸出拡大戦略は，2010年1月27日の一般教書演説でさらに明確に語られている。ここでは，「今後5年間で輸出を倍増させよう。これは200万人の新規雇用につながる」との目標を設定している。

これは思い切った提案である。輸出を5年で倍増するためには，年間14％の伸びが必要となる。最近では2003年から2008年にかけての5年

間で，アメリカの財・サービス輸出は約1兆ドルから1.8兆ドルと2倍弱に増えている。もっともこの間に輸入も1.5兆ドルから2.5兆ドルに増えており，結果として貿易収支赤字も増えてしまい，「不均衡の拡大」につながっている。

さらに言えば，米国経済が過去に「5年間で輸出を倍増」させたことは絶無ではないが，それは1970年代のようなインフレの時代のことであり，デフレ気味の現代においてはかなり困難な目標である[12]。仮にアメリカがこの目標に固執する場合，アジアとの間でかつてのような通商摩擦が再燃する恐れもある。

1990年代前半のクリントン政権は，同様に輸出主導型の景気回復を志向し，ドル安誘導を行ったり，日本に向けて貿易黒字減らしの圧力をかけたりした。同じようなことが，今度は中国に対して行われるのではないか。特に今後の米中関係では，人民元の切り上げが重要課題となりそうな雲行きである。オバマ政権の経済政策の司令塔は，かつてクリントン政権で対日通商政策のキーパーソンであったローレンス・サマーズであるが，このことは決して偶然ではないのかもしれない。

(2) 雇用情勢

オバマが輸出に対して強い期待を表明しているのは，1つには改善しない雇用情勢を懸念しているからであろう。米国経済の失業率は，2009年後半には10％前後まで上昇し，なおも高い水準でとどまっている。そして月々の非農業部門雇用者増減数を合計すると，2009年だけで478万人の雇用が失われ，2008年と合算すると842万人にも達する。

さらに米国では，年率1％程度の人口増を吸収するために，「毎月10万人の雇用増」が必要であると言われている。雇用統計のグラフ（**図5-3**）を見れば分かるように，2005年から2007年まではその条件をほぼ満たしていたために，失業率はほぼ5％前後の横ばいで推移していた。ところが2008年以降は一貫して月間ベースの雇用増減はマイナスとなっている。これを失業率5％の水準に戻すためには，すでに失われた840

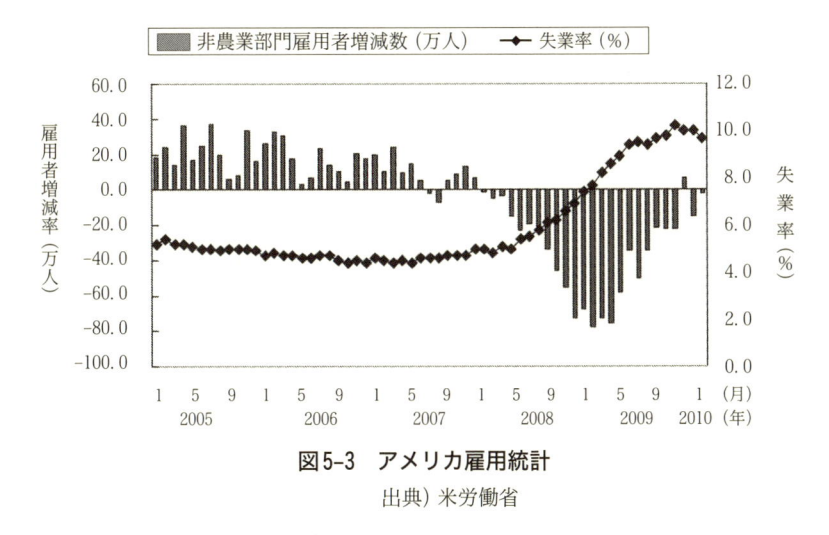

図5-3　アメリカ雇用統計
出典) 米労働省

万人に加え，さらに10万人×24カ月＝240万人程度の雇用増が必要であると考えなければならない。1,000万人を超える雇用を生み出すとなれば，さすがにこれは時間がかかるであろう。

このように考えてみると，「オバマ政権の雇用対策は失敗したのではないか」「7,870億ドルの景気刺激策は規模が小さ過ぎたのではないか」あるいは「追加の景気対策を行なうべきではないか」といった疑問が頭をもたげてくる。少なくとも，7,870億ドルの景気刺激策を決めた2009年2月の，「2年以内に350万人の雇用を創出する」というオバマの公約は，仮にこれから実現したとしても小規模すぎ，遅すぎ (too little, too late) ということになるであろう。

今回の景気後退局面においては，過去の経験に比べて雇用の減少が非常に深刻なものになっている。そしてまた，景気は回復しているにもかかわらず，雇用はあまり増えない「ジョブレス・リカバリー」となっている。そのことはオバマ政権にとっても計算外であったかもしれない。それでも任期の1年目を終えた現時点で考えれば，「雇用問題」が政治的な失点として，政権の足を引っ張っていることは疑いないといえよう。

(3) 財政問題

もう1つの問題点は，財政赤字の急増である。2010年の予算教書によれば，連邦政府の財政赤字は1.41兆ドル(2009年度実績)，1.55兆ドル(2010年度予想)，1.26兆ドル(2011年度同)と3年連続で1兆ドルの大台を突破する見込みである。対GDP比の赤字の規模も，10％前後にまで膨れ上がる。これは対ソ冷戦のために軍事費が拡大したレーガン政権時や，イラク戦争と減税で赤字が拡大したブッシュ政権時をはるかに上回る水準である（図5-4）。

もちろんこのことは，オバマ政権としては想定の範囲内であろう。バブル崩壊後に経済が極端に冷え込んでいる状態では，景気対策のための財政支出，税収の減少などをとおし，民間部門の赤字を政府部門に移し変える作業が欠かせない。今後，時間をかけて財政を再建することによって，本当の意味で危機を克服することができるわけであるが，ここで出口政策を急ぐと景気は再び悪化してもとの木阿弥となってしまう。

クリスティーナ・ローマー CEA 委員長は，2009年6月18日号の"The Economist"に「1937年の教訓」という論考を寄稿している[13]。これよ

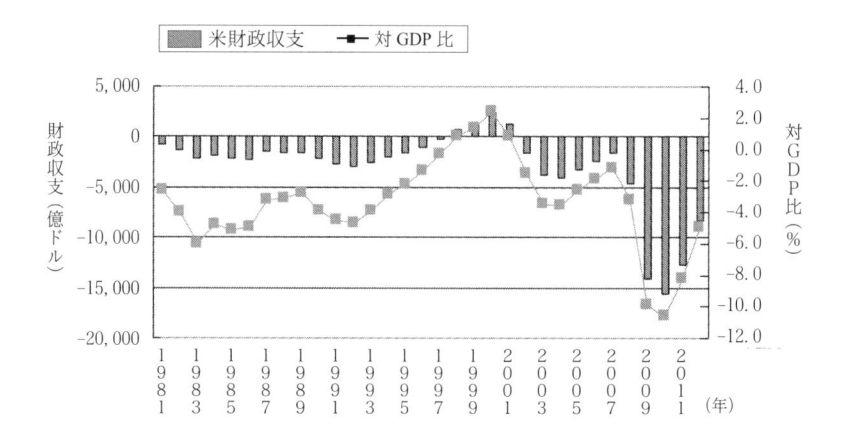

図5-4 アメリカ財政収支

注) 2010年度以降は予算教書による予測値。
出典) 財政金融統計月報，米予算教書などから筆者作成。

れば、ルーズヴェルト大統領の1期目の経済パフォーマンスは非常に良好で、GDP成長率は年平均9％、失業率も25％から14％に減少していた。しかし当時の政府が財政と金融の両面で出口戦略を急いだために、1937年から1938年の不況を招いてしまった。ゆえに重要なことは、短期の財政支出拡大と長期の財政再建を組み合わせることである。景気刺激策が終了する2011年には、GDP比2％程度の財政収縮が生じるけれども、これも警戒すべきであると指摘している。

この文章の末尾で、ローマーはこう述べている（筆者訳）。

> 1930年代後半の政策当事者たちの視野の短かさを誰かが批判するのを聞くたびに、自分は恥ずかしく感じる。彼らが受けたプレッシャーはよく分かる。今日の政策当事者たちはその経験に学び、景気回復が始まる前に道を外れてしまわないように、同様なプレッシャーに対して建設的に対応する必要がある。

しかし国民の側から見れば、景気は最も深刻な時期をすぎ、金融危機も過去のことになってみると、以前のような緊張感は薄れてくる。そうなると、今は差し迫った問題ではない財政赤字への関心が高まり、「将来の世代にツケを回す」ことへの批難が強まるという構図がある。

2009年の夏ごろから、全米各地で「ティー・パーティー」と呼ばれる保守派の運動が広がりつつある。綱領も指導者もない自然発生的な草の根運動であるが、反増税、反財政赤字を訴え、急速に勢力を伸ばしている。2010年1月19日のマサチューセッツ州上院補欠選挙では、医療保険改革に反対する彼らの活動が、過去半世紀にわたって「ケネディ家の指定席」であった議席で、共和党のスコット・ブラウン候補が勝利するという番狂わせの一因となった。彼らの運動の盛り上がりは、アメリカ国民の中にある「大きな政府」への懸念や反発が、いかに根強いものであるかを改めて知らしめた感がある。ティー・パーティー運動は、2010年11月の中間選挙でも相当な影響力を及ぼすと見られ、その動向が注

目されている。

　オバマ政権は，すでに財政再建へのプレッシャーを受けつつあるわけであるが，果たして「建設的に対応する」ことができるであろうか。早すぎる出口戦略に踏み切ってしまうと，1930年代の大恐慌時代や1990年代の日本と同じ失敗を繰り返すことになってしまう。政権発足から1年が過ぎ，支持率が低下しているオバマにとっては，容易なことではないはずである。

第5節　1年目の経済政策への評価

　オバマ政権の最初の1年は，「経済危機への対応」という意味では合格点であった。景気刺激，金融安定化，ビッグスリー処理という3つの課題への対応は，もちろん完全なものではなかったけれども，目に見える大きな失敗を残すことなく，迅速に問題を処理することができた。

　この間，オバマ個人のカリスマ性や演説能力などによるプラス効果もさることながら，不用意なエラーがなく，秘密もめったに外に漏れないという「チーム・オバマ」の守りの強さが印象に残る。たとえトラブルがあっても動揺をあまり外に見せることなく，問題をソフトランディングしてしまうところに現政権の強みがあるといえよう。

　ただしこうした「守りの強さ」と同時に，この1年のオバマ政権には「攻めの無謀さ」も目についた。2009年前半は「経済危機対策」という守りで成果をあげたのに，後半は「医療保険改革」という攻めに政治的資本を投下し，議会の党派的対立を先鋭化させ，金融規制や環境対策などの他のあらゆる議題を停滞させた。このアンバランスさが，1年目のオバマ政権の経済政策を彩っている。

　政権就任から1カ月後，2009年2月24日に行われた議会合同演説において，オバマは「エネルギー，医療，教育への投資」を提唱した。いずれも中長期的な課題であり，多くの財政負担を伴う。普通に考えれば，「2期目の課題」としてもおかしくないアジェンダである。しかしオバマ政

権は，医療保険改革に全精力を傾けた。

　若き大統領は非常に野心的である。短期的に経済危機からの脱出をめざすと同時に，中長期の構造改革にも着手しようとする。ブッシュ前大統領がしばしば政策課題を「1点賭け」しがちであったのとは対照的に，オバマは取り組むべき課題をめいっぱい広げようとする。経済危機からの脱出はもちろん最優先課題であるが，それだけで満足しようとはしない。やはり，「大統領はいくつものことを同時にできなければならない」という信念があるのであろう。

　しかしこのような態度は，「大統領は，本当は何がしたいのか」を見えにくくしてしまう。オバマはいろいろな課題について，それぞれいいことは言うのであるけれども，本人が心の底からそう思っているのかどうかが分からない。オバマ自身の優先順位が見えないのである。あえて邪推を交えて言うならば，彼は自分が偉大な指導者として名を残すことだけが目的なのであって，個々の政策に対する関心はさほど深くないように見えることもある。

　医療保険の問題においても，実現に向けて多くのことを語るのであるが，どんな改革をめざしているのかという具体論が少ない。大きな争点となった公的医療保険プラン (public option) についても，それが必要かどうかという彼自身の考え方はなかなか表明しようとしなかった。とにかく法案を通して，「自分はこれを実現した」と誇りたいだけなのであって，中身はどうでもいいと思っているのではないか。さらに言えば，医療保険改革をめざしたのは，たまたま上院で民主党が60議席という安定多数を握っているから，今なら歴史的な偉業を達成できるかもしれない，クリントンが失敗したことを自分が達成できる，という個人的な功名心が動機であったのではないかという見方もできる。

　国民の側からみれば，雇用のような身近なところで経済状況が好転しておらず，まだまだ不満があるにもかかわらず，それを放置して中長期の大きな課題に挑もうとする大統領は貪欲すぎ，自分たちのことを分かってくれない指導者ということになる。特に2008年選挙でオバマを

支持し，当選の原動力となった無党派層にとっては，オバマは所詮，リベラルな政策を追い求めて，「大きな政府」をめざす古いタイプの政治家に見えたのではないだろうか。

　医療保険改革が本当に民意を得たものであったかも，今となっては疑問が残る。毎年1月にピュー・リサーチセンターが行っている「内政課題優先順位調査」を見てみよう[14]。2008年には69％で第3位であった「医療のコストを減らす」という課題は，2010年には57％の第8位にまで落ちている。同様に，「無保険者をなくす」という課題も，54％から49％に低下している。

　そして優先順位のトップ3は，「経済の強化」(83％)，「雇用情勢の改善」(81％)，「テロからの防衛」(80％)であり，オバマ政権はこれらの課題で十分な成果を挙げたとは見られていない。

　しかもこの間に，「財政を再建する」(60％)という課題が急上昇して7位となっており，むしろオバマの経済政策は民意と違うことをめざしていたようさえ見える。少なくとも，アメリカ国民は相変わらず「小さな政府」を志向しており，「大きな政府」に対する反発はなおも強いという

表5-1　オバマ大統領と議会に期待される国内政策優先順位

	2007	2008	2009	2010
経済強化	68（3位）	75（1位）	85（1位）	83（1位）
雇用対策	57（8位）	61（6位）	82（2位）	81（2位）
テロ対策	80（1位）	74（2位）	76（3位）	80（3位）
社会保障政策	64（5位）	64（5位）	63（4位）	66（4位）
教育改革	69（2位）	66（4位）	61（5位）	65（5位）
高齢者医療	63（6位）	60（7位）	60（6位）	63（6位）
財政再建	53（14位）	58（9位）	53（9位）	60（7位）
医療費削減	68（3位）	69（3位）	59（8位）	57（8位）
貧困対策	55（12位）	51（12位）	50（11位）	53（9位）
軍事力強化	46（17位）	42（16位）	44（14位）	49（10位）
エネルギー問題	57（8位）	59（8位）	60（6位）	49（10位）
無保険者をなくす	56（11位）	54（10位）	52（10位）	49（10位）
犯罪の減少	62（7位）	54（10位）	46（12位）	49（10位）

出典）ピュー・リサーチセンター

ことを見誤ってはならないであろう[15]。

　オバマにとって不運であったことは，経済危機がとりあえず去った2009年夏以降は，それまでの緊張感が薄れると共に，政権への求心力も低下してしまったことがある。経済危機が生んだ大統領であるオバマは，経済危機の終息と共に求心力を失っていた。ところがそれに気づかず，医療保険改革などの大きなテーマに精力を注ぎ込んでしまったことが，オバマ政権1年目最大の反省点であろう。

　それではこれからのオバマはどうなるのか。2010年1月27日の一般教書演説では，オバマは1時間9分にわたって熱弁をふるった。相変わらず演説の出来はよかったが，政権支持率にはさほど影響がなかった。

　確かにオバマを当選させたのは，雄弁という「言葉の力」であったが，そもそも言葉とは行動と一緒になって初めて信用を生み出すものである。国民が政権の成果を感じていない中では，いくら感動的な言葉を積み重ねても大統領への信頼は生まれないだろう。たとえ小さなことであっても，「自分はこれをやった」ということを示さない限り，支持率の改善は期待できないのではないだろうか。その意味では，雇用対策のように国民に身近なところで目に見えるところで，着実に成果を挙げることが肝要であるといえるであろう。

　結論としてオバマは，「マネージャーとしては優秀であるが，リーダーとしては大風呂敷にすぎる」ところがある。つまり，「着眼大局」という点はよいのであるが，「着手小局」を実践しなければならない。実務能力の高さを考えれば，それはけっして不可能なことではないであろう。求められるのは，彼自身の手法の「チェンジ」である。

注
1　http://edition.cnn.com/ELECTION/2008/results/polls/#USP00p1
2　オバマはこのくだりで，悩んだ挙句に上院議員としてCAFTA（中米自由貿易協定）に反対票を投じたが，法案は成立したことを明かしている。
3　1999年に，投資銀行と商業銀行の垣根を定めたグラス・スティーガル法を廃止した時の財務長官はサマーズである。オバマの経済指南役の1人である

ボルカーは，このことに強く反対していた。
4 その後，統計の改定が行われているので，第4節のグラフでは数値が変わっている。
5 オバマの署名により法案が成立した2月17日は，GMとクライスラーの再建策提出の締切日でもあり，まさに綱渡りの日程であった。また同日は，クリントン国務長官が初の外遊先として日本を訪れていた日であり，直前に行われたローマでのG7で「酩酊会見」をした中川昭一財務大臣が辞任した日でもあった。
6 http://www.recovery.gov/Pages/home.aspx
7 recovery.govの公開情報によれば，2009年中に支出された合計金額は2,560億ドルと全体の32.5％にとどまっている。全体の約半分の額が2010年中に支出される予定である。
8 金融不安が経済全体を悪化させるメカニズムについては，小林慶一郎・加藤創太『日本経済の罠』(2001)，『逃避の代償』(2003) などを参照のこと。
9 "The Auto Dead Zone." *Asian Wall Street Journal.* 2009,2/20-22.
10 例えばガイトナー財務長官は，翌6月2日に北京で中国の胡錦濤国家主席らと面談しているが，「自分が居なくてもGM問題は大丈夫」と確信していたのであろう。
11 ホワイトハウスのHPではこの演説の日本語訳を掲載している。http://www.whitehouse.gov/files/documents/2009/november/president-obama-remarks-suntory-hall-japanese.pdf
12 Bruce Stokes, "Can Obama Double Exports?" *National Journal,* 2010,2,6.
13 Economic Focusという経済論壇のページで，ゲスト執筆者として寄稿している ("The Lesson of 1937." *The Economist.* 2009, June 18)。
14 Public's Priorities for 2010: Economy, Jobs, Terrorism（2010年1月25日）を参照。http://people-press.org/report/584/policy-priorities-2010
15 オバマ政権が誕生した直後には，元ネオコンのフランシス・フクヤマでさえもが，「2008年選挙は，ルーズヴェルトが登場した1932年や，レーガンが登場した1980年のような歴史の分水嶺で，アメリカはこれから大きな政府の時代に向かう」といった議論をしていた。"A New Era." *The American Interest*, 2009, 1-2.

引用・参考文献

President Barack Obama's Inaugural Address (January 21, 2009) http://www.whitehouse.gov/blog/2009/01/21/president-barack-obamas-inaugural-address

Remarks by President Barack Obama at Suntory Hall (November 14, 2009). http://www.whitehouse.gov/the-press-office/remarks-president-barack-obama-suntory-hall

Remarks by the President in State of the Union Address (January 27, 2010). http://www.whitehouse.gov/the-press-office/remarks-president-state-union-address

バラク・オバマ，2007『合衆国再生――大いなる希望を抱いて』棚橋志行訳，ダイヤモンド社。

小林慶一郎・加藤創太，2001『日本経済の罠』日本経済新聞出版社。

―――，2003『逃避の代價』日本経済新聞出版社。

吉崎達彦，2009『オバマは世界を救えるか』新潮社。

第6章　人種関連政策：
「脱人種」路線をめぐって

渡辺　将人

第1節　はじめに

　本章ではオバマ政権の人種をめぐる政策を検討する。バラク・オバマは，アメリカ史上初のアフリカ系大統領である。初のアフリカ系大統領がどのよう人種に関する政策判断を下すかは，アメリカ政治において人種が有する意味，また人種・エスニック集団間の関係性や政治構造の変容を見定める上で重要な指標と言える。2000年代以降とりわけブッシュ政権期に顕在化した「分断されたアメリカ」の融合へと向かうのか，それともさらなる分断の端緒となるのか，アメリカ政治の方向性を占う上でも無視できない。さらに，人種政治が旧来的な狭義の人種に関する政策を超えて，政権全体に及ぼす政策的含意も注目点となろう。人種要因の及ぼす影響は，2010年1月の一般教書演説でオバマ大統領が重要課題として位置付けた雇用政策はもとより，教育政策，移民政策など多岐に渡り，内政全般の進捗に間接的な影響を及ぼす可能性がある。

　本章では，オバマ政権の人種に関する政策の遂行が，大統領選挙にさかのぼるオバマ政権生成過程の時点から継続した一定の制約を受けている状況に着眼する。第1に，2008年大統領選挙過程における「人種」の位置付け，またオバマの「人種」に関する立場を確認する。第2に，オバマ政権の人種に関する諸政策を個別に検討し，展望と共に評価を示したい。

第2節　オバマ政権を規定する前提

(1) 政権誕生過程における特殊条件

　オバマ政権と人種を考える上で前提となる第1点は，人種とは直接関係のない種々の特殊条件が，アフリカ系初の大統領誕生過程に存在したことである。黒人を基礎票とするニューディール連合以降の民主党ですら，これまで正副大統領の候補者にアフリカ系が指名されたことはなかった。マイノリティの党指名獲得，副大統領職など移行的成果の段階なしに，突如としてアフリカ系が大統領にまでなったことの歴史的衝撃は強調するまでもない。しかし，選挙の勝敗は往々にして，候補者の資質や属性とは別に，選挙サイクルにおける現政権への評価，党内外の対立軸，支持者連合の動向などと無縁ではない。オバマの場合，かつて民主党から大統領選挙予備選に立候補したジャクソンと異なり，人種属性に依拠して台頭した大統領候補ではなかった。オバマを支える運動は，アフリカ系が母体の人種基盤の運動ではなく，シカゴの進歩派を出発点とした党内リベラル派運動として発祥し，草の根レベルで若年層や活動家を通して全国に展開した (Mikva 2009 及び Walsh 2009 とのインタビュー)。

　2008年大統領選挙サイクルの民主党予備選を規定した決定的な特殊条件は，イラク戦争とその泥沼化である。ブッシュ政権によるイラク駐留継続とそれに対する反発は，2006年中間選挙における民主党勝利の大きな要因であったが，リベラル派の支援の中，オバマが情勢を判断して本格的に立候補を決めるのはこの直後であった。出口の見えないイラク戦争への苛立ちは，「ワシントン政治」への反発も併発させた。リベラル派のポピュリズム的な胎動は，2000年に民主党の票を割るネーダーの現象として露見したが，2008年の特徴はネーダー現象的な潮流の民主党内発生であった。進歩派や反戦活動家だけではなく，穏健な白人ブルーカラー労働者ら伝統的な民主党の党派的支持層の間にまで，イラク戦争とワシントン政治不信が相当程度高まっていたことが原因であった。オバマ陣営のプルーフは「イラクは経済問題でもある」とオバマに

進言していた (Plouffe 2009: 61)。

　そのため，イラク戦争に当初から反対していたオバマは，イラク戦争への支持投票を行った民主党の主流候補者との差別化に成功した。また，こうした潮流にあって本来クリントンの強みであった大統領夫人と連邦上院議員としての豊富な経験が，「ワシントン政治」の一部として解釈されたのに対し，オバマの弱点であった連邦議員経験の少なさが，「ワシントン政治」との縁の薄さとして魅力に転化した。若年層はおおむねイラク反戦層と重なっており，クリントンが本来の票田である女性若年層に手を伸ばすことすら困難な状況が生まれた。女性初か黒人初か，ジェンダーと人種の争いとして見られた民主党予備選を規定していたのは，ブッシュ政権の失政であり，なかんずくイラク戦争，そして「ワシントン政治」との距離感であった (Saltzman 2009 とのインタビュー；Heilemann and Halperin 2010)。

　言い換えれば，2008年にマイノリティ大統領を初選出する目標で選挙民が一致結束したわけではなく，人種とは無縁の争点に端を発する党内分裂が先鋭化した選挙戦であった。結果として歴史的なアフリカ系大統領が誕生したが，オバマは人種問題を改善するために立ち上がった黒人指導者ではなく，ブッシュ政権の失政を軌道修正することと，ロビイストに支配された「ワシントン政治」改革を期待された新星であった。選挙民にとって緊急性のある特殊条件が存在していたことが，人種争点の棚上げを実現させた格好であり，本選においても経済危機という人種要素とのトレードオフに値する緊急課題が争点となった。つまり，選挙民の多くがオバマ政権に期待したのは，必ずしも人種関連の諸政策での野心的な取り組みではなく，経済や戦争などの優先案件に対する着実な対応であった。オバマ政権は初のアフリカ系大統領政権にもかかわらず，ある意味ではそれ故に，人種関連政策を政権の最優先案件として前面に押し出していない。

(2)「1つのアメリカ」と人種政治の併存

　オバマ政権の人種との対峙の仕方を規定する2点目は，オバマのメッ

セージの根源にある脱人種性である。2004年ボストンの民主党大会における演説で，黒人，アジア人，ヒスパニックなど人種を乗り越える「1つのアメリカ」のモデルを説くことで，オバマは全国レベルで有名になった。「青いアメリカ」「赤いアメリカ」の分断への処方箋的な響きも伴ったが，アフリカ系であるオバマが人種横断的なメッセージを出したことが，旧来の黒人指導者との差別化となり，ブラック・ナショナリズムには嫌悪感を抱く穏健層からも幅広い共感を得た。オバマはアイデンティティ政治を超越する象徴として台頭した政治家であり，「1つのアメリカ」の統合イメージと運命共同体的存在である。すなわち自らの人種アイデンティティに拘泥すれば，「1つのアメリカ」を訴えて誕生した政権の存在意義を失うジレンマも抱えている。

　オバマ陣営の政治的判断はアクセルロッド，プルーフなどごく少数の幹部の間で調整されたが，人種政治の扱いもその例外ではなかった。アクセルロッドらの大方針は「人種ニュートラル」戦略と呼ばれる，候補者の人種属性に依拠せず，人種横断的に多数派の支持獲得を狙う手法であった。2006年にアクセルロッドが当選を請け負った白人過多州のマサチューセッツ州知事のパトリックに代表される「ポストレイシャル（脱人種）」の新世代黒人政治家は，人種を押し出さずに，結果として前世代以上に黒人政治家の躍進を実現した (Ifil 2009: 60)。オバマの脱人種性と「1つのアメリカ」のメッセージは，オバマの言葉を「カラーブラインド」に規定した。

　しかし，「脱人種」路線が候補者や政権メッセージの「全体」を象徴する人種戦略の上層構造であるとすれば，人種アウトリーチ[1]という旧来的なアイデンティティ政治が「個別」として下層に併存している事実も見逃してはならないであろう。現代アメリカの選挙における候補者本人の言動は，タウンホールミーティングなど地上戦的「演出」の形で，メディアを通して伝播する空中戦の文脈に存在する。本来の地上戦は，選挙陣営と地方支部が実動となり，候補者不在でメディア報道からは見えない部分で進行する。オバマ陣営においても，メディア経由で伝える候

補者のメッセージでは脱人種性が貫かれたが，地上戦レベルでは今までどおりの人種やエスニック集団向けのアウトリーチが行われていた（Giangreco 2009 とのインタビュー）。

　人種戦略をめぐる2層構造の背景理由として第1に，2000年連邦下院選で黒人支持を得られず敗退した過去をもつオバマは，公民権運動世代の黒人指導者の信任を得る必要性があったが，その布石はアイオワでの勝利であった。一定の年齢以上の黒人が抱える，黒人はどうせ大統領にはなれないという幻滅を白人過多州のアイオワ党員集会が払拭する効果が期待された。白人過多州先行勝利が，間接的に黒人票対策の役割を果たし，緒戦以後クリントンの黒人票を侵食した。ジャレットがアフリカ系対策で主導的手腕を発揮し，ウィンフリーによる遊説もサウスカロライナ州予備選以降の黒人票を大きく左右するとオバマ陣営は考えた（Plouffe 2009: 98, 118）。

　第2に，全国区のアフリカ系候補者であることの逆説性として生じた対多数派アウトリーチである。白人票を離反させない慎重な対応は，すなわち対白人アウトリーチと同義でもあった。広報冊子や小型リーフレットは配布州や地域の人口動態を意識したデザインやメッセージで設計された。アイオワ州限定で早期から配布されたパンフレットには，オバマの母方の白人の祖父母の若かりしころの白黒写真を用いてGI世代の白人一家にルーツをもつオバマを強調したが，一方でオハイオ州クリーブランドのアフリカ系労働者層向けに配布されたリーフレットでは，ミシェル夫人と2人の娘との家族写真に加え，オバマがシカゴのサウスサイドで黒人の投票登録促進運動をしていたころの黒人の中年女性と並んで歩く写真が組み込まれた[2]。

　しかし，オバマの人種アウトリーチには，旧来的アイデンティティ政治とは異なり，人種政治を規定してきた白人と黒人の2項対立のパラダイムを相対化する特徴もある。これを可能とさせたのは，父方のケニアとつながる「アフリカ」系としての「移民性」に加え，多感な時期をハワイでアジア系に囲まれて育ち，母アンや妹マヤを通してインドネシアな

どアジア太平洋にまでルーツをもつオバマの多文化性であり，他の脱人種世代の黒人政治家にないオバマ特有の資質である。アメリカの多様性の象徴の「物語」として機能したオバマの存在の多義性は，白人への対抗軸として狭く捉えられがちなアフリカ系の立場を緩和しつつ，同時にそのマイノリティ性はアジア系，ヒスパニック系を超えて広くマイノリティの期待を伴って共有された（Dewey 2009 及び Cooper 2009 とのインタビュー）。

ピュー・リサーチセンターは2010年1月，オバマ就任1年後の人種問題をめぐる世論調査を発表しているが，「アフリカ系初」の大統領であるオバマの出自をめぐる解釈の多様生は興味深い。「オバマはブラックか，ミックスド・レイスか」という質問に対して，回答は人種属性ごとに答えが大きく割れた。黒人回答者は過半数（55％）が「オバマはブラックである」としており，「ミックス」と答えた人は34％にとどまった。一方，白人は逆に過半数（53％）がオバマを「ミックス」と見ており，「オバマは黒人である」としたのはわずか24％であった。ヒスパニック系は61％がオバマを「ミックス」であると考えており，「ブラック」とみなしたのは23％であった。オバマは黒人の同胞，白人の理解者，ヒスパニック系など他のマイノリティの代表を包含する希有な存在であり，2008年大統領選挙では黒人票，ヒスパニック票の双方で2004年のケリーを7ポイント上回る得票を実現した（Mifflin 2009 及び Moore 2009 とのインタビュー）[3]。

アイデンティティ政治を緩和する人種アウトリーチの一例として，選挙サイクルを規定する重点イシューで人種・エスニック集団を束ね直す，人種横断的連帯形成の試みもオバマ陣営に顕著であった。アイオワ党員集会の専門家としてオバマ陣営に参加したジャングレコは，プルーフの提起を受けアウトリーチ専門スタッフの雇用に800万ドルを投入し，イラク戦争に反対する退役軍人，アフリカ系，ヒスパニック系選挙民の組織化をめざした（Giangreco 2009 とのインタビュー）。

このように，オバマの「脱人種」路線はあくまで旧来型アイデンティティ政治の一定の温存を伴ったものである。しかし，黒人を白人に対置

する2項対立の人種政治を脱構築する多元的アウトリーチによって，矛盾するかに見える2層併存を安定させる工夫が施されていることがうかがえる。政権の人種に関する政策に，この方針がどのような影響を与えているかは次節以降で検討する。

(3) オバマの人種問題への視座

　オバマの人種に関する法律観の1次資料として貴重なのは，1992年から12年間奉職したシカゴ大学ロースクールでオバマが開講した「レイシズムと法をめぐる現代の諸問題」のシラバスと論述試験及びその解説メモランダムである。1994年度版でオバマが提起している人種に関する主要課題の抜粋は以下のようなものであった[4]。

　①「黒人男子学校」：自主的隔離とも呼ばれる公立教育であるが，生徒はインナーシティの黒人男子だけで，アフリカ中心主義などが科目になることがある。オバマはブラウン対教育委員会の判決に反することを根拠に，白人や女性への逆差別をめぐる議論を紹介している。

　②「異人種間養子縁組」：黒人の子供は黒人家族への養子に限定すべきであるとの一部の州の規制に関する議論であり，黒人のソーシャルワーカー協会による「子供のアイデンティティの強化のためには，同じ人種の養子がよい」との推進論に対し，黒人の子供を養子に迎えたい白人の家族からはこの政策はむしろ人種差別であり，里親を待つ数千の黒人の子供のためにならないとの反対論も存在する。黒人アイデンティティが脆弱になるので，黒人は白人家庭で育つべきではないとの考えは，バイレイシャルであるオバマの魅力の根底を揺るがす制度でもある。

　③「人種ゲリマンダリング」：マイノリティの1票の重みを増すために，マイノリティ政治家が多数生まれるようマイノリティ人口過多の選挙区引きをするべきであるとの議論であるが，オバマは黒人選挙区を作ることは「政治コミュニティ全体から黒人を孤立させる」危険

を指摘している。

④「人種と刑事訴訟」：どの程度人種が判決に影響を与えるか，どの程度マイノリティ逮捕を想定した立法がなされているか，ヘイト・クライムの量刑を厳しくすることは最高裁にとって正しいことか，人種プロファイリングはどこまで許されるか，等の議論をオバマは提起している。

⑤「福祉政策と子供をつくる自由」：麻薬使用歴がある母親に，裁判所が子供をつくる自由に制限をかけられるかという問題であるが，「人種絶滅」政策であるとする黒人の反対論もオバマは紹介している。

⑥「エスニック間の緊張」：「クラウンハイツで起きたロス暴動とインナーシティでの韓国系とアラブ系商店のボイコットは，茶色くなるアメリカの人種間対立を増すことはあっても緩めないかもしれない」とオバマは述べている。「黒人／白人の2極モデルが，どの程度，他のマイノリティ集団の葛藤や渇望と関係しているのか」を論じることを学生に求めるオバマは，「黒と白」の2項スパイラルだけで展開しがちなアメリカの人種問題の中に，アジア系，ヒスパニック系，アラブ系の論点を持ち込んでいる。

⑦「アファーマティブ・アクション」（差別是正措置）[5]：オバマは「人種ではなく階級をもとにした優遇制度による大学入学選抜」という論点を取り上げている。オバマは（アファーマティブ・アクションが）「マイノリティへの人種偏見を是正するものか，貧困等に顕著に表れるマイノリティの歴史的窮境是正のためか，それとも多様な子弟を教育現場に迎えるためか」として，制度の根本理由を問い直すことを提起している。

オバマの人種問題に対する基本的な視座は，第1に人種間不平等の是正というアフリカ系を超然とした問題意識であり，2項対立の人種政治の相対化とも底辺でつながっている。第2に合衆国憲法に照らして妥当かという憲法基準の思考にある。最高裁判事人事は大統領として人種関連

の政策をめぐる究極の権限であるが，後述するようにオバマは就任1年目にしてその権利の行使の機会に恵まれた。総じてオバマは早期から人種に関する諸問題に強い情熱を注いできたが，法律家としてのオバマは黒人利益の拡大を優先せず，逆差別等で生じる人種対立のリスク軽減と多文化共生に主たる関心を注いでおり，「1つのアメリカ」路線と理念的な方向性に齟齬はない (Baird 2009 及び Boesche 2009 とのインタビュー)。

第3節　オバマ政権と人種に関する諸政策

(1) 政権陣容と人種

　政権の人事では，黒人の過剰登用を控える脱人種性と同時にマイノリティ重視を打ち出す2層構造が採用されている。大統領府の側近筋には，シカゴ人脈が優先されているが，これはオバマ躍進の政治基盤がアフリカ系ではなくシカゴの進歩派連合であったことと無縁ではない。オバマをアクセルロッドに紹介し，2002年のオバマのイラク反戦演説を演出したサルツマン，元連邦判事のミクバ，州議会の先輩議員でもあったシャコウスキーなどユダヤ系が早期から支援してきた。閣僚級の首席補佐官にはユダヤ系のエマニュエルを抜擢しており，アフリカ系初の大統領の政権でありながら，旧来の黒人指導者のように側近を黒人だけで固める姿勢は見られない (Saltzman 2009 及び Schakowsky 2009 とのインタビュー)。

　他方，閣僚任用ではマイノリティと女性の比率が3分の2に及ぶ多様性を全面に押し出した。労働長官と内務長官へのヒスパニック系2名の任用のほか，レバノン系の出自をもつラフッド運輸長官の任用も象徴的であった。チュー・エネルギー長官，ロック商務長官の中国系に加え，ハワイ・カウアイ島出身の日系のシンセキ退役軍人長官など，元民主党全国委員会アジア系アウトリーチ担当のカネコが指摘するように，オバマ政権のアジア系任用は出色であり，総体的に見てもさり気ないオバマらしさが滲んだ人事となった (Kaneko 2009 とのインタビュー)。

(2) 公民権をめぐる方針と投票権法

オバマ政権は，司法長官にアフリカ系男性のホルダーを据え，公民権重視を強調した。アフリカ系閣僚の絶対人数を増やさずに，アフリカ系大統領政権の特色を出すには，公民権を司る司法長官を唯一のアフリカ系閣僚にする判断は妥当であったと言えよう。オバマ政権が優先課題として掲げたのは，司法省の組織改革によるブッシュ政権の保守路線の修正であり，具体的には1957年に設けられた公民権局の再強化であった。2009年7月，同局のキングはマイノリティに悪影響を及ぼす諸政策の制限を躊躇しないよう要請する覚え書きを配布している[6]。ブッシュ政権時代の8年間に公民権局は，マイノリティ差別問題から信仰差別や人身売買に注力を移行させており，オバマ政権移行チームが『ニューヨーク・タイムズ』に明かした文書よれば，2003年から2007年の間に350人規模の公民権局において，236人もの公民権弁護士が離職していた。オバマ政権は取り急ぎ50人以上の新たな公民権弁護士を採用し，前年度を18％上回る22,200万ドルの公民権局予算を2010年度予算に計上した（Savage 2009）。

前掲のピュー・リサーチセンターの世論調査によれば，「アメリカにおける黒人の置かれている状況」について，黒人の39％が「5年前に比べて改善されている」と回答しており，これは2007年の20％の約2倍である。また「黒人の将来は改善傾向にある」と回答した黒人は53％に及んでおり，2007年の44％を上回るとともに，「将来悪化する」とした回答が2007年の21％から10％まで減少している。オバマ政権1年目の厳しい経済状況が黒人に相当の苦境を与えている現実を考えると，少なくとも心理面においては，アフリカ系初の大統領の誕生が黒人社会にもたらした効果は大きかったと見られる。しかし，実際の人種差別をめぐる意識調査では，オバマ大統領の誕生にかもかかわらず変動が見られない。約43％の黒人が「黒人差別が現存する」と回答しており，2001年の割合とほとんど変わらない。注目すべきは，黒人と白人の意識ギャップで，2007年には白人の20％が同調査において「黒人差別が多く現存する」と

回答していたが，オバマ政権誕生後の今回の調査では「黒人差別が多く現存する」と考えた白人は13％に減少した。「黒人の権利向上を促進すべき」との問いには，黒人の81％が同意しているのに対し，白人の同意率は36％にとどまった[7]。黒人政治指導者の人種意識をめぐり，「公民権運動エスタブリッシュメント」と呼ばれる旧世代とは異なる新世代の潮流に注目するアイフィルも，「ポストレイシャル」時代到来を謳う楽観論には警戒感を示している。アフリカ系大統領の誕生に対する楽観論は，人種差別不在論や公民権法不要論に利用されかねない危険性をはらむ (Ifil 2009)。

案の定，オバマ政権1年目に浮上したのは，1965年に成立した投票権法の存続をめぐる議論であった。テキサス州オースティンの公益事業の公選委員会が投票権法の無効申し立てを行った裁判が最高裁で争われ，2009年6月に最高裁は投票権法の合憲性を8対1で認める判決を下した。司法省は投票権法を「最も成果のあった公民権関連法」と位置付けており，事実1965年に19％にすぎなかったアラバマ州の黒人有権者登録は2006年に73％まで上昇している。しかし，裁判が喚起した投票権法存続の是非は，アフリカ系大統領の誕生が公民権を争点にした分断を巻き起こす可能性を示唆した。投票権法廃止賛成の保守派は，マイノリティが大統領に当選したことで人種差別は消滅しているのであり，少数民族に投票権で優遇する必要はないという論理を展開し，これに反対する存続賛成のリベラル派は，南部諸州ではオバマの2008年選挙での白人票得票は少なかったことを強調している。

投票権法の第5条は，過去に人種差別を行った州や自治体が，投票所の変更，選挙区割りなどを変更するには，変更が人種差別に基づくものではないことを証明し，連邦政府の許可を事前に必要とする「プレクリアランス」を定めている。しかし，これが一部の州や自治体だけを対象とし，しかも圧倒的に南部諸州に集中していることについては，2009年4月の最高裁口頭弁論でも一部の判事から改めて疑義が呈された。司法省はウェブサイトで5条対象州が，アラバマ，アラスカ，アリゾナ，

カリフォルニア，フロリダ，ジョージア，ルイジアナ，ミシガン，ミシシッピ，ニューハンプシャー，ニューヨーク，ノースカロライナ，サウスカロライナ，サウスダコタ，テキサス，ヴァージニアの広範に及んでいることを広報しているが，自治体単位で集計するとテキサスと深南部が過半を占める[8]。「南部の人が北部の人より差別感が強いと言えるか」という首席判事ロバーツの指摘に反映された，地域別縦割りの判断が投票権法に未だに混在していることに対する疑問が本件の背後に潜んでいた。

訴えを起こしたのはテキサス州オースティンの地元委員会であったが，オースティンはハイテク産業で知られる大学町で，テキサス州でも指折りのリベラルな地域であり，保守的な町ではなかったこと，また地元委員会が連邦政府に許可を取る煩雑な手続きへの不満が訴えの根底にあり，必ずしも人種差別的な極右団体が起こした裁判ではなかったことも，人種隔離の是非のように輪切りにできない問題の複雑さを示していた。オバマ政権として人種差別との戦いを声高に訴えれば，人種ラインに沿った人種隔離との戦いを南部を相手に再現することになり，地域による「赤」と「青」の分断を人種争点で増幅する恐れがあった。最高裁は「現時点で違憲とする理由は見当たらない」との判断を示したが，将来的には違憲とされる可能性への含みを残している。第5条は2006年に25年延長が認められたばかりであり，アフリカ系大統領の誕生が廃止論者に都合のよい口実を与えたことは間違いない。オバマ政権は，人種の壁を乗り越えた大統領の誕生という歴史的意義と公民権保護を未だに必要とするマイノリティの現実という，「脱人種」路線とマイノリティ重視の2正面の対応を投票権法問題でも迫られた（Liptak 2009; Bravin 2009）[9]。

「脱人種」路線の体現としては，総じてオバマ政権の公民権改革が，特定の人種の権利保護や狭義の公民権運動以上に公民権を広く捉えることに特質がある。例えば，2009年1月29日にオバマが就任後最初に署名した法案は，マイノリティ初の大統領にふさわしい公民権関連法案であったが，人種に特化した法案ではなかった。賃金差別を受けた労働者が訴訟を起こしやすくすることを定めた公正賃金法案であり，女性労働

者を主な支援対象に想定している。オバマが選挙戦で公約した立法措置で，労働組合や女性団体が渇望していた法案であった。賃金差別訴訟提起は，企業が差別を決定してから180日間しか認められていなかったが，この法律で差別決定から長期間が経過していても，最新の賃金受け取りから180日間提訴可能となった[10]。

さらに，オバマ政権はヘイト・クライム対策を公民権の1つの柱としているが，とりわけ同性愛者の権利重視を打ち出している。ピュー・リサーチセンターの調査では45％の回答者が「同性愛者は多くの差別を受けている」と考えており，人種を超えたコンセンサスがある。オバマ政権の取り組みはこうした公民権の重点課題の変容に呼応している[11]。2009年10月，オバマ大統領は，1968年に成立した人種及び宗教偏見に基づくヘイト・クライムを禁じた連邦法の対象を，同性愛者にまで拡大する法案に署名した。ブッシュ政権が拒否権行使を示唆して反対していた法案で，公民権重視に関して前政権との差別化に成功したと言える。また，民主党内の同性愛者票は伝統的にクリントンの支持母体であったが，この基礎票をオバマ支持として中間選挙や再選に向け取り込み直す契機にもなった。2010年1月の一般教書演説においてもオバマは「同性愛であるという理由で，愛する国家に奉仕する権利を阻む法律を撤廃するよう議会や軍部と協力していく。われわれは女性が同一の仕事で同一の賃金が得られるよう，同一賃金法の違反に断固対応する」と述べ，女性と同性愛者を主要マイノリティとして位置づけているが，人種への言及はなかった。

オバマ政権の公民権局改革は，前政権の歪みを是正し，それ以前までの公民権保護路線に修正することを一義的な目的としている。もちろん，ソネンシャインが指摘するように，投票権法に限っては，黒人社会の声に直接応える姿勢を強く打ち出したとしても，穏健白人票を離反させる可能性は薄いであろう。すでに女性と同性愛者に対する公民権を優先している一定の実績もある。シカゴ大学のベアードが述べるように，投票権法はオバマの研究上の専門でもあった（Baird 2009 とのインタビュー）。

しかし，アフリカ系大統領就任が契機である投票権法の論争に大統領府が対決姿勢を強めることは，旧来的な2項対立の人種政治への逆行につながりかねない。オバマ政権1年目の公民権対策は「マイノリティ」全体を対象とした穏健路線が堅持されたと理解できよう（Sonenshein 2009）。

(3) 教育や雇用における優遇政策

公民権法に基づく諸政策の中でもアファーマティブ・アクションに対するオバマ政権の方針には，就任前から注目が集まっていた。アファーマティブ・アクションには廃止論，存続論が混在しているが，存続論にも人種を基準とした優遇政策を擁護する立場と，社会経済階級などを基準とした優遇政策にシフトすべきであるとする立場がある。人種基準の優遇政策を禁じる判断を下しているカリフォルニア，ワシントン，ミシガン諸州に続き，2008年11月，58％対42％でネブラスカ州が反アファーマティブ・アクションの決議案を可決した。コロラド州でも同様の動きが生じたが，こちらは総数210万票中の3万票の僅差で否決されている。

オバマはアファーマティブ・アクションについて，立場を単純には示していない。大統領選挙中2008年6月に全米黒人地位向上協会（NAACP）における演説でもアファーマティブ・アクションに直接言及せず，警官の増員や貧困対策などを訴えるにとどめた。ただ，オバマは総論として制度存続の必要性は認めつつ，各論として必ずしも人種基準の優遇政策が最善ではないとする考えを示唆している。連邦上院議員時代の2007年5月，ABCテレビとのインタビューで，オバマの娘たちに大学入学で特別な優遇が必要であると考えているかとの質問に対して，オバマは「私の娘たちは入学事務局に恵まれた子たちとして扱われるべきであろう」「恵まれない家庭環境にあって貧困の中で育つ白人の子供たちを考慮に入れるべきで，彼らに成功の道筋をつけなければならない」と回答している[12]。

元来は黒人の歴史的損失の回復を主目的とされていたアファーマティブ・アクション制度は，現在では人種基準擁護派の間でも，人種的多様

性への配慮が正当化の理由として比重を増している。しかし，両親の教育レベルや職業，貧困レベルなど社会階級を基準にした優遇政策の方が，人種だけを基準にした優遇政策よりも，結果として人種の多様性を増すというカーネベルとローズによる調査結果も存在し，人種基準を多様生で正当化する議論にも脆弱性がある (Kahlenberg 2008)[13]。

CBS放送と『ニューヨーク・タイムズ』による2009年6月の調査では，マイノリティを優遇するアファーマティブ・アクションについて，賛成50％，反対41％で，1990年代からこの傾向に差は生じていない。民主党支持者の67％が賛成であるのに対して，共和党支持者の約60％が反対の意志を示しており，マイノリティ優遇制度をめぐる立場は党派ラインで分裂している。ところが，低所得者向けアファーマティブ・アクションの是非となると，民主党支持者の81％の賛成に加え，共和党支持者の71％も賛成で，党派を超えた幅広い賛意がある。共和党の支持基盤に存在する中間層以下の白人ブルーカラー層や農民層の存在と無縁ではない[14]。こうした状況にあって，アフリカ系の大統領が人種基準の優遇政策の優越性を唱えることは，超党派路線を模索するオバマ政権としてますます難しい。

しかし，そもそもオバマの優遇政策への問題意識は，廃止か存続か，人種基準か社会経済基準かという2元論ではなく，前節で検討したように，特定のグループを優遇することで，人種間の不公平感や摩擦が生じる逆差別問題にある。2003年コネチカット州ニューヘイブンの消防士昇進試験で，黒人が昇進合格点に達しなかったため，白人受験者が合格点に達していたにもかかわらず市当局が試験を無効としたことに対する裁判は，オバマ政権1年目における象徴的な逆差別問題として注目を集めた。最高裁は2009年6月，5対4の僅差で「試験に合格して昇進資格を得た個人に対し，人種に基づいて損害を与えることは正当化し得ない」と，市当局の判断を人種差別で公民権法違反であるとする下級審判決を覆す判決を下した。オバマは判決を受け，「市当局が『実力主義と有能な消防士は絶対的に重要であるが，それは60％の黒人とヒスパニック

系を多様性として確保する市の方針と両立できるし，双方の要素を両立する昇進制度を考えよう』と呼びかけ，問題の対応の仕方を熟慮していればよかったのではないか」とAP通信とのインタビューで回答している。また，「アファーマティブ・アクションの扉が閉じられたわけではない」と述べ，制度による多様性確保の意義を強調すると共に，実力のある者が逆差別を受けないための運用上の配慮が必要とされていることも示唆した[15]。

　オバマは政権1年目において，人種基準廃止論者の期待に反して，現行の人種基準のアファーマティブ・アクション廃止への姿勢は示さなかった。カレンバーグが示唆するように，この問題でオバマ政権が今後取るべき道は，黒人と低所得白人層の共通利益意識を育んでいくことであろうし，社会経済階級基準の優遇政策への緩やかな移行であろう。しかし，人種基準比重の軽減が，奴隷制や黒人差別の歴史を軽視しているとの誤解を受ける可能性は消えておらず，人種基準か社会経済階級基準かの二者択一議論には今後も踏み込めないであろう。人種とジェンダーを基準とした優遇制度に反対している，黒人活動家コナリーのアメリカ公民権インスティテュートに対しても，オバマ政権は一線を置いている。

　一方，人種に基づく優遇制度の改革に反対の立場をとる黒人議員コーカスは，2009年上半期の政策提言書『万人への機会――貧困脱出の道』の中で，「低所得及び窮境にあるアフリカ系への教育再投資」として教育政策5項目の要望を掲げた。①低所得家庭への養育保障とすべてのアフリカ系への早期教育，②科学技術教育や技術訓練に力点を置いた低所得家庭の学生の達成度増進，③コミュニティ・カレッジなどの強化による移民1世や低所得者の大学進学促進，④課外スクール，夏期学校，職業訓練，雇用への不利な境遇にある見捨てられた若年層の誘導，⑤生涯学習の促進，である[16]。人種基準制度の受益者であった黒人に対して，経済基準の優遇政策でも黒人の貧困層は受益者であり続けることを理解してもらうには，黒人指導者との協力が欠かせない。オバマ政権にとって，上記のような社会経済階級上不利な環境にあるアフリカ系の教育を

手助けする政策を実現させることが，アファーマティブ・アクション改革の前提条件となる。ただ，黒人議員コーカスの要求項目の実現そのものに時間を要する以上，就任数年でアファーマティブ・アクション改革の面で大胆な成果を出すことが非現実的であることも否定できない。

(4) 最高裁判所判事人事

　政権1年目にオバマが下した人種をめぐる野心的な施策は，具体的政策よりも人事に表面化している。スーター最高裁判事の辞意を受け，オバマ大統領は2009年5月26日，ヒスパニック系女性のソトマイヨール・ニューヨーク州連邦高裁判事を最高裁判事に指名すると発表した。7月に上院司法委員会の指名公聴会での指名承認を経て，8月6日の上院本会議における63対31の投票で判事就任が確定した。本人事に関しては，オバマ政権が人種の文脈から野心的な最高裁人事を遂行する一定の環境が存在していた。

　第1に，リベラル系の判事の退任に伴う指名であり，最高裁の保守・リベラルの勢力拮抗は変わらない「現状維持」指名であった。保守系の判事退任に伴うリベラル系指名に比べれば，共和党の抵抗は相対的には少ない。共和党にとっては，承認プロセスはオバマ政権を攻撃する好機ではあるが，承認を許すことになっても保守系判事の席を奪われるほど致命的ではない。今回の指名は議会の民主党の多数派議席を追い風に，人種要素を人選に加味するリスクを許容する余力を生んだ。

　第2に，明示的なヒスパニック系対策が求められていた。オバマ政権は「ユニビジョン」などのスペイン語メディアを大統領府記者団のインナーサークルとして優遇するなどメディア戦略ではヒスパニック系重視を打ち出したが，人口比におけるヒスパニック系閣僚の少なさは，政権への厳しい注文として浮上していた。国勢調査によればヒスパニック系人口は2006年時点で約4,430万人と全人口の14.8％を占めているが，人口伸張率 (24.3％) が全人口の伸張率 (6.1％) の3倍の速度であり，2030年には7,300万人，2050年には1億260万人に達するとする試算が

ある。ヒスパニック系が人種戦略上の拠点票となるのは，大統領選挙における「重点州」に集住していることと無縁ではない。ヒスパニック系人口上位州は，カリフォルニア，テキサス，フロリダであるが，とりわけメキシコ移民は3分の2近くが西部，半数近くがカリフォルニア州に存在する。ヒスパニック率は2050年までにテキサスで3分の1，カリフォルニアで半数近くになることも予想される[17]。

　ヒスパニック系選挙民への配慮は議会全体に広がっており，実際ソトマイヨール指名直後，議会での承認を待たずに，選挙区内のヒスパニック票対策用に写真撮影を欲する民主党連邦議員がソトマイヨールとの面会希望に殺到する現象が起きた。また，主流のスペイン語メディアとは異なるローカルのスペイン語エスニック系メディアが人事を歓迎する報道を繰り返したことも，ヒスパニック系の異例の注目を示唆した[16]。人種をめぐるメディア戦略の文脈で，オバマ政権がソトマイヨールに関して着目したのは，ブロンクスの低所得地域の住宅で育ち，幼いころに亡くなった父親は英語が話せない移民1世であったという複雑な生い立ちであった。指名決定後，大統領府からメディア各社に電子メール等で送付された夥しい数のプレスリリースは，ソトマイヨールの生い立ちや経歴に関する情報であり，政権が「物語」に力点を置いていたことを端的に示す。家系としてアメリカ人になってからの日が非常に浅い「移民色」の強い人物で，マイノリティというだけでなく移民2世という点で父が外国人留学生であったオバマと類似性もある。オバマ政権は，オバマ個人の人種を押し出さずにマイノリティ全体の高揚感を高める脱人種と人種政治の2層併存を，ヒスパニック系という黒人以外のマイノリティに焦点を絞る「脱2項対立」，及び移民の「物語」という人種を束ねる別の共通項という2点を巧みに用いることで，最高裁判事人事を成功させたと言える。

　さらに，本人事では，共和党側と民主党内部の双方に，2重の工夫が凝らされていた。共和党側にはヒスパニック系であることと，ソトマイヨールの穏健性が攻撃の防波堤となった。アフリカ系の民主党支持が揺

らがない中，共和党にマイノリティ開拓の選択肢は少なく，人口増加傾向にあるヒスパニック系は逃せない票である。ヒスパニック系はカトリック教徒が多く，文化的にも共和党に親和性がある。共和党はヒスパニック系住民を敵に回すことは少なくとも明示的にはできない。また，ソトマイヨールの立場は中道的であったが，経済問題でとりわけその傾向が顕著であった。証券業界が新規株式公開 (IPO) で不当な手数料請求をしたとする投資家の集団訴訟では，証券会社側を支持しており，民間の法律事務所時代は知的所有権を専門としていた。ブッシュ大統領 (父) が連邦地方判事に任命している経緯も共和党を戸惑わせた。判例がない案件に対して，かなり積極的法解釈を好むとの評がある一方で人工妊娠中絶については，明示的に立場を示したことがなく，一度下した判断も権利を認めないというものであった (Baker and Zeleny 2009)。

　一方，民主党リベラル派にソトマイヨールの中道性を納得させる上で功を奏したのは，女性というジェンダー要因であった。最高裁の女性判事の人数を減らさないことが民主党の共通目的となっていた中，リベラル派にとって女性判事の増数は優先事項であり，歴代3人目の女性最高裁判事というジェンダー要因は中道性を棚上げするのに十分な要素であった。仮にソトマイヨールが同じ人種属性と政治的立場のままで男性であったとすれば，あるいは女性であっても，ヒスパニック系以外の人種属性で政治的にも極度にリベラルであったりすれば，コンセンサスの形成が困難であった可能性は否定できない。

　共和党の反撃は上院承認公聴会，保守系メディア論壇の双方で逆差別論に焦点が絞られた。ソトマイヨールは前述のニューヘイブンの消防士昇進試験の裁判で市当局の立場を認める判決を下していたことで，マイノリティ優遇の人種主義者であるとの保守派からの批判にさらされた。また，2002年にカリフォルニア大学 (バークレー) で行った「司法判断における人種と性差の影響」と題された講演で，ソトマイヨールは「経験豊かで賢いラテン系女性は，たいていの場合，そうした人生を送ってこなかった白人男性よりも優れた判断を下せる，と願っている」と発言し

て物議を醸したことがあり，ギングリッチ元下院議長は「もし白人男性がヒスパニック女性に対して同じような発言をしたら指名辞退である」と揶揄し，リンボーなど保守派のトークラジオのホストは，ソトマイヨールを「人種差別主義者」とする批判を展開した。オバマはソトマイヨール発言の一部だけを文脈から抜き出すことを戒め，ソトマイヨールが判事として出した決定が「公平で法の支配につくしてきた人であることを明確に示している」として擁護し，ファインスタイン上院議員ら女性議員による明示的な支持表明も指名承認を助けた (Stolberg 2009)。

ヒスパニック系に配慮しつつ，共和党の反発を最小限に抑え，民主党リベラル派をジェンダーで承服させた道程は秀逸であったが，リザーが指摘しているように「脱人種」を象徴する大統領が実に人種的な選択をしたことは皮肉であった[19]。しかし，アフリカ系判事を指名していれば，狭義のアイデンティティ政治の隘路に陥ったことは間違いなく，そうした2項対立の旧来的人種政治を抑制しつつ，緩やかなマイノリティの支持連合を形成する足場を築いている点では及第以上の人事であったと言えよう。

(5) ヒスパニック系と移民政策

オバマ政権は2010年の発足当初，すでに入国している不法移民の合法化を含む包括的移民制度改革を医療保険改革などに次ぐ重要政策の1つに掲げていた。2008年11月の大統領選挙で67％のヒスパニック票を得ているオバマは「壊れた移民システムを継続するわけにはいかない」として，不法移民を「日陰の身から解き放つ」ことを選挙中から強調した。1,200万人規模ともされる不法移民への合法地位付与に向け，政権は1年目のうちに改革に着手する予定であった (Preston 2009)。しかし，結果として政権1年目に移民制度改革はほとんど前進しなかった。医療保険など優先課題が進展せず，政策が順送りになったことに加え，懸案の経済が回復せず，不法移民合法化による労働者層の反発が予想された。

2008年にオバマが獲得した伯仲州のなかには，移民合法化に同情的

第6章 人種関連政策:「脱人種」路線をめぐって 163

とは言いがたいインディアナ, ノースカロライナ, オハイオの各州も含まれている。ディオンヌによれば, 下院議員時代に移民改革推進派であったエマニュエルも, 大統領府の立場としては移民合法化に賛同しない州の選挙区事情を考慮し, 移民改革の速度を落とさざるを得ない状況に陥った。2009年9月9日, 医療保険改革に理解を求めるオバマ大統領の両院向け演説中, ウィルソン下院議員 (サウスカロライナ州選出) が大統領に「うそつきだ」と野次を発したが, これはオバマが不法移民には医療保険の受益は拡大しないと述べた直後の野次であり, 医療保険改革と移民制度改革は共和党内では部分的に重複した抵抗対象として受け止められていた。保守派の抵抗理由は合法化が将来の不法移民の動機を促進するというもので, 合法化推進には不法移民を阻止する包括案が不可欠と見られた。シューマー上院議員 (ニューヨーク州選出) は「不法移民は間違っており, 包括改革の主目的は将来の不法移民を劇的に削減するものであるべき」との原則を政策案の第1項目に掲げる配慮に努めた[20]。

　2009年12月, グテラス下院議員 (イリノイ州選出) による法案が議会下院にもち込まれたが, 法案は500ドルの罰金, 英語学習, 犯罪歴審査等を条件に出身国への帰国なしに合法地位を与えるとし, 国境警備員への追加的訓練や移民刑務所の環境改善要請などを盛り込んだ (Archibold 2009)。民主党推進派は不法移民労働者に依存するビジネス・ロビーを介して共和党穏健派に圧力をかける動きも起こしている。オバマは2010年一般教書演説で「われわれは国境を守り, ルールを守って働く者が誰でもわれわれの経済に貢献し, 国を豊かにできるよう, 崩壊している移民制度の立て直しの作業を続けるべきである」と述べたが, 移民制度改革成功の前提要件はディオンヌが指摘するように, 不法移民の合法地位付与賛成派, 反対派の狭間にいる中間層の賛同を得ることにある。医療保険改革の実現が停滞する中, 保守派の抵抗運動を抑制するには, オバマ政権として移民改革を全面に押し出すことはできない。他方で, 2010年中間選挙をにらんだヒスパニック票対策の文脈では, 実現性はともかく, 移民改革への意欲が消えていないことを示し続ける必要がある。そ

の意味で民主党議員による上記のような法案は最低限必要な措置であろう。オバマ政権にはこの双方が同時に求められている中，雇用状況の回復による中間層，とりわけ労働者層の理解促進こそが，移民改革における間接的ながら最重要の鍵となると見られる (Dionne Jr. 2009)。

第4節 「分断」をめぐる懸念と修復

(1) 政権運営と諸政策に対する間接的影響

　オバマ政権1年目で顕在化したのは，政権運営や主要政策の円滑な実現に，人種問題が不必要な形で悪影響を及ぼす現象であった。端緒となったのは，2009年7月マサチューセッツ州ケンブリッジでハーバード大学教授のゲイツが自宅への不法侵入者と勘違いされ，白人警官に逮捕された事件である。オバマ大統領が誤認逮捕を「愚かな行為」と批判したことで，ケンブリッジの警察当局者が記者会見し，逮捕が人種問題に根ざしているとの態度を示した大統領に対して謝罪を要求する問題に発展した。オバマ大統領は警察会見直後にホワイトハウスで記者団に対し警官に電話をかけたことを明らかにした上で，「人種問題がアメリカ社会で未だに大きな問題である証である」と述べ，アフリカ系と警察の相互不信の根の深さを指摘した。オバマ大統領は，ゲイツと警官をバイデン副大統領と共にホワイトハウスでの酒席に招待し，その模様が報道されたことで一応の解決をみた。

　この件が示唆したのは，人種に関する決定的事件の突発的発生に，オバマ政権として定式の対処方針が確立しているわけではないことである。言い換えれば，この種の人種問題に関しては，大統領の事例個別の裁量が尊重されていることがうかがえる。2008年選挙中にライト牧師問題[21]が発生した際，オバマは「人種演説」を強く希望したが，当初プルーフとアクセルロッドはこれに反対した。演説の会場選択においてもミシェル夫人とプルーフら側近の間に意見の相違が一部存在した。人種に関する突発的事態を，特定メディアを利用する「ダメージコントロール・

インタビュー」だけで鎮静化することは難しく，人種問題への価値判断に踏み込んだ大統領のメッセージの表明の必要性に迫られることは，ライト牧師問題の経験からもオバマと大統領府側近の共通理解事項である (Plouffe 2009: 213)。人種問題は「1つのアメリカ」をめざすアフリカ系大統領にとって，存在意義の根幹に直結する以上，周囲の意見を尊重し中庸を好むオバマにして，自らの希望を押し出す傾向がある数少ない領域であり，今後の政権運営とメディア戦略の動向を理解する上での注意点になろう。

　第2に，政権1年目に見られたのは医療保険をめぐる党派対立が人種対立に置き換えられる現象であった。医療保険をめぐる共和党の抵抗が強まっていた2009年9月，前述のウィルソン発言が刺激となり，カーター元大統領が，オバマ大統領に対する種々の抵抗は「バラク・オバマが黒人でありアフリカ系アメリカ人であるという事実に基づいている」「人種差別がまだ存在している」と述べたことが物議を醸した。カーター発言に対して，黒人初の共和党全国副委員長であるスティールは「人種ではなく政策の問題である」と応じ，医療保険法案の難航を人種問題に置き換えるのは許されないとして，共和党は反発を強めた。オバマは人種が批判の原因であるとのカーター発言に同意せず，ギブス報道官もこれを打ち消す発言を行った。人種が争点化すれば，穏健な白人労働者層の感情的な離反を招くことなり，医療保険の実現がさらに困難になることは容易に予想された。大統領府が優先したのは，人種差別の有無を問う作業に深入りすることではなく，重要法案に向けた超党派路線であり，この場合の脱人種と「1つのアメリカ」路線は，理想主義的なメッセージを超えて実利的な政策的含意も伴った (Zeleny 2009)。

　第3に，政権1年目の雇用対策の遅れが黒人層の不満として噴出し，民主党内分裂を誘発しかけた事態も無視できない。黒人議員コーカス (CBC) の所属の下院議員10名は，2009年12月2日金融規制改革法案の下院金融委員会での審議をボイコットする実力行使に訴えた。ボイコットの中心的役割を果たしたウォーターズ下院議員 (カリフォルニア州選出)

らは，40億ドルの黒人コミュニティへの割り当てを求める声明を発表したが，ウォール街の金融機関救済などオバマ政権の方針に全面的に協力してきたにもかかわらず，黒人向けの雇用対策が後手に回っていることに不満を示す抗議であった (Edney 2009)。

　黒人議員コーカス議長のリー下院議員 (カリフォルニア州選出) は「黒人議員コーカスは，スモールビジネス，インフラ投資，グリーン関連雇用の重要性では大統領に同意するものの，最も困窮しているアフリカ系アメリカ人への対策を中心にさらなる努力が必要と信じる」と述べ，オバマ政権のアフリカ系の雇用対策に異議を突きつけた。リーのレトリックは，他の人種グループとの比較においてアフリカ系の苦境を強調するものであった。声明でリーは「アフリカ系の28％が食料援助を受けているが，ラティーノで援助を受けているのは15％で白人は8％である。アフリカ系大卒者の近年の失業率は，白人大卒者を上回っている。アフリカ系労働者の平均失業期間は，アメリカ全体と比較して5週間長い」と記した[22]。黒人議員コーカスは，マイノリティが経営する自動車販売店，アメリカ系コミュニティに融資している銀行への支援のほか，マイノリティ系のエスニックメディアに対する政府広告の増強も要求した。

　これらの黒人議員コーカスの抗議行動に対し「アフリカ系コミュニティにできる最重要のことはアメリカ全体のコミュニティのためのことと同じであり，経済と雇用を回復することである」とオバマは述べ，特定のエスニック集団を起点に考えることは望ましくないと呼びかけた。また，ギブス報道官も「大統領の施策は白人のアメリカ，黒人のアメリカ，ヒスパニック系のアメリカ，アジア系のアメリカのすべてを助けるものである」として「1つのアメリカ」路線の維持を再強調し，黒人議員コーカスへの全面的な歩み寄りには躊躇を示した (Hyde and Wolf 2009)[23]。

　このようにオバマ政権1年目を通し，アフリカ系大統領であることの重荷が人種と無関係な諸政策に忍び寄る現象が見られたが，必ずしも共和党による人種攻撃が支配的要因ではなく，人種をあえて火種とさせる動力が民主党内部にはたらいていることに注目しておく必要がある。か

つての強制バス通学による人種融合問題のような人種争点固有の問題とは異なり、雇用対策など諸政策が順調に成果を出している限りにおいては、封じ込め可能な関連政策をめぐって問題が発生している。また、オバマの脱人種路線に対する不満が、リベラル派活動家層と黒人の間で共鳴する事態に政権2年目以降も注意を要しよう。例えば2009年4月、国連の人種差別撤廃関連会議に際し、採択予定の文書案にイスラエルに批判的な内容が含まれていることからアメリカが同会議不参加を決めたことをめぐり、クラインらのリベラル系知識人・活動家がオバマ政権の「人種への沈黙」に失望を表明する言論を展開し、人種問題を起点に人権派、活動家層の離反の誘発が懸念された。同会議への不参加については黒人議員コーカスも「深い失望」を表明した (Klein 2009)。

(2) 人種横断的アウトリーチと将来展望

　本章で概観したように、初のアフリカ系大統領誕生は、アフリカ系を中心とした特定の人種グループの期待感と人種意識を促進したことで、「青」と「赤」のアメリカの分断と別次元で、マイノリティ内部の分断をかえって招きかねない困難と背中合わせの状況にある。2009年1月のオバマの大統領就任に伴うイリノイ州選出上院議席空席をめぐり、後継候補として注視されていたのはシャコウスキーやダックワースらの女性であった。しかし、「上院に黒人議員がいなくなる」と主張するラッシュら黒人議員団がアフリカ系の後任を強く要望する中、ブラゴエビッチ州知事が自らのスキャンダルの渦中で任命した黒人のバリスがオバマの議席を引き継ぐにいたった。オバマ政権発足早々に民主党内でアフリカ系とリベラル派の亀裂が生まれかけたかに見えたが、「脱人種」の象徴になるべきオバマ後任人事で、上院の黒人議席の死守が重要視されたことは現存する人種政治の現実の一端を浮き彫りにした。

　しかし、オバマ政権特有の「脱人種」型のアプローチがジレンマ克服の処方箋となっていることも見逃せない。2008年選挙サイクルにおけるイラク戦争のような重点イシューを接点にしたマイノリティ支持連合

の形成は試みの一例であるが，オバマ政権で興味深いのは信仰をめぐる軸であろう。アメリカにおいて人種・エスニシティと宗教を分離して語ることは難しく，とりわけ選挙集票のアウトリーチにおいて，両者の境界は曖昧である。カトリック・アウトリーチは，ヒスパニック系アウトリーチを兼ねているし，「ユダヤ教」アウトリーチは「ユダヤ系」アウトリーチとしてエスニシティの一種として取り扱われる。黒人アウトリーチは黒人教会アウトリーチと同義である。確かに，2000年代にカール・ローヴが繰り出した反同性結婚のくさび戦略に見られるように，宗教は価値問題をめぐり分断の原因ともなる。しかし，信仰要素は人種による分断をつなぎとめる緩衝剤にもなる。オバマは不可知論者に近い母に育てられ宗教意識は薄かったが，コミュニティ・オーガナイズを通して，教会と信仰の社会的機能の長所に気付かされ，信仰の価値を認めるようになった。コミュニティを基盤にした宗教性は，オバマ政権の重点項目になっているが，人種によるアメリカの分断を抑制する間接作用が期待されている (Kellman 2009; Kindler 2009; Kruglik 2009 とのインタビューによる)。

　ソトマイヨール人事においてもヒスパニックや女性であること以上に重視されたのは，ローマ・カトリック教徒である点であった。オバマ政権は人種，エスニシティを際立たせずに人種票やエスニック票をつなぎ止める方策として，宗教という横軸をかなり巧みに用いている。ヒスパニック票はカトリック票と同義である。ソトマイヨールは最高裁判事内でもプロライフを標榜する「スカリア・カトリック」とは一線を画しているが，ここに深淵な意味がある。民主党はアイルランド系，イタリア系など伝統的なカトリック層をレーガンデモクラットとして失い，ヒスパニック系などの新興カトリック移民をブッシュ政権のスペイン語アウトリーチの勢いの中で2000年代中葉に失いかけた過去があるが，彼らが党内の世俗派と共存していくことがオバマ政権の安定要因となる。とりわけヒスパニック票対策は人種戦略である以上にカトリック対策でもある。

　2009年5月オバマがカトリック系のノートルダム大学で卒業記念演説

を行った際,デモで約40人が拘束される騒ぎが発生しているが,オバマがプロチョイスのままでカトリック票に依然支えられている大統領であることへの裏返しの抗議でもあった。カトリック若年層の多くがウォリス率いるリベラル系福音派と連合してイラク戦争に反対した宗教左派の系譜にあることや,貧困対策の福祉政策を共通項にコミュニティ・オーガナイズを母体としたカトリック教会と黒人教会の連帯がオバマの支持基盤として広がっていることも無縁ではない。現にオバマ政権の信仰をめぐるイニシアティブの要職には,元ケリー陣営宗教アウトリーチ担当のヴァンダースライス,元民主党全国委員会宗教アウトリーチ担当のケレイなど選挙で辣腕をふるったアウトリーチ専門家が就任している。信仰に基づく隣人パートナーシップ室長のデュボイスは2010年2月ブルッキングス研究所で講演し,'Feed a Neighborhood' など貧困家庭向けの支援プログラムを初年度の成果の中で強調した[24]。これらの貧困対策は,カトリック教会,黒人教会などと連携した非営利団体ネットワークと共に推進されており,コミュニティ・オーガナイズの知見が多分に応用されているが,人種横断的な取り組みであることに特色がある。

オバマ政権1年目は,「脱人種」路線とマイノリティによる期待の両立,人種間対立の抑制,公民権重視路線の鮮明化,最高裁判事人事などの点で,与えられた状況と制約の厳しさを考慮すれば,評価に値する一定の成果をあげたと考えてよいであろう。また,「オバマが成し遂げたのであるから自分たちにもできるであろうと,アフリカ系の子供たちの多くが,足元の地域社会を超えたところで何者かになりたいと刺激を受けている」とライトフォードが指摘するように,アフリカ系大統領の誕生がアフリカ系の上昇志向を刺激し,中長期的に優遇政策に依拠しない自立心に希望を与えている心理効果も無視してはならないであろう(Lightford 2009とのインタヴュー)。しかし,「人種は常にオバマという歴史的な大統領職を悩ませ続けるであろう」と予言的に述べるソネンシャインは,民主党の基盤を守るために白人支持を放棄できない中にあって,アフリカ系コミュニティの要望に間接的であれ的確に応えることで,大統領と

しての業績をさらに深みのあるものにできるとして，進歩派やマイノリティを離反させてはならないと警告する (Sonenshein 2009)。

　オバマ政権が2年目以降も，人種をことさら際立てない「1つのアメリカ」「カラーブラインド」戦略を継続させることは間違いない。しかし，路線を安定させ，新たな「人種による分断」を抑制するには，雇用をはじめとした国内政策で成果をあげ，人種集団間の不公平感拡大を未然に防ぐことが肝要となる。一定のアイデンティティ政治は2層構造として温存を迫られるが，それは旧来的な黒人と白人の2項対立とは異なる形態を取らざるを得ないであろう。オバマ政権は大統領のオバマ本人の多義性のほか信仰票基盤の意外な強さなど種々の要因では希有な優位性もある。当面は，経済，教育，医療，信仰イニシアティブなど，人種とは直接は関係のない諸政策で堅実に成果を出すことが，人種に関連した成果を出す上で逆説的ではあるが優先課題となる。こうした迂回的な政策要請こそ「脱人種」時代の人種政策の有様を端的に象徴していると言えるかもしれない。

注

1　現代アメリカの選挙におけるアウトリーチとは，個別の票田の特性に即した形で選挙民に手を差し伸べる集票行為である。アフリカ系のほかアイルランド系等の非アングロサクソンの都市部の白人層や労働組合を基礎票としてきた民主党が得意とする技術であったが，2000年代以降は共和党がヒスパニック系アウトリーチを皮切りにアジア系票やアフリカ系票への接近も強めた（『現代アメリカ選挙の集票過程：アウトリーチ戦略と政治意識の変容』日本評論社，2008，1-7頁）。

2　"Barack Obama for President: Take Action!"（オバマ陣営オハイオ州支部2008年）キャンバシング・イベント集会用配布物参照。"OBAMA: Restoring Our Common Mission"（オバマ陣営アイオワ州支部2007年）キャンバシング・イベント集会用配布物参照。

3　http://pewsocialtrends.org/pubs/749/blacks-upbeat-about-black-progress-obama-election (accessed on February 23, 2010)

4　Current Issues in Racism and the Law (Spring Term 1994, Prof. Obama) University of Chicago Law School のシラバス参照。

5 アファーマティブ・アクションは雇用や入学にマイノリティの数値目標を求めるなど、社会的機会均等から除外された層への機会回復を狙った差別是正制度として、1970年代に急速に浸透した。福祉制度である以前に黒人に対する歴史的賠償の意義が介在していた点が諸外国の類似制度との相違点であるが、多文化主義の潮流の中で多様性尊重の理念も重なり、近年では制度の目的をめぐる多義性が顕著となっている。
6 http://www.justice.gov/crt/lep/titlevi_enforcement_memo.pdf (accessed on February 23, 2010)
7 http://pewsocialtrends.org/pubs/749/blacks-upbeat-about-black-progress-obama-election (accessed on February 23, 2010)
8 http://www.justice.gov/crt/voting/misc/faq.php (accessed on February 23, 2010)
9 http://www.supremecourtus.gov/opinions/08pdf/08-322.pdf (accessed on February 23, 2010)
10 http://www.whitehouse.gov/issues/civil-rights (accessed on February 23, 2010)
11 http://pewsocialtrends.org/pubs/749/blacks-upbeat-about-black-progress-obama-election (accessed on February 23, 2010)
12 http://www.nytimes.com/2007/05/14/us/politics/14talk.html?ex=1336795200&en=820edcad 12bb051&ei=5090&partner=rssuserland&emc=rss (accessed on February 23, 2010)
13 http://www.tcf.org/Publications/Education/carnevale_rose.pdf (accessed on February 23, 2010)
14 http://www.cbsnews.com/sections/politics/politicalhotsheet/main503544.shtml?keyword= Affirmative+Action (accessed on February 23, 2010)
15 http://abcnews.go.com/Politics/wireStory?id=7990582&page=3 (accessed on February 23, 2010)
16 The CBC's Opportunities for All - Pathways Out of Poverty Agenda. ・42 Bills to Watch from the CBC During the 111th Congress. January-June 2009 Activities Report. http://thecongressionalblackcaucus.lee.house.gov/reports/Bi_Annual_Report_June_2009.pdf (accessed on February 23, 2010)
17 http://www.census.gov/population/www/socdemo/hispanic/files/Internet_Hispanic_in_US_2006.pdf (accessed on February 23, 2010)
18 ヒスパニック系スペイン語紙 *EL Tiempo Latino* は2009年5月29日付で、1面カラー写真で特集を組むなど異例の扱いを行った。
19 *The New Yorker*, "The Political Scene" (May 28, 2009 Podcast 放送) における Ryan Lizza による Dorothy Wickenden と Peter J. Boyer に対する発言より。
20 http://schumer.senate.gov/new_website/record.cfm?id=314990 (accessed on February 23, 2010)
21 2008年の大統領選でトリニティユナイテッド・キリスト教会のジェレマ

イア・ライト牧師による「神よ、アメリカを呪いたまえ」等の過激発言が、オバマ陣営を悩ませた。ライト牧師はシカゴに移り住んだオバマに精神的な支えを与えた人物で、自著『大胆なる希望 (*The Audacity of Hope*)』の題名もライト牧師の説教に示唆を得ている。

22 Chairwoman Barbara Lee Statement on President Obama's Jobs Speech. http://www.thecongressionalblackcaucus.com/ (accessed on February 23, 2010)

23 http://www.whitehouse.gov/the-press-office/press-briefing-press-secretary-robert-gibbs-1292009. 第111議会における黒人議員コーカスは下院41名、上院1名の合わせて42名の議員数を有しており、下院議席の10.6％を占めている。クライバーン下院多数派院内幹事 (サウスカロライナ州選出)、コニャーズ下院司法委員長 (ミシガン州選出)、ランゲル下院歳入委員長 (ニューヨーク州選出)、トンプソン下院国土安全保障委員長 (ミシシッピ州選出)、タウンズ下院監視・政府改革委員長 (ニューヨーク州選出) らの議会指導部を含み議会内で一定の影響力を保持している。

24 http://www.whitehouse.gov/blog/2010/02/18/a-vision-faith-based-and-neighborhood-partnerships (accessed on February 23, 2010)

引用・参考文献

Archibold, Randal C. 2009. "New Immigration Bill Is Introduced in House." *New York Times*. Dec 15.

Baker, Peter, and Jeff Zeleny. 2009. "Obama Hails Judge as 'Inspiring.'" *New York Times*. May 26.

Bravin, Jess. 2009. "Showdown on Voting Rights: In Texas Case, a Divide Over How Far Minorities Have Come." *Wall Street Journal*. March 28.

Dionne, E.J., Jr. 2009. "Buying Time on Immigration." *Washington Post*. May 4. http://www.wash ingtonpost.com/wp-dyn/content/article/2009/05/03/AR2009050301848.html

Edney, Hazel Trice. 2009. "CBC Members Vow to Escalate Protests." *Washington Informer (NNPA)*. Dec14. http://www.washingtoninformer.com/wi-web/index.php?option=com_ content&view=article&id=2775:cbc-members-vow-to-escalate-protests-&catid=102:national-archive

Heilemann, John, and Mark Halperin. 2010.*Game Change: Obama and the Clintons, McCain and Palin, and the Race of a Lifetime.* Harper.

Hyde, Justin, and Richard Wolf. 2009. "President Says He Shouldn't Put Focus On Blacks' Troubles." *USA TODAY*. Dec 3. http://www.usatoday.com/news/washington/2009-12-03-obama-black-caucus_N.htm

Ifill, Gwen. 2009. *The Breakthrough: Politics and Race in the Age of Obama.* Doubleday.

Kahlenberg, Richard D. 2008. "What's Next for Affirmative Action?." *The Atlantic*. Nov 6. http://www.theatlantic.com/doc/200811u/obama-affirmative-action

Klein, Naomi. 2009. "Minority Death Match: Jews, Blacks, and The 'Post-Racial Presidency.'" *Harper's Magazine*. September. 53-67.

Liptak, Adam. 2009. "Justices Retain Oversight by U.S. on Voting." *New York Times*. June 22.

Plouffe, David. 2009. *The Audacity to Win: The Inside Story and Lessons of Barack Obama's Historic Victory*. Viking Adult.

Preston, Julia. 2009. "Obama to Push Immigration Bill as One Priority." *New York Times*. April 8.

Savage, Charlie. 2009. "Justice Department to Recharge Civil Rights Enforcement." *New York Times*. Aug 31.

Sonenshein, Raphael. 2009. "The Promise and Burden of a Black Presidency." *Jewish Journal,* Dec 9.

Stolberg, Sheryl Gay. 2009. "Sotomayor's Opponents and Allies Prepare Strategies." *New York Times*. May 27.

Zeleny, Jeff. 2009. "Obama Rejects Race as Lead Cause of Criticism." *New York Times*. Sep 18.

インタビュー

Baird, Douglas. シカゴ大学ロースクール教授（June 1, 2009）
Boesche, Roger. オクシデンタル・カレッジ政治学部教授（May 7, 2009）
Cooper, Nancy I. ハワイ大学マノア校人類学部客員教授（July 7, 2009）
Dewey, Alice. ハワイ大学マノア校人類学部名誉教授（July 4, 2009）
Giangreco, Peter. 元オバマ陣営上級コンサルタント（June 2, 2009）
Kaneko, Bill. ハワイ公共政策インスティチュート（March 22, 2009）
Kellman, Gerald. ガマリエル協会，コミュニティ・オーガナイザー（May 22, 2009）
Kindler, David T. キンドラーコミュニケーションズ（May 12, 2009）
Kruglik, Mike. ガマリエル協会，コミュニティ・オーガナイザー（June 18, 2009）
Lightford, Kimberly. イリノイ州議会上院議員（June 10, 2009）
Mifflin, Margot. ニューヨーク市立大ジャーナリズム大学院教授（June 8, 2009）
Mikva, Abner. 元連邦控訴裁判所裁判長（May 13, 2009）
Moore, Eric B. トランスウエスターン（May 6, 2009）
Saltzman, Bettylu K. 元ポール・サイモン連邦上院議員補佐官（May 12, 2009）
Schakowsky, Janice D. アメリカ連邦下院議員（April 2, 2009）
Walsh, Terry. 元オバマ陣営上級コンサルタント（June 2, 2009）

第7章　医療保険改革：対立を超えて歴史的立法の実現へ

武田　俊彦

第1節　アメリカ医療保険改革の重要性
──なぜ今医療保険改革なのか

(1) はじめに

　アメリカの医療に関しては，世界の中でも最高水準の医療を提供しているというイメージがある一方で，4,000万人を超える無保険者の存在に象徴される医療保険制度の不備が有名である。アメリカ国民の誰しもが認める制度の不備であるが，これまで歴代政権が何度となく改革に取り組み，失敗してきているという内政上の有数の困難な課題となっている。

　筆者は1990年から1994年までニューヨークに滞在し[1]，米国医療保障動向をフォローしていた。現在オバマ政権が最重要課題として取り組んでいる医療保険改革[2]は，最近の例としてはクリントン政権が同じく最重要課題として取り組んでいたものである。当時，主要な政治テーマとして選挙期間中に大きく取り上げられ，政権発足後最重要課題として直ちに取り組まれ，法案が議会に出されるまでの一連の様子を間近で見る機会に恵まれた。注視していた者にとっては残念なことに，この時の改革も，歴代政権の改革と同様，最終的には法制化に失敗して終わっている。

　今回のオバマ政権の対処を見ていると，当時のクリントン政権の失敗をよく分析し，用意周到にかつての問題の回避に努めているように見える。その点については後ほど触れることにして，まず，アメリカ医療保険制度の現在の問題点から紹介したい。

(2) アメリカ医療保険制度の問題点

アメリカの医療保険制度の最大の問題点として指摘されるのは，国民の約6人に1人が無保険者であるという問題である。先進国では唯一，公的保険制度が国民の大部分をカバーしていない国であり，2008年現在，総人口約3億人のうち，約2億人が民間保険でカバーされ，高齢者向けの公的保険であるメディケアで約4,300万人，貧困者向けの医療保障制度であるメディケイドで約4,300万人，児童向けの制度である州児童医療保険プログラム（SCHIP）で約700万人がカバーされており，残りの約4,600万人が無保険者という状況になっている（図7-1，図7-2）。

このように病気の際に医療費を支払えない層が多く存在するにもかかわらず，アメリカの医療費は世界一高額である。世界の医療費の大きさは高齢化率と相関関係にあるが，アメリカだけが対GDP比で突出している（図7-3，図7-4）。

このような高医療費を支える国民の負担は，当然高額なものとなる。主要先進国は，いずれも税・社会保障負担の急増に悩んでいるが，アメリカでは企業が従業員に提供する民間保険が中軸を占めるため，民間保

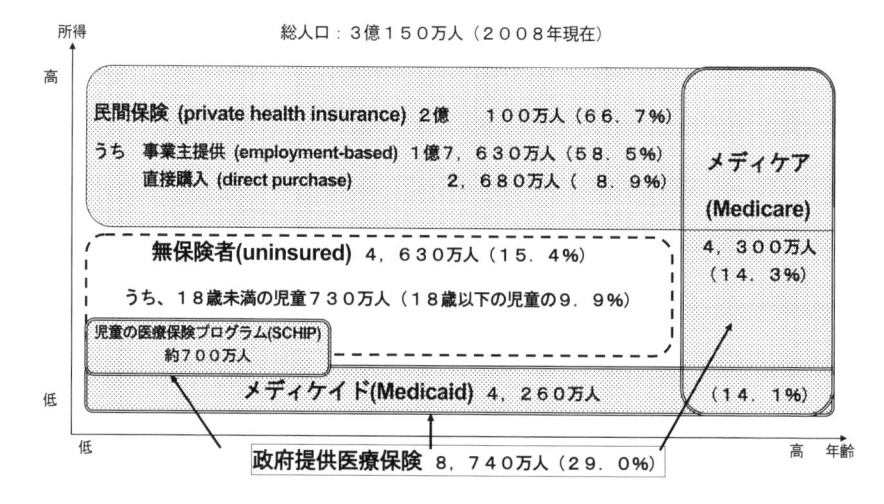

図7-1　米国の医療保障の仕組みの概観

第7章 医療保険改革：対立を超えて歴史的立法の実現へ 177

【日本】／【アメリカ】

医療保険制度
- ○国民皆保険
  （昭和36年（1961年）に皆保険実現）

⇔

- ○65歳以上高齢者等を対象とするメディケア
- ○低所得者を対象とするメディケイド
- ○民間保険（企業が提供する保険等）
- ○無保険者（以上のいずれでもカバーされていない者）

医療サービス
- ○入院、外来、薬剤費のいずれも公的保険給付対象。
- ○患者自身で医療機関を自由に選択可能（フリーアクセスの確保）

⇔

- ○公的給付の範囲に限定あり
  ※メディケアにおいては、歯科診療等給付除外あり。また、外来薬剤給付は任意加入（追加保険料が必要）
- ○民間保険はそれぞれ給付範囲が違う
  ※受診できる医療機関の限定等

患者負担
- ○原則3割自己負担
  ※70歳以上1割負担、ただし現役並み所得者は3割負担。小学校就学前は2割負担。
- ○高額療養費制度があり、月額の自己負担額の上限がある。

⇔

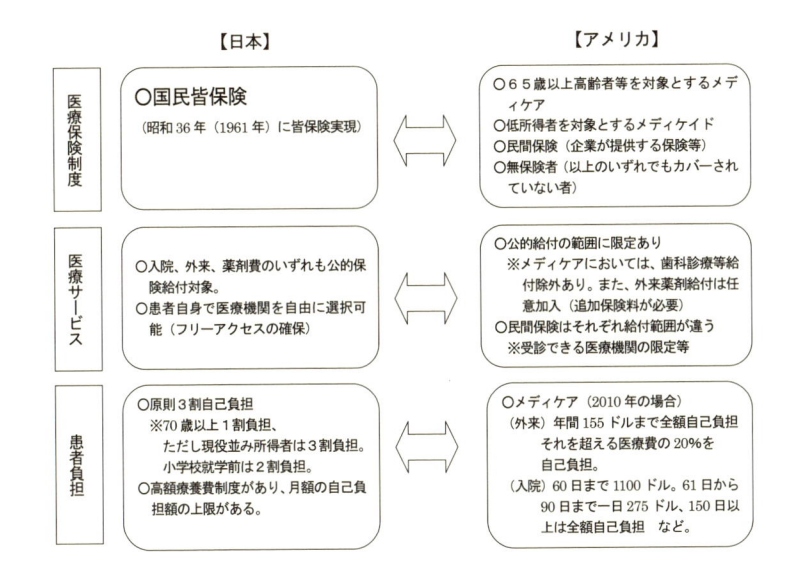

- ○メディケア（2010年の場合）
  （外来）年間155ドルまで全額自己負担
  それを超える医療費の20%を自己負担。
  （入院）60日まで1100ドル。61日から90日まで一日275ドル、150日以上は全額自己負担 など。

図7-2　日本とアメリカの医療保険の違い

高齢化率と医療費の対GDP比との関係について
（1960年以降（ドイツは1970年以降））

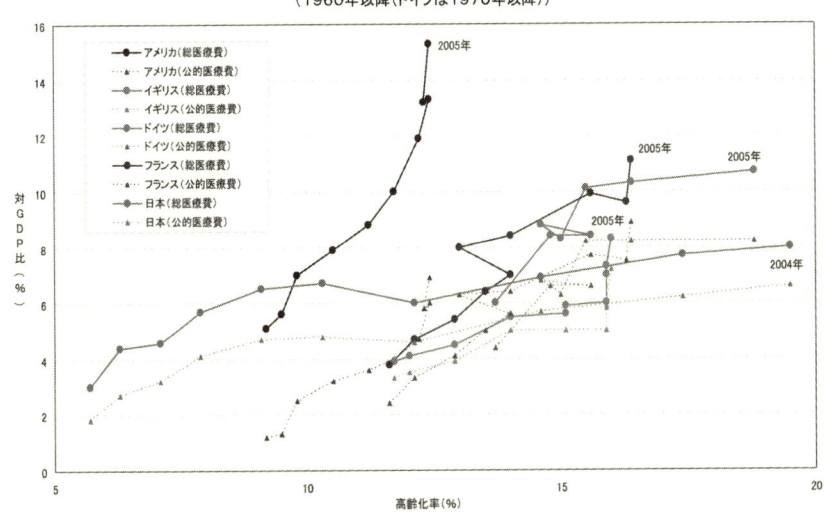

図7-3　医療費全体の伸びの要因〜高齢化率との相関〜

資料）"OECD HEALTH DATA 2007"、"World Population Prospectd"（UN）等。

国民医療費(National Health Expenditure)	2兆3,387億ドル
うち、私的なもの(private)	1兆2,320億ドル（52.7％）
公的なもの(public)	1兆1,067億ドル（47.3％）
うち、連邦政府	8,169億ドル（34.9％）
州政府等	2,898億ドル（12.4％）
国民医療費の対GDP比	16.2％
国民医療費の対前年比伸び率	4.4％
	（GDPの伸びを上回って推移。ここ数年7％前後であったが、2008年の伸び率は、景気後退の影響等により、1960年以降の国民医療費統計上で最低）
1人当たり医療費	7,681ドル

(参考1) 日本の国民医療費（2007年度）
約34.1兆円（対NI比：9.1％、対前年度比伸び率：3.0％）

図7-4　米国の医療費の動向（2008年）

険料が急増し、これが企業収益を圧迫することになる。最近経営が行き詰まったGMも、手厚い医療給付を退職後まで従業員に約束していたが故に医療費負担は経営上の大問題となっていた。医療費はアメリカにとって産業政策上も看過できない問題になっているのである。

　十分医療を受けられない国民が多いにもかかわらず医療費が高額であるということは、一見矛盾するようにも見えるが、無保険者問題と医療費高騰問題はどちらも制度の不備に由来すると言える。日本では、健康保険組合や市町村国保（国民健康保険）のように多数の保険者が分立しているものの、医療費単価や支払い方法は国で統一されており、単価（診療報酬点数表）や保険の範囲（新技術の導入）は国のレベルにおいて関係者間の厳しい交渉により決定されている。医療へのアクセスは保障され、平均寿命等に表される健康度は世界的にみてトップクラスである。一方、アメリカでは保険者が支払う医療費はばらばらであり、連邦政府が管理する公的保険の抑制を図ればその分民間保険にコストシフトが起きるなど、医療費はコントロール不可能な状態にある。その上、乳児死亡率が25位など健康度は低く（**表7-1**）、予防医療が不十分なため結果的に医療費を押し上げている可能性が高い。

第7章 医療保険改革：対立を超えて歴史的立法の実現へ 179

表7-1 主要国の保健衛生をとりまく状況

	人口千人当たり臨床医数 ※1	一人当たり外来受診回数 (2004)※1	乳児死亡率 (2004)※1	平均寿命		健康寿命		WHO総合評価 (2000)※3
				男性 (2004)※1	女性 (2004)※1	男性 (2002)※2	女性 (2002)※2	
日本	2.0人	1位	1位	3位	1位	1位	1位	1位
イタリア	3.8人	-	11位	-	-	6位	5位	11位
フランス	3.4人	9位	8位	11位	2位	13位	5位	6位
ドイツ	3.4人	7位	16位	15位	11位	11位		14位
アメリカ	2.4人	18位	25位	18位	20位	22位	22位	15位
イギリス	2.4人	15位	21位	11位	18位	16位	19位	9位
カナダ	2.2人	13位	22位	6位	8位	8位	8位	7位

出典）※1 OECD Health Date 2007，男性の平均寿命1位はアイスランド。
　　　※2 WHO
　　　※3 WHO「世界保健報告2000」による保健衛生システムの目標達成度の評価。

　このような制度上の不備による問題は，悪化の一途をたどっている。保険料の高騰は，経営体力のない多くの中小企業に従業員への医療保険提供を断念させている。こうして新たな無保険者が日々誕生しているわけであるが，大企業の従業員も安心してはいられない。アメリカの民間保険には既往歴により加入拒否できる条項がついており，病気で転職をやむなくされた人たちは転職先で保険に入ることができない。これらの無保険者は，病状悪化の末に最後は患者受け入れ義務のある救急外来に頼らざるを得ず，この誰も払わない救急部門の医療費は再び民間保険料の引き上げにつながっていくのである。この問題は特に経済状況が悪化した際に社会問題化し，繰り返し，時の政権の政治課題になってきた。

(3) これまでの医療改革の試み

　ここで，過去の政権による医療保険改革への取り組みを振り返ってみたい。
　まず世界大恐慌による社会立法への要求の高まりを背景とし，1934年，時の大統領のルーズヴェルトは社会保障法の立法化に着手したが，この

時は医師会の反対にあい医療保障を立法に取り入れることを断念した。このため，社会保障法は年金，雇用保険などを中心に発足し，現在にいたるまでアメリカでソーシャル・セキュリティ（Social Security）と言えば年金を指すのが通例である。なお，政府の医療保険構想が失敗に終わる一方で，非営利の民間医療保険がこの時期各地で発達している。

　第2次世界大戦後の1945年，今度はトルーマン大統領が改革に意欲を示し，国民保険法案が議会に提出された。この時にも医師会は反対に動き，公的保険を「社会化医療」（Socialized Medicine）と呼ぶことで，東側諸国における共産主義政権の勃興を背景にした反共産主義の動きにも符合し，医療保険に対する国民の支持率を75％（1945年）から21％（1949年）まで落とすことに成功した。他方で，企業ベースの医療保険がこの時期普及した。GMがすべての従業員に医療を提供し始めたのは1950年である。なおこの時期，医療保険に民間保険会社が参入し，健康人には安い保険料を提供することで大手企業中心に既存の市場に食い込んだ。このチェリー・ピッキング（cherry-picking，よいもののみ選び出すこと）という手法こそが，現代アメリカの医療保険上の大きな問題となっており，このグループは医療改革を阻む勢力となってきたのである。この民間保険会社が全米健康保険協会（Health Insurance Association of America, HIAA）という業界団体を結成したのもこの時期であり，以後ロビイングを行うようになっていく。

　次の改革の機運は，ケネディ大統領と共に訪れた。ケネディは大統領選でメディケア構想を支持したが，大統領就任後，議会でまたも医師会のネガティブキャンペーンにあい，自身の政権下では成果を出すことができなかった。しかし，ケネディ暗殺とその後の社会立法への熱い支持の中でついに次のジョンソン大統領の下，メディケア法が可決成立する。アメリカ史上最大の公的医療保険制度の誕生である。ただし，巧妙な制度設計とその後の急速な規模拡大により，医師会，病院団体，民間保険会社のいずれもがこの制度で大きな利益を得ることとなった。一方，給付の伸びに応じて，保険財政の規模は当初の予想を大きく超えて拡大し

ていくこととなった。

　急速にふくらむ医療費と一向に解決しない無保険者問題に対し，公的保険の導入を主張し続けたのは，エドワード・ケネディ上院議員（マサチューセッツ州選出）である。1971年に上院医療小委員会の議長として公聴会を開くなど，医療改革の提唱者として有名な存在となった。

　しかし，1980年にレーガンが大統領になり，小さな政府を政策として打ち出してからしばらくの間，国民皆保険構想は下火となった。この期間中，アメリカではHMO（Health Maintenance Organization，健康維持機構），あるいはマネージドケア（Managed Care）と呼ばれる新しいタイプの民間保険が広がりを見せた。これらは，従来の保険のようにどの病院であれ診療内容に応じてかかった実額を償還するというもの（いわゆる出来高払いの保険）ではなく，保険集団全体で給付管理を行い，たとえばリスト内の医療機関でしか受診できないように制限をかけると共に，同時に予防が給付に取り入れられ，健康管理が奨励される，という仕組みをもつ新しい民間保険である。そしてこのような1980年代を過ぎ，経済の停滞と保険料高騰の中でいよいよクリントン大統領が登場する1990年代となる。

（4） クリントン改革の登場と失敗

　1991年，湾岸戦争の勝利で圧倒的優位に立つ共和党のブッシュ大統領（父）は一時期90％以上の支持率を誇っていたが，ニュージャージー州の連邦上院議員補欠選挙（1991年11月）をきっかけに流れが急速に医療改革を掲げる民主党に移ることとなった。この補選で圧倒的な強さをもっていた共和党候補を，民主党新人候補のハリス・ウォーフォードが「もし犯罪者が弁護士を雇う権利を有するなら，勤労者は医師に診てもらう権利を有するべき」とキャンペーンを張って，一躍有力候補となり，そのまま選挙に勝利して，ワシントン政界関係者に大きな衝撃を与えた[3]。この流れは止まらず，医療保険改革が大統領選の大きな争点となり，クリントンの1992年の勝利につながっていった。

大統領に就任したクリントンは，政権発足後直ちに医療保険改革に取り組み，ホワイトハウスに特別タスクフォースを設置，大統領夫人であるヒラリー・クリントンを責任者とした。そして，国民皆保険実現のため，マネージド・コンペティション（Managed Competition，管理された競争などと訳される）という考え方を基礎とし，全国民に地域医療保険組合（Health Insurance Purchasing Cooperatives, HIPCs）を通じた保険加入を義務付けることを基本方針として検討を進めていく。

その後の展開について詳しく触れる余地はないが，公約していた政権獲得後100日の期間に案をまとめることはできず，大統領案の提示は秋（9月）に，法案の提出はさらにその後にずれこんだ。一方，議会で下院，上院のそれぞれ複数の委員会で議論されるうちに，関係団体が法案反対のロビイングを強力に行った。特に効果的であったと言われているのは，医師会ではなく，医療保険の業界団体である全米健康保険協会によるテレビ広告であった。またもや社会化医療とのイメージが固定化され，すでに保険をもつ層の不安が煽られた結果，改革への支持は急速に下がっていった。大統領就任2年目である1994年の秋には法案の通過はきわめて困難となり，この年の中間選挙で民主党が惨敗したことで，この法案は事実上終わりを迎えた。

(5) クリントン改革後

クリントン改革が失敗に終わった後の動きとして注目すべきものは，連邦の動きと州の動きである。

連邦では，包括的改革が失敗に終わったことを受けて，漸進的な改革立法が試みられた。1997年には，無保険の児童に対する保険適用拡大を目的として州の児童医療保険プログラム（SCHIP）が制度化され，連邦が州に補助を行うこととなった。

州の動きとしては，いくつかの州で公的プログラムの拡大が行われた。中でも，最も包括的な改革を行ったのはマサチューセッツ州であった。個人と企業に保険の加入・提供を義務付けると共に，コモンウェルス・

コネクター（Common Wealth Connector）という組織を設立し，個人が保険を購入するための仕組みを整備した。

(6) 医療保険エクスチェンジ

このマサチューセッツ州の仕組みは，医療保険エクスチェンジ（Health Insurance Exchange）の例であるとされるが，この概念はオバマ大統領案のキーコンセプトでもあるので，ここで概要を紹介しておきたい。

アメリカの医療保険は，公的保険と企業が提供する保険が主であり，個人加入は少ない[4]。実際保険料や加入要件などの面で個人は保険に加入しにくい現状にある。これは市場原理の下で個人は最も交渉力がないことの結果であるが，これが無保険者の増大の要因にもなっている。また，複雑な保険商品群の中で個人が商品選択を適切に行うのは実際には困難である。

このため，医療保険の購入者と保険会社をつなぐ保険市場として考えられたのがエクスチェンジであり，マサチューセッツ州のエクスチェンジ組織が「コネクター」という名称となっているのも，このつなげるという機能を表わしているものと思われる。なお，株式売買が行われる証券取引所は，英語ではストック・エクスチェンジ（Stock Exchange）であり，個人が1カ所で一定の基準を満たす商品を選択できることもイメージされていると思われる。

このように保険選択に公正な競争環境を設定する考えは，スタンフォード大学教授のアラン・エントーベンが1970年代に提唱したもの[5]で，マネージド・コンペティション（管理された競争）と呼ばれるものであり，クリントン改革もこの考えをふまえたものであったが，マサチューセッツの制度はエクスチェンジ外の市場を認めるなどクリントン案より柔軟な仕組みになっている。公正競争の観点から，エクスチェンジ自身が保険加入要件や給付内容などさまざまな規制を課すことが可能であるが，一方で低所得者対策，チェリー・ピッキング対策，非加入者対策（加入の義務付け）などには行政の補助あるいは法規制が不可欠であり，この

ような施策の組み合わせで制度が成立している。

第2節　オバマ大統領誕生への道

(1) 選挙期間中の公約としてのオバマ＝バイデン・プラン

　大統領をめざすオバマ氏にとって，医療保険改革は最重要課題の1つとなった。タウンミーティングでも医療に対する声に耳を傾け，医療保険改革は必要であると訴えた。選挙戦の中で，オバマ候補はオバマ＝バイデン・プランと呼ばれるプランを公表する。

　オバマ＝バイデン・プランは，質を確保しつつ医療コストを削減すること，支払うことのできる費用で購入可能（affordable）である医療をすべての国民に提供すること，予防を促進し公衆衛生を強化すること，をめざしていた。

　具体的には，まず，質の確保と医療コスト削減のため，医療情報システムに5年間で100億ドルを投資し，医療の費用と質のデータの報告を病院等に義務付け，医療の質に応じた支払い（パフォーマンスに応じた支払いということで，Pay for Performance，あるいはP4Pと呼ばれる）を提言している。医療の質を向上させつつ医療費の削減も図れるということがカギである。負担増へのアレルギーを和らげるには，医療費を抑制するための要素も打ち出さなければならないからである。しかし，これには実効性がどの程度伴うのか，という批判がある。一方，医療過誤訴訟対策を講じることによって医師向けの医療過誤保険の保険料高騰を抑制することも提言している。これは医師の側の長年の要求に沿うものであるものの，国民の訴える権利をどこまで制限できるのか，という課題は残る。

　次に，対医療保険関連業界に関しては，民間医療保険業界に競争の促進や管理費の公表を義務付け，製薬業界にはジェネリック医薬品の普及促進に加えてメディケアと製薬業界の価格交渉の解禁が盛り込まれた。

　皆保険に向けた政策としては，民間保険に対して健康状態や病歴による差別を禁止し，保険の提供を義務付けることや，国民が公平かつ客観

的に医療保険が選択できるようにするための「国民医療保険エクスチェンジ（National Health Insurance Exchange）」の創設が盛り込まれた。これにより，すべての国民に，所得に応じた税額控除を受けつつ，新たな公的プランや承認を受けた民間プランを購入する機会を付与しようというものである。このような仕組みにより，保険商品は内容が透明化し，希望する者は必ず保険を購入できることとなるが，皆保険は義務付けなしには達成できないため，従業員数が一定以上の大企業に対しては給与総額の一定割合を拠出するよう求められることとなった。

一方，税制措置については個人と小規模事業主に対する対応策がとられた。個人に対するインセンティブとしてはすべての個人について，医療保険料にかかる税額控除を創設することとした。また，小規模事業主が，すべての従業員に一定程度以上の質の保険プランを提供し，かつ従業員の保険料の一定程度以上を負担している場合については，従業員の保険料の50％相当額まで還付可能な税額控除を創設することが盛り込まれた。

さらに公衆衛生関係の施策として，学校における検診プログラムや診察および体育教育や学生向け教育プログラムへの財政支援強化，公衆衛生施策の再点検などが盛り込まれた。

(2) 対立候補マケインの医療制度改革案

ここで，民主党と共和党の意見の違いを知る上でも，対立候補であるマケインの案を見ておくことは有益である。共和党は，伝統的に市場の競争原理を重んじ，政府の介入や政府の運営による公的プログラムを嫌う。医療保険についてもこの基本的考え方が表れている。

具体的には，競争により医療保険プランの質を高め，価格を安くし，携行性（ポータビリティ：職などを変えても保険を持ち続けることができるようにすること）を高め，州を超えて医療保険を購入できるようにする，というものである。なお，アメリカでは保険会社に対する規制が原則として州政府によって行われていることに注意が必要である。

また，事業主提供保険にのみ認められている優遇税制を廃止し，新たに保険加入者に対する税額控除を創設する，保険料が控除額に満たない時には，医療貯蓄口座 (Health Saving Account) に貯蓄可能にする，というような税制上の措置も提案されている。なお，ここにいう医療貯蓄口座とは，特定目的の積み立て金融商品であり，医療費のために引き出される限りにおいて減税の恩典がある，というものである。

合わせて，医療費適正化の推進として，ジェネリック医薬品の使用促進，IT技術の活用，メディケイド等にかかる州の裁量拡大，情報公開なども提案されている。

(3) 大統領選挙の勝利と医療改革への準備

2008年11月4日に行われたアメリカ大統領選挙においてオバマは，選挙人合計365人を獲得してマケイン（173人）を破り，第44代アメリカ合衆国大統領に確定した。一般投票の得票率は52.5％（マケイン46.2％）と50％を超えた。

この勝利の余勢を駆って，オバマ新大統領は医療保険改革に向けて始動した。まず，人事である。オバマ大統領陣営が誰を医療保険改革の責任者にするかは非常に注目されるところであった。なぜならば，クリントン改革の失敗については，多くの要因がこれまで指摘されているが，その中でも，ヒラリー・クリントン大統領夫人をトップとしてホワイトハウス主導で法案の検討が行われたことが大きな要因の1つと思われるからである。

オバマ大統領の動きは素早かった。民主党上院院内総務として，10年間にわたり上院の責任あるポストについていたダッシュル元上院議員を起用することにした。2008年12月11日，ダッシュル元議員はオバマ次期大統領から第9代保健福祉長官に指名されたが，これは，大統領が，どのような内容にせよこの法案が議会を通ることは非常に困難であり，それゆえに，議会を知りつくしている者が必要であると考えた結果である，と見ることができる。また，ダッシュル元議員はかねてより医療改

革に熱心であり，その点からも適切な人選であった。

　しかし，ここで事件が発生する。正式にオバマが大統領に就任してから，議会で承認を得る前に，ダッシュル元議員の脱税スキャンダルが報道されてしまったのである。結局，ダッシュル元議員は，2009年2月3日に指名の辞退に追い込まれた。議会審議の難航が予想されるテーマだけに，議会を熟知したベテランが陣頭指揮をとれなくなったこの指名辞退劇は，オバマ政権，とりわけ医療保険改革にとっては，きわめて大きな打撃となった。

第3節　オバマ政権の下での医療改革

(1) 政権発足直後の改革着手

　政権発足直後，ダッシュル保健福祉長官候補の指名辞退という大変な荒波を受けての政権運営となったが，オバマ大統領は迅速かつ着実に改革に向けたステップを重ねていった。

　2月4日には，前政権の積み残しの課題への対処として，SCHIPの延長・拡大が行われた。これは，受給資格を世帯年収6.6万ドルレベルまで引き上げることを想定したものであった。さらに，2月17日には，経済対策としてのアメリカ再生再投資法が成立した。この中では，医療分野のITへの投資拡大が盛り込まれている。

　さらに2月23日，ホワイトハウスで財政規律会議が開かれ，医療費の伸びの抑制は，連邦政府の長期的な財政の健全性を改善するために最重要の課題であることが議論された。

　翌2月24日は，施政方針演説である。大統領選の期間中から医療改革はオバマの重要施策の1つであったこともあり，ここでどの程度その内容などに触れられるかが注目された。実際の演説では，次年度予算は包括的な医療保険改革の第一歩であるとし，改革は1年待つことはできないし，待つべきでもないし，待つつもりもないと言明した。しかし，大統領はここでは詳しい改革案に言及しなかった。原則の提示は，次の予

算教書に委ねられたのである。

(2) 2010年会計年度予算

ついで2月26日に公表された，2010年会計年度大統領予算教書においては，医療保険改革8原則が提示されている。8原則とは，①選択の保障（保険や医師を選択できるプランであること。今の医師や保険を継続できること），②購入可能性（無駄や不正，行政コストを引き下げるプランであること），③家計の財政健全性の確保（増え続ける保険料を引き下げるプランであること，高額医療で破産することのないこと），④予防と健康への投資（肥満防止や禁煙のような予防対策に投資し，予防医療へのアクセスを保障するプランであること），⑤保険のポータビリティの保障（保険維持のために職に固定されることのない，既往症により保険引き受けを否定されないプランであること），⑥皆保険の実現（国民皆保険に向けた明確な道筋にアメリカを載せること），⑦医療安全と医療の質の改善（医療安全策の実行を確実にし，医療内容の不必要なばらつき防止にインセンティブを与えるプランであること。医療ITの幅広い活用を支持すること），⑧長期的財政持続可能性（医療費を下げ，効率性を上げ，追加的歳入をあてて制度が自己完結的な財政構造になるものであること），である。そして，この8原則に従って議会と協力して改革に取り組むことを示した。

さらに，この予算教書においては医療改革に必要な財源にあてるため，10年間で6,300億ドルの準備金を設置することとした。そしてこの準備金の財源としては，富裕層向けの減税幅の削減，メディケアへの支払い削減，バイオ医薬品の後発品に対する規制改革などによる薬剤費の適正化，再入院率の高い病院への報酬削減などによる質に応じた診療報酬の支払い，といった一連の医療費適正化策などが挙げられている。

そして，4月29日には予算決議がなされ，医療保険改革については，今後10年間の財政中立を義務化することとなった。予算教書で設置される準備金で足りない部分については，さらに財源を生み出さなければ，医療改革ができないということになり，ここから議会でさまざまな改革

案が議論されることになる。

(3) クリントン改革との違い

　ここまでの政権発足後の数カ月でも，クリントン政権当時の改革とは大きく道筋が異なる。クリントン政権の際には，前述のように，ホワイトハウスが案の作成に全責任をもち，法案を提出した後でその可決に議会が責任を負うという構図であった。しかし，この時のヘルスケアタスクフォースは，トップがヒラリー・クリントン大統領夫人であるため内部で反論がしにくい体制であったこと，事務の責任者がマガジナーという医療のプロフェッショナルではない人間であったこと，あくまで大統領府主導で議会は関与できなかったこと，タスクフォースが関係団体の意見聴取を行ったがその意見を取り入れるという柔軟性を必ずしももたないものであったこと，等々，事後的に批判も行われた。

　オバマ路線は，これとはまったく異なるものとなった。大統領は大方針のみを示し，詳細な案作りは議会に委ねたのである。財源についても予算教書で大きな準備金を用意した上で，残額を議会の調整に委ねたため，どのような案を作るにしろ財政面で枠組みが設定され議論が収縮しやすい環境が設定されている。また，財政赤字削減のためにも医療保険改革が必要であることが強く打ち出されているように感じられる。

第4節　議会での審議

(1) 上院 HELP 委員会

　議会では，上院財政委員会，上院健康・教育・労働・年金 (HELP: Health, Education, Labor and Pension) 委員会に加え，エネルギー・商業委員会，歳入委員会および教育・労働委員会の下院関係3委員会で議論が進行した。

　上院 HELP 委員会では，6月9日にケネディ委員長により購入可能で選択可能な医療保険法案 (Affordable Health Choice Act) が提出され，7月15

日に賛成は全員民主党，反対は全員共和党という完全に政党ラインに沿った投票により可決した。これが上下両院の委員会で最初の可決である。

(2) 下院の関係3委員会

下院の関係3委員会は，7月14日に購入可能で選択可能な医療保障法案（America's Affordable Health Choice Act）を提出した。この法案にはアメリカ医師会，アメリカ看護協会が賛成を表明し，17日に歳入委員会および教育・労働委員会を通過した。

ちなみに，クリントン改革案が関係団体の反対で潰れた経緯に鑑み，オバマ政権は関係団体に対して反対に回らないよう注意深く対処した。関係団体側も，今回こそは何らかの法案成立は必至と見て，政権との妥協点を探ろうとしていた。医師会は7月16日に賛成を表明したが，オバマにとっては非常に大きな支持であり，アメリカ政治史においても歴史に残るものになるかもしれない。なお，製薬業界は，すでに800億ドルの自主的貢献を打ち出して大統領と合意，原案にあった価格交渉については見送りの言質を得ていた。

残るエネルギー・商業委員会においても審議が進められ，後述するオバマ大統領のテレビ演説の後，7月31日に可決された。

なお，下院の議決で注目されるのは，賛成した議員の党派である。歳入委員会では民主党から3人が反対に回り，教育・労働委員会でも3人，エネルギー・商業委員会では5人の民主党議員が反対に回った。これに対して，共和党はいずれも全員が反対に回った。高支持率の下で誕生した大統領であったが，共和党の切り崩しはできておらず，対立の根深さ・大きさが目立つ結果となった。最終的に議決するために必要な上院の議員数60名が得られるかどうか，党派の人数そのままの票数となるかどうか，がその後の大きな焦点となっていった。

(3) 議会審議中のオバマ大統領の動き

第7章　医療保険改革：対立を超えて歴史的立法の実現へ　191

　オバマ大統領は前述したように，包括的な医療保険改革法案の具体的な中身については議会における議論に委ねる，という姿勢で，タウンミーティング，州知事との会談など，世論の形成や法案を後押しする雰囲気を醸成したり，反対しそうな関係者と会談をこなすなど，議会とは少し距離を置いて医療保険改革を支援する戦略をとってきた。

　しかし，夏の休会前に上下両院を通過させるという当初の目標の達成が危ぶまれる状況にいたり，議会に対して迅速な対応を促す一方で，改革に要する費用の支弁や公的医療保険プランの選択肢の創設など，医療制度改革法案に対する反対意見について，オバマ大統領自ら反論するなど，徐々に関与の度合いを強めていった。

　7月17日のテレビ演説において，オバマ大統領は自分が署名する法案には以下の要素が含まれるべきであるとして，3点に言及した[6]。1つは，医療制度改革は記録的な財政赤字につながるだけという意見もあるが，自分が署名する医療制度改革案は，今後10年間にわたり財政赤字を拡大させないものでなければならない，というものである。

　2つには，医療制度改革により自ら医師を選択できなくなるという意見があるが，われわれの医療制度改革案は，自分がかかる医師や加入している保険の種類に満足している人は，そのまま継続できるものでなければならない，というものである。

　3つには，社会化医療や長い待機時間と医療の配給制につながる，政府による医療保険の運営を企図したものではないかという意見があるが，自分が署名する法案は公的医療保険プランの選択肢を含めたさまざまなプランを比較できるワンストップ医療保険購入の制度である医療保険エクスチェンジを創設するものでなければならない，というものである。

　この後，夏の休会前に，下院の最後の委員会で法案は可決されたが，このように大統領が直接国民に訴える手法は有効なものと考えられた。

(4) 夏の休会以降の議会の動き

　夏の休会以前に4つの関連委員会が議決を行い，残るは上院財政委員

会のみとなった。財政委員会では9月16日に法案が提出され，10月13日には委員会を通過した。今度は賛成票を投じたのは民主党全員と共和党議員のスノウ（メイン州選出）1人であり，可決への期待は高まりを見せた。

　16年前のクリントンの改革の際には，当初クリントン大統領が選挙期間中に100日以内に法案を提出すると公約したにもかかわらず，9月にようやく骨子のみを発表，実際の法案提出は11月までずれ込んでいる。このタイミングで膨大な量の法案を提出すれば，審議の本格的な開始は翌年になり，年が変わることは，政治の雰囲気が大統領選直後の熱気から中間選挙を意識した選挙モードになることをも意味する。したがって，やはり政権発足後100日以内に一気に道筋をつけるべきではなかったのか，遅くとも骨子発表の時点で法案を提出すべきではなかったか，と批判され，当時はこの遅れも失敗の大きな要因と言われていた。しかし，今回はこの9月から11月のタイミングで法案提出のみならず委員会の可決にまでこぎ着けたことになり，今まで何度となく医療保険改革の失敗を見てきたアメリカ国民にとっても，ワシントンインサイダーにとっても，今回こそは何らかの法案が通過する，との認識が急速に広がった。

　さて，各委員会で可決された後は上院，下院でそれぞれ法案内容の一本化が行われる。この過程でさまざまな意見が出され，話し合われ，水面下での調整が本格化することになる。この結果，11月7日に下院で一本化された法案が下院を通過（賛成220，反対215，民主党から39人が反対，共和党から1人が賛成）した。

　一方，上院では一本化された法案が年末もぎりぎりの12月24日に可決された。賛成60，反対39と上院で審議を打ち切り，議決に入るために必要なぎりぎりの60票を得ての可決となった。大統領にとっては，いわば議会からのクリスマスプレゼントとなった形である。しかも，かつてない歴史的投票であったと言ってよい。医療改革法案がここまでたどり着いたことは未だかつてないことであり，民主党が上院で60票の賛成票を確保したことから，この時点では，上院の案と下院の案を調整

第7章　医療保険改革：対立を超えて歴史的立法の実現へ　193

すればほぼ確実に法案が成立する，と見込まれていた。

(5) 審議における主な争点

　以上見てきたように，アメリカの法案審議過程は非常に複雑である。日々さまざまな修正案が生まれては消えていく。その中でも大きく報道されることの多かった主な論点は以下のようなものであった。

　まず，下院の本会議通過の際には，中絶を保険でカバーするかどうかが大きな争点に浮上した。中絶擁護派からすれば，保険でカバーするのは当然ということになるし，中絶反対派からすれば保険でカバーすることは論外ということになるが，この争点はアメリカ国内でもきわめて対立が激しい問題で，妥協は容易なことではない。議会における水面下の折衝も難航したが，最終的にはステューパック下院議員（ミシガン州選出）の修正案を取り入れ，中絶をカバーする医療保険プランに連邦政府の補助が入ることを完全に禁止することで，民主党中絶反対派の支持を取り付け，わずか5票差で可決にいたった。

　他方，上院では公的医療保険プランの選択肢 (Public Option) の扱いが大きな争点になった。この問題が争点になる背景としては，そもそもアメリカ国民の間には大きな政府の出現を好まない雰囲気が強く，民間の企業が閉め出され，公的なセクターが肥大化していくことに対して強いアレルギーが存在することがある。また，民間保険会社や事業主には，公的プランの増大は民間保険へのコストシフト[7]をさらに拡大し，保険料引き上げにつながるとの懸念もあった。

　しかし，すべての国民に保障範囲を広げていくためには，民間保険への加入促進だけでは効果は限定的である。連邦直営の制度，あるいはそれに代わる公的な主体が運営する保険制度がなければならない。公的保険の扱いについては民主党内でも意見が割れた。

　具体的には，超党派による法案提出を模索した財政委員会においては，公的医療保険プランの選択肢を創設せずに，非営利の消費者運営・主導プランで対応する，という案でまとめ，共和党の議員1名が賛成に回った。

その後，財政委員会案とHELP委員会案とを一本化した民主党のリード院内総務（ネバダ州選出）は，公的医療保険プランの選択肢を断念する代わりに，65歳以上の高齢者を対象とするメディケアに55歳から64歳までも対象に入れる（ただし連邦政府の補助はなし）とする提案（国民に抵抗が強い連邦直接実施制度であるが，既存の高齢者医療保険制度であるメディケアは公的保険そのものであるにもかかわらず圧倒的に支持されているため，この拡大でどうか，という提案）も行ったが，メディケアの低額の診療報酬が拡大することに懸念を示した医師会，病院団体のほか，新たな公的給付制度の創設につながることを懸念する民主党穏健派の反対もあり，こちらの案も断念した。

　この時点で，共和党穏健派議員からの支持獲得はきわめて難しい情勢となり，オバマ陣営は民主党内の結束を重視する作戦に転換，焦点は中絶のカバーにかかる厳格な規制等を求めるネルソン議員（ネブラスカ州選出）の支持獲得に絞られた。なお，中絶のカバーに連邦政府の補助が完全に入らない下院のステューパック修正とほぼ同じ修正案では，上院での60票の獲得は困難であった。このため，州ごとの医療保険エクスチェンジにおいて中絶をカバーできる保険プランの販売を禁止することも可能とするほか，メディケイドにかかるネブラスカ州への連邦政府の支出を増やすことでネルソン議員の支持を得て，ついに上院で60票の確保に成功した。

(6) 上院案，下院案の比較

　上院の法案（HR3590），下院の法案（HR3962）の主な相違について比較すると以下のとおりである。

①医療保険市場

　上院の案は，小規模事業主および雇用関係や公的プログラムを通じて医療保険を購入できない個人が医療保険を購入できるよう，州ごとに（複数の州が地域で運営することも可能）医療保険エクスチェンジを創設する（2014年以降）というものである。

下院の案は，全国規模での医療保険エクスチェンジを創設する（2013年以降）というものである。ただし州は連邦の許可を得て独自に運営することも可能とされている。

②公的医療保険プラン

上院の案では，エクスチェンジにおいて民間保険会社と競争する新たな公的医療保険プランを創設しない。一方，非営利の消費者運営・主導プログラムを創設してそのプランの提供を推進することとしている。

下院の案は，エクスチェンジにおいて民間保険会社と競争する新たな公的医療保険プランを創設するものであるが，メディケアの診療報酬（民間保険会社の設定する診療報酬より平均して低い）は適用しない。また，上院同様，非営利の消費者運営・主導プログラムを創設する。

③個人への義務付け

上院の案は，ほとんどの国民に最低限の保障への加入を義務付けるものである。義務違反に対するペナルティは，1人当たり毎年最高750ドルまでなどとなっている。

下院の案は，ほとんどの国民に最低限の保障への加入を義務付ける点は上院案と同じであるが，ペナルティは一定レベル（夫婦で1万8,700ドル）以上の調整後所得の2.5％などとするものであった。

④事業主への義務付け

上院の案は，事業主に対して医療保険提供を明示的には義務付けていない。ただし，従業員50人以上の事業主には，常用労働者1人につき750ドルの資金拠出を義務付けている。

下院の案は，年間給与総額50万ドル以上の事業主に，常用労働者の保険料の一定割合を負担するか，または最大で給与の8％を基金に支払うように義務付けている。

⑤個人への補助

上院の案は，連邦貧困水準（FPL: Federal Poverty Level）の400％（4人家族で8万8,200ドル）未満の家計に対して，医療保険エクスチェンジを通じて保険を購入する際の保険料控除を創設する，というものである。

下院の案も同様である。

⑥事業主への補助

上院の案は，常用労働者25人未満で平均賃金5万ドル未満の事業主に対して，税額控除を創設する，というものである。

下院の案は，常用労働者25人未満で平均賃金4万ドル未満の事業主に税額控除を創設する，というものである。控除額は，事業の規模および従業員の平均賃金に応じて保険料負担の最大50％までとし，年間給与が8万ドル以上の従業員には適用しないこととされている。

⑦中絶の取り扱い

上院の案では，州ごとのエクスチェンジで，中絶をカバーする保険プランの販売を禁止することができる，とされている。また，連邦政府の補助を受けている中低所得者も中絶をカバーする保険を購入することができるが，保険料を峻別して中絶カバー分の保険料には補助を充当しないこととしている。

下院の案は，医療保険エクスチェンジにおいて連邦政府の補助を受けて保険を購入する中低所得者は，中絶を含む保険プランを購入できない，とするものである。また，新たな公的医療保険プランは，中絶サービスをカバーしないこととされている。

⑧財　源

改革に要する費用は，上院案では10年間で約8,710億ドル，下院案では10年間で約8,910億ドルと推計されている。このため，上院案では，メディケア等の効率化で約4,380億ドル，高額保険への課税で約1,490億ドル，企業からの拠出で約1,010億ドル，高額所得者課税で約870億ドル，などの財源を見込んでいる。

下院では，メディケア等の効率化で約4,000億ドル，高所得者課税で約4,600億ドル，医療機器課税で約200億ドルなどの財源を見込んでいる。

⑨無保険者の改善

上院案では無保険者は約3,100万人の減少，下院案では約3,600万人の減少を見込んでいる。

第7章　医療保険改革：対立を超えて歴史的立法の実現へ　197

上下両院における法案審議の進捗状況

上院		下院		
財政委員会	健康・教育・労働・年金委員会	歳入委員会	教育・労働委員会	エネルギー・商業委員会
	6月 9日 法案提出		7月14日 法案提出	
	7月15日 委員会通過 （賛成：民主党全員）	7月17日 委員会通過 （反対：共和党全員 民主党3人）	7月17日 委員会通過 （反対：共和党全員 民主党3人）	7月31日 委員会通過 （反対：共和党全員 民主党5人）

夏の休会

9月16日 法案提出
10月13日 委員会通過
（賛成：民主党全員
共和党1人（スノウ（メイン州））

12月24日 一本化された法案が上院通過
（賛成60・反対39）＊民主党系の賛成のみ

11月7日 一本化された法案が下院通過（賛成220・反対215）
＊民主党から39人が反対、共和党から1人（ガオ（ルイジアナ州））が賛成

1月以降　一本化のための調整

1月19日　マサチューセッツ州連邦上院補欠選挙で共和党が民主党の議席を奪取。民主党が上院での安定多数（60議席）を失う。
2月22日　オバマ大統領による医療制度改革案の発表　→　2月25日　オバマ大統領主催による超党派会合
3月18日　2010年予算調整法案の具体的な内容発表

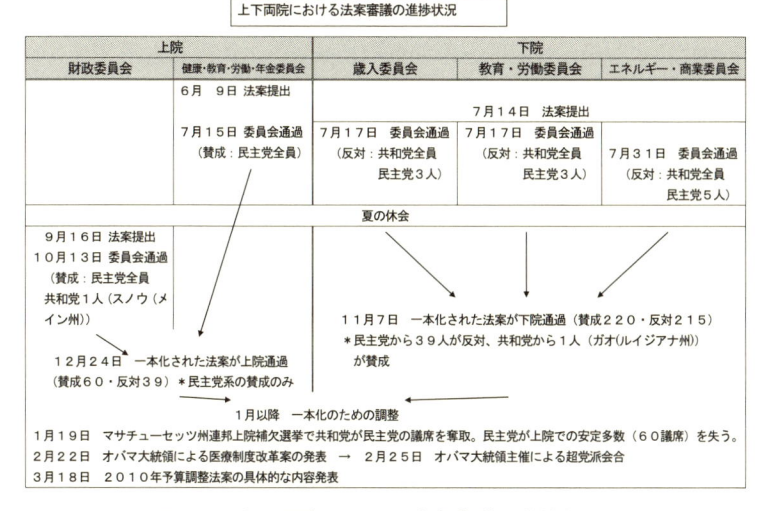

図7-5　上下両院における法案審議の進捗状況

(7) 上下両院の可決と大統領の関与

　以上，上下両院の可決までの道のりを見てきた。最初は改革案を議会に委ねる姿勢をとってきたオバマ大統領であるが，時間がたつにつれて関与の度合いを強め，上下両院の通過の際には自らカギを握る議員の説得に乗り出すなど，大統領としても内政上の最重要課題として取り組んできたことが分かる。12月24日，議会が休会に入る直前に上院で法案が可決したことは，大統領にとって大きな勝利であった。ここまでの長い議論と審議の動きを図で示しておく（**図7-5**）。

第5節　大統領就任2年目の挑戦

(1) 年明け

　2009年は，クリントン大統領の時よりも早いスピードで法案提出・審議が進み，最後に上院で可決，と大変実りのある大統領就任初年であった。法案成立は十分可能と受け止められており，年明け以降，上院を通

過した法案をベースとしつつ，下院を通過した法案との一本化作業が本格化した。主な論点は，先にも触れたように，公的医療保険プランの選択肢の創設の是非，中絶のカバーにかかる厳格な規制，改革財源の捻出方法，等である。しかし，最後の局面に近づいていると思われたその時，民主党に全く予想しなかった大きな困難が立ちはだかることになる。

(2) マサチューセッツ州連邦上院議員補欠選挙とその政治的意味

2009年8月25日に逝去したエドワード・ケネディ上院議員の議席を埋めるための補欠選挙が2010年1月19日に行われた。この議席は，ケネディ元上院議員によって過去半世紀(47年間)にわたって占められてきた議席であり，民主党が歴史的に強い地域であることも考えれば，大方の予想は民主党が引き続きこの議席を勝ち取るというものであった。しかし，選挙が近づくにつれて各種世論調査が民主党の不人気を示すようになり，選挙結果は共和党新人スコット・ブラウン候補の勝利に終わった。

長年にわたり，ケネディ議員は医療保険改革のシンボル的存在でもあった。不幸にして病に倒れ，政治生命の危機にさらされながらも，改革への情熱が最後まで彼を支えた。2009年，いよいよ死が避けられないことを悟ったケネディ上院議員は，自分が死んだ際に発出すべき何通かの手紙を託した。1通はオバマ大統領に宛てた，医療保険改革をやり遂げることを託した手紙である。これを受け取ったオバマ大統領は，9月9日の演説でこの手紙を引用し，国民の改革への支持を再度引き上げることに成功した[8]。一方，もう1通の手紙はマサチューセッツ州の知事宛のものであった。州法によれば5カ月以内に補欠選挙を行うことが規定されているが，その間の議席の空白を直ちに知事の権限で(選挙によらずに)埋めることができるようにしてほしい，というものであった(マサチューセッツ州は，このケネディ議員の要請を受け入れ，代理議員を議会に送る形をとり，クリスマスイブの60票はこれにより実現した)。

上院でフィリバスター(議事妨害)を阻止できる議席数は60議席であり，

この議席は，医療改革法案の成否を握る議席となっていた。しかし，選挙結果は民主党の敗北であり，これは民主党の戦略を根底から崩すことになった。

さらに，大統領自身の支持率の低下が選挙に影響したのも明らかであった。これは長引く不況と改善しない失業率の高さが主因と考えられているが，医療改革が一向に進まないことへの不満があるのではないか，とも考えられた。それまでオバマ大統領は，絶大な人気を背景に，国民にメッセージを送り続け，実際の法案作成は議会主導で進められてきた。この選挙結果は，オバマ大統領にとっても，議会にとっても，困難な問題を突きつけるものになった。

(3) 一般教書演説

2010年1月27日，オバマ大統領の一般教書演説が行われた。この中で医療改革については，改革から去ることなく，仕事を終えるべきであると議会に呼びかけた。しかし，最終案の詳細やどうやって法案成立までもって行くか，という道筋については詳しく触れなかった。

なお，議会では上院の案をそのまま下院で採決してしまうという案も検討されたが，上院案の中に強い異論のある条項もあり，民主党議員の中からも強い抵抗がある[9]中で，最善の策とは言えないものであった。議会では，過半数の議決で済む道を模索する動きも始まっていた。

(4) オバマ大統領のプランの公表と医療保険サミット

オバマ大統領は，閉塞感が高まる中で，2つの大きな行動に出た。1つは大統領プランの公表であり，もう1つは共和党の代表を加えた「医療保険サミット」の開催である。前者は，長らく大統領自身の案が明確に示されていないとの批判に応えるものであり，後者は，共和党代表を含めた大統領とのオープンな議論が行われていない，との批判に応えるものである。2月22日に公表された大統領案は，上院の案を基本としつつ，下院の意見を入れて修正を加えているものである。概要は，以下の

通りである[10]。

医療保険制度及び財政健全化について
①医療保険を購入しやすくするため，中間所得層に過去最大の減税を行う。これにより，3,100万人の国民が保険に加入できると見込む。
②競争的医療保険市場を作り，数千万の国民に議会議員と同じ保険選択の機会を与える。
③医療に常識的ルールによる説明責任を導入し，保険会社に権限濫用や治療の否定を認めない。
④既往歴による差別（pre-existing condition）を認めない。
⑤財政健全化に資する。今後10年間で1,000億ドル，その後の10年間で1兆ドルの財政赤字削減をもたらす。これは，政府支出の適正化，浪費・不正・過剰等を抑制することによって達成される。

上院案，下院案との関係について
①大統領案は上院の法案を基礎とし，修正を加えたものである。また，下院で可決された法案の内容，大統領自身のプライオリティを反映したものである。
②ネブラスカ州のメディケイドへの特別条項をやめ，すべての州に支援を行う。
③メディケアの「ドーナッツ・ホール」[11]を埋める
④上院案のうち，個人・家庭が保険を買いやすくするための措置について強化する。
⑤メディケア・メディケイドの不正，無駄，濫用を取り締まる条項を強化する。
⑥最も高価な保険に対する課税開始額を引き上げる。
⑦連邦に保険料監視委員会を設け，不合理な保険料引き上げを検証し，これにより消費者保護を充実させる。

なお，これらの改革に要する費用は，今後10年間で上院案であれば

8,710億ドル，下院案では1兆500億ドルであるのに対して，9,500億ドルと推計されている。

ついで，2月25日，医療保険サミットが開催された[12]。サミットには，上下両院議員40人，オバマ大統領のほか，バイデン副大統領やセベリウス厚生長官が参加した。ほぼ丸1日を費やして行われた公開討論会は見るべき成果なく終わった，と報道されている。大統領側は，共和党と民主党の案は実は近い内容であり協力して成案を得ることができる，と主張したのに対して，共和党は，最初から議論をやり直すべきであると主張した。さらに共和党は，民主党と共和党の案の違いは大きく，共和党の立場は現在の制度を手直ししながら改善していくべきというものであり，連邦政府が保険会社を規制したり新たな給付制度を設けたりすることには強く反対する，との見解を示した。

このように，両党の主張の差が明らかになる結果となったので，これを合意形成のための会議であると考えるならば，明らかな失敗である。しかし，議論をつくしたという形や，民主党案の是非だけではなく民主党・共和党両案の比較が争点である，ということを示す目的であったとすれば，一定の目的は果たしたと見ることもできる。実際，このサミットは1つの転機になったのである。

(5) その後

医療保険サミットの翌週の3月3日，オバマ大統領は比較的短いスピーチを行った[13]。背後に白衣の医師たちを従えたこのスピーチは，国民に向けて行われた大統領の最後の努力の1つであり，議会に対して速やかに可決するよう促したのである。

オバマ大統領は明示していないが，これは過半数で議決ができる「予算調整」(Reconciliation) と呼ばれる議会の手続きを想定しているものと受け止められている。これは，予算案審議の際に与野党ぎりぎりの攻防を行っても速やかに結論が出せるように議会の慣例として認められているものである。過去にもこの予算調整法に基づいて社会保障制度の改正が

行われた実例はあるが，社会保障制度の変更による財政支出の削減が予算案成立の条件であるような場合と異なり，今回のように，確かに歳出削減策を盛り込んでいる財政健全化の施策パッケージの成立をめざすものとはいえ，今後10年間で1兆ドルもの総支出増を伴うものであることは当局が認めているところであり，この手法の採否には議論があった。

第6節　改革を阻むもの：対立点と改革阻害要因

本稿出稿の2010年3月上旬の時点で，医療保険改革の行方は未だ不透明である。ここでは，改革の細かい点は捨象し，民主党と共和党の対立点，改革に根強い反対論がある理由について考察を加えてみたい。

(1) 理念的な対立：市場重視と政府の役割重視

民主党と共和党の対立点として，まず理念的な対立が挙げられる。共和党は市場への政府の介入を極力排し，自由競争を基本とする社会をめざすということが基本政策であり，一方で民主党は市場競争によって取り残される弱者に目を向けて政府が一定の役割を果たすべきである，ということが基本政策である。アメリカでは共和党から民主党が「増税と歳出拡大 (tax and spend)」の党と攻撃されることも多いように，税をめぐる対立とも考えられる。

しかし，医療の世界では市場原理を貫徹することは適当ではない。個人にとって生命の価値はあまりに高いために，価格をもとに市場で資源配分を最適化するということは不可能である。また，自由主義，市場重視を主張する共和党であっても，全国民に強制的に加入させている社会保障年金やメディケアを否定する議員は皆無である。他方，民主党も既存の民間医療保険を否定し，すべて公的保険に移行することを主張しているわけではない。

提案されている医療保険エクスチェンジという方式は，理念対立を超えて現実的な解決に導く1つの有効なツールであると考えられる。

(2) 利害の対立：関係業界の影響

これまでの医療改革の歴史は，最初にみたように，非常に強力な政治力をもつ医師会の反対で法案が成立してこなかった歴史でもある。また，非常に巨額な金が動く医療保険の世界は，巨大な利害団体を多数生んできた。医療を提供するグループでは，医師会，病院団体をはじめ，薬剤師会など個別の職種ごとに大きな利害関係団体が存在する。一方，医療費をファイナンスする関係者としては，保険会社が存在する。また，医療に使われるモノを提供する関係者としては，製薬業界，医療機器業界などが存在している。

今回，オバマ大統領は，法案は議会に任せ自分は国民に対する広報と関係団体との話し合いに時間を割いた。そして，その作戦は一定の効果を上げ，前述のように今回は医師会も大統領の改革を支持することを決めた。

これにはまず，大統領の人気が非常に高く，今回ばかりは何らかの制度改正は避けられない，と関係者が考えたことがある。次に，この状況下で最も有利な道を選択する，という行動原理がはたらいたとみることもできる。典型例は，過去に政権への強い影響力を誇示してきた製薬業界であるが，前述のように今回は早い段階で改革を支持すると共に，自らに痛みを伴う財源貢献にも早い段階でコミットしていた。無保険者の縮小は確実に医薬品購買力の拡大につながるというメリットも考慮した上での動きである。医師会にしても，無保険者の縮小や医療事故の責任を問う訴訟の改革は，医師会として要望してきた問題である。さらに，医師会が長年反対してきた医師の診療への規制・介入の排除，という点に関しては，すでに民間保険の世界でさまざまな介入が行われ，また，多数の診療ガイドラインが発達してきた結果，ガイドラインに準拠しなければ訴えられる危険性も高まっており，重要性が低下したと考えることもできる。病院も，支払いがメディケア並みの低額の単価になるかどうかという問題はあるが，特に救急部門をもつ病院では，無保険患者の

受診で困っており，制度次第で大きなメリットがもたらされる可能性が高い。このように，医療関係者は，条件次第で合意形成の可能性があるのである。

(3) 医療保険業界の動き

一方，2009年のオバマ大統領就任以来，今にいたるまで攻撃の対象になっているのが，医療保険業界である。クリントン改革を阻止した中核ともみられ，今年に入って保険料の過大な引上げや役員の高報酬が議会でもテレビでも批判にさらされている。では，保険業界が強欲なのがアメリカ医療問題の主要因なのであろうか。

医療改革の歴史で紹介したように，地域ごとの保険料設定でスタートした米国民間医療保険に民間営利の企業が参入することによって，さまざまな保険料引き下げテクニックが浸透してきた。医療費引き下げで効果を見せたジェネリック医薬品の使用促進や薬剤管理，プライマリケア医によるゲートキーパー機能（必要な医療を判断し受診先を示すなど，ふり分けを行う門番機能）など，さまざまな医療費適正化施策を生み出してきたダイナミズムの大部分は民間保険の貢献と言える。しかし，より重要なビジネスチャンスとなったのは，優良被保険者の囲い込みとそれによる低保険料の提供であった。すなわち，健康度による加入審査と加入者の属性別による保険料の設定は，民間営利保険会社存立の出発点と言ってもよい。オバマ大統領が主導し，民主党が成案を得ようとしている改革案では，既存疾病による加入拒否を禁止し，給付の内容などで競争を行うように求めるものであるが，これは特に中小民間保険の存立基盤の否定につながりかねないため，合意形成は容易ではないと思われる。

(4) 国民の分断

アメリカの医療保険制度は，他の主要国と比較しても，保障範囲に不備があり，国民の医療保障という面では早急な改革が不可欠であると思われる。しかし，アメリカの国民はどの程度それに賛意を表しているの

であろうか。

　社会保障が語られる際に，自助，公助，共助と言われることが多いが，イギリス式の国営医療システムであれば公助と言ってよいであろうし，シンガポールで発達しアメリカでも導入されている医療貯蓄制度（Medical Saving Account または Health Saving Account）は自助に属すると考えられる。社会保険方式は共助であり，オバマの改革案も，共助の方向に向かっている。共助を強調する場合，構成員の間に支え合いの意識がどの程度あるか，が問題となってくる。

　アメリカ人の8割は医療保障をもち，おおむねそれに満足している[14]。残り2割を救うため，自分の現在の保険が今より悪化すると中間所得層に受け止められると，クリントン改革と同様に一気に支持を失いかねない。

　オバマはこの潜在的な危険性に配慮し，繰り返し今保険をもっている人にとって何も悪くなることはない，今の保険をもち続けることは可能である，と述べてきた。しかし，保険規制が強化されても，今のままの保険を今のままの保険料でもち続けることは現実的なのであろうか。ここに疑問をもつ国民が増えると法案成立にはマイナス要因となる。

　また，大きな財政投入が予定されているが，増税を伴うならば自分の負担増でどういう人たちが救われるのか，ということに国民の納得を得られるのかが問われてくる。

　また，国民層でいえば，無保険者はいわゆるワーキングプアの層に多いことが分かる。黒人も多いが，ヒスパニック系も多い，という社会問題も背景として存在している。その意味では，アメリカ初めての黒人大統領が誕生し，リーマン・ショック以降，比較的賃金の低い層が大量に失業した，という時代背景は非常に示唆に富んでいるものと思われる。

　オバマ大統領および民主党首脳陣の最後の賭けは目前であり，国民の審判が下されるのは秋の中間選挙である。いよいよ真価が問われる最終コーナーに突入している。

第7節　補遺・その後の展開＝法案成立へ

　3月21日夜，上院を通過した法案 (HR3590) について下院で議決が行われ，賛成219，反対212（民主党から34人が反対）で可決された。これによりこの法案は成立することになった。オーストラリアおよびインドネシアへの外遊を2度にわたり延期してまで反対派の民主党議員を説得し続けたオバマ大統領および大統領と共に説得を続けたペロシ下院議長の勝利であった。

　一方，下院民主党が求めている修正は，2010年度予算決議に盛り込まれた予算の調整指示 (Reconciliation Instructions) に基づき大統領案にほぼ沿った形で予算調整法案 (HR4872) が提出され，賛成220，反対211で下院を通過した。この法案は，上院で50票を得れば可決できることとなり，上院での審議が注目される（その後本法案は2010年3月23日に大統領が署名して成立，予算調整法案は3月25日に上下両院を通過し，3月30日に大統領が署名して成立した）。

注（ウェブサイトについては3月末時点で確認できたものである）
1　ジェトロ・ニューヨークセンター厚生部 (Health and Welfare Department) ディレクター。
2　アメリカでは，ヘルスケア (health care) 改革と呼ばれており，医療保険に限らず医療保障全体を指してヘルスケアという言葉が用いられている。例えば，医療のIT化，医療過誤訴訟，予防対策も含めて議論されている。しかしここでは，無保険者問題が最大の問題とされ，皆保険制度の是非が中心的に議論されていること，日本でも一般的に医療保険制度改革と呼ばれていること，等から医療保険改革と表記する。
3　"If criminals have the right to a lawyer, I think working Americans should have the right to a doctor" とテレビ広告で主張した (Daschle 2008)。
4　2007年の調査で，企業を通じて保険に加入している者が62％，公的保険による者が18％，無保険者が17％で，個人加入は7％にすぎない (Fronstin and Ross 2009)。オリジナルは，EBRI estimates of the Current Population Survey, March 1995-2008 Supplements を参照。
5　Alain Enthoven, "Consumer-Choice Health Plan." *The New England Journal of*

Medicine, Vol 298, No.12 (March 23 1978), No.13 (March 23, 1978).

6 7月17日の演説については，http://www.kaiserhealthnews.org/Stories/2009/July/17/Obama-Transcript.spx を参照。

7 メディケア・メディケイドは病院等への保険償還額を低く抑えているため，病院等は不足分を民間保険に上乗せして請求せざるを得ず，民間の負担増になっている。これはコストシフトと呼ばれている。コストシフトについては，西村由美子編, 1995を参照。

8 9月9日の演説については，http://www.whitehouse.gov/the_press_office/Remarks-by-the-President-to-a-Joint-Session-of-Congress-on-Health-Care/ を参照。

9 上院案に対する民主党下院議員の主な反対意見は，民主党内リベラル派からは政府が運営する公的プランが含まれていないこと，保守派からは連邦政府からの補助金を入れないようにすることが明確でないこと，両派を問わず，ネブラスカ州への特別な補助が最後に盛り込まれたこと，である。

10 大統領プランについては，http://www.whitehouse.gov/health-care-meeting/proposal を参照。

11 ドーナッツ・ホールとは，メディケアパートＤ（外来処方薬に対する保険給付）において，薬剤費が2,700ドルから6,154ドルの間である場合，その部分に保険給付がなされないことを指している。これは，保険給付に給付上限があると共に，自己負担が過大な場合に保護する規定があるために生じる問題である。

12 医療保険サミットについては，http://www.whitehouse.gov/health-care-meeting/bipartisan-meeting を参照。

13 大統領の3月3日のスピーチについては，http://www.whitehouse.gov/the-press-office/remarks-president-health-care-reform を参照。

14 ギャラップ社の調査によれば，地域の医療の質にアメリカ人の81％が満足しているが，国レベルの医療システムに自信をもつアメリカ人は56％となっており，OECD諸国で2番目にギャップが大きくなっている。http://www.gallup.com/poll/122393/oecd-countries-universal-healthcare-gets-high-marks.aspx

引用・参考文献

Daschle, Tom. 2008. *Critical—What We Can Do About the Health-Care Crisis.* Thomas Dunne Books/St. Martin's Press.

Fronstin, Paul., and Murray N. Ross. 2009. "Addressing Health Care Market Reform Through an Insurance Exchange: Essential Policy Components, the Public Plan Option, and Other Issues to Consider." *EBRI Issue Brief,* No.330.

Merlis, Mark. 2009. "A Health Insurance Exchange: Prototypes and Design Issues." *National Health Policy Forum Issue Brief,* No. 832.

天野拓, 2009『現代アメリカの医療改革と政党政治』ミネルヴァ書房。
岡部陽二, 2009「オバマ政権の医療改革(1)-(3)」『Monthly IHEP』8・9・11月号。
杉田米行編, 2008『日米の医療——制度と倫理』大阪大学出版会。
西村由美子編, 1995『アメリカ医療の悩み』サイマル出版会。

このほか, 在米日本大使館からも情報提供を受けた。ここに感謝の意を表する。

第Ⅲ部：評価と展望

第8章　オバマ政権1年目の評価と中間選挙

吉野　孝

第1節　オバマ政権1年目の評価

(1) 政治運営

　本書の第1の目的は，オバマ政権の政治運営のスタイルを分析し，それを評価することにあった。これまでみてきたように，オバマ政権は従来の民主党政権とはかなり異なる特徴をもっていた。

　まず，オバマ大統領の支持者連合は，黒人・ヒスパニックなどの人種的マイノリティ，若者層，世俗的な価値観をもつ人々から構成されていた。政策選好からみると連合は，保険・教育政府サービス支出，雇用と生活水準の保証，健康保険，女性の役割などの政策争点では協調可能であるものの，不法移民の就労，黒人に対する支援，環境保護，防衛支出などの政策争点では潜在的に対立していた。この支持者連合は，階層や所得などの経済支持基盤をもたない点で不安定であった（第1章）。

　なぜオバマ大統領がこのような支持者連合を形成したのかは，2008年の大統領選挙の文脈と選挙運動手段からある程度説明することができるであろう。

　民主党では，大統領候補者指名競争においてオバマとヒラリー・クリントンはそれぞれ「初のアフリカ系アメリカ人大統領」「初の女性大統領」をめざして民主党支持層の票を奪い合った。候補者指名後，オバマ陣営は，全国メディアを通じて「脱人種」路線をアピールする一方で，「相対化された」とはいえ，草の根レベルでアイデンティティ政治に基づく人種アウトリーチ戦略を採用した（第6章）。これらの点に注目すると，これまで民主党を支持してきた女性と白人の一部がオバマへの投票を控

え，逆にこれまで投票所に足を向けなかったマイノリティや若年層が大挙してオバマに投票し，その結果，人種的マイノリティ，若者層，世俗的な価値観をもつ人々から構成される支持者連合が形成されたとしても不思議ではない。また，2008年選挙では「オンライン組織」による若者の動員も，特殊な支持者連合の形成を促した要因の1つであろう。

　次に，オバマ政権と議会との関係も特異であった。選挙運動期間中には「1つのアメリカ」を訴え，また就任演説で「1つのアメリカ」を強調しつつ国民全体の協力を求めたのにもかかわらず，オバマ大統領は「ハネムーン」期間において超党派アプローチを放棄し，それぞれ多数派を占めている両院の民主党指導部に法案作りを任せた。その理由は，1970年代以降，政党所属議員の間で政策対立が高まり，たとえ選挙運動と就任演説で「1つのアメリカ」を訴えたとしても，オバマ大統領は超党派的なアプローチを採用することが事実上不可能であったからである（第2章）。

　さらに，オバマ政権のメディア戦略もこれまでと異なっていた。オバマ大統領は，演説，記者会見，テレビ出演などのメディア戦略を採用する一方で地方メディアを重視し，2009年の夏までに医療保険改革をテーマに全米各地で28回にわたる演説を行った。また，オバマ政権は「ホワイトハウス2.0」プロジェクトと称するソーシャルメディアを活用した政府と国民の双方向情報交換システムを導入して，政治運営を補完しようとした。しかし，党派対立とメディアの断片化の中で，全国メディアを通じて世論を喚起することにより連邦議員の大統領への支持を動員する「ゴーイング・パブリック戦略」はうまく機能せず，医療保険改革などの重要法案に超党派の支持を集めることができなかった（第3章）。

　オバマ政権による超党派アプローチの放棄と「ゴーイング・パブリック戦略」の失敗は，これまでの大統領の政治運営のパターンから逸脱しており，ここにオバマ政権のリーダーシップの欠如を指摘することはできる。しかし，全国メディアへの依存度を低下させ，地方メディアを重視するのは，新しい政治環境に対応するための大統領の戦略である。ジェ

フリー・E・コーエンによると、以前と比べて政党が分極化し、ニュース・メディアが断片化し、国民一般はニュースと公的問題に関心をもたなくなった現在、大統領は「ゴーイング・ローカル (going local)」という新しい戦略を採用するにいたった[1]。これは、全国的世論に影響力を及ぼすのではなく、地方メディアを重視して政党基盤、利益団体、重点地域などの狭い範囲の集団に依存する戦略であり、すでに2000年代初頭のブッシュ政権時に顕著になり始めたのである (Cohen 2010: 1-5)。

したがって、オバマ大統領の支持者連合は確かに特殊なものであるとしても、オバマ政権による「ゴーイング・ローカル戦略」の採用は、ブッシュ政権に続く新しい政治環境への対応であったと考えるのがより正確な評価であろう。

(2) 主要政策

本書の第2の目的は、オバマ政権の主要政策の動向と成果を分析し、それを評価することにあった。4つの政策領域における現状は、次のように要約できるであろう。

まず、外交政策の領域では、オバマ政権は特使外交を推進した。特使外交には経験豊かな実務家の起用、外交協議の迅速化、大統領による外交政策全体の把握という潜在的な利点があるものの、中東、アフガニスタン・パキスタン、イラン問題では表立った重要な成果はみられなかった (第4章)。経済政策の領域では、オバマ政権は順調な滑り出しをみせ、大型景気刺激、金融安定化、ビッグスリー処理という危機対策はいずれも現実主義的な政策であった。しかし、2009年7月に景気はプラスに転じたものの、相変わらず失業率は高く、国民の多くから財政赤字の増大が問題視された (第5章)。

他方、人種政策の領域では、オバマ政権は「脱人種」路線を掲げ、閣僚にはマイノリティと女性を積極的に登用した。また、アフリカ系男性を司法長官に任命することにより公民権重視の姿勢を示し、ヒスパニック系女性を連邦最高裁判所判事に任命することにより両党からの批判を

抑えることに成功した（第6章）。医療保険改革では，オバマは選挙運動期間中にプランを作成し，大統領に就任後，2010年の予算教書に医療保険改革8原則を盛り込んだ。立法作業を議会に委ねたあとは，オバマ大統領はタウンミーティング，州知事との会談，関係団体の説得などを通じて医療保険改革を側面から支援した。実際にも11月には下院法案が可決され，12月には上院法案が可決された（第7章）。

特使外交で成果があがらなかった理由は多い。交渉のジレンマ，相手国の事情（混乱，選挙），ホワイトハウスと国務省の意見対立，オバマ政権の別の政策課題への集中などがそれである。しかし同時に，世界政治におけるアメリカの影響力が低下していることも決して無関係ではない。また，アメリカで景気が大きく回復せず，雇用がなかなか増えない理由の1つは，オバマ政権が輸出主導型の景気回復と雇用創出のシナリオを描いていることにある。実際，世界の多くの国はアメリカ発の金融危機から大きな打撃を受け，かつてのようにアメリカ製品を輸入することができるほど景気が回復していない。さらに，このシナリオが長期的に有効であるか否かは明らかではないのである。

他方，これまでオバマ政権が人種政策でうまく行ってきたといわれるのは，ホワイトハウス，閣僚，連邦最高裁判所判事などの人事であり，象徴的という意味では容易であったかもしれない。実際，2009年の一般教書演説で言及したのにもかかわらず，オバマ政権は不法移民を合法化するか否かを含む実質的な移民政策の見直しに踏み込むことはなかった。また，医療保険改革でも，オバマ政権は当初相対的に有利な状況にあった。すでに選挙運動中から医療保険改革が大きな選挙争点となり，医師会が改革を支持したのはオバマ大統領の説得と無関係ではない。しかし，オバマ政権の1年目が終わるまでに，下院と上院でそれぞれ可決された医療改革法案が一本化されることはなかった。

このような政策成果の低さは，世論調査にも反映された。例えば，『ワシントン・ポスト』とABCが2010年1月中ごろに行った世論調査によると，オバマ大統領を支持する者の比率は53％，支持しない者の比率は

44％であった。しかし，政策領域ごとにみると，オバマ大統領の医療保険改革，経済政策，財政政策を支持しない者の比率はそれぞれ52％，52％，58％であり，支持する者の比率を上回ったのである。2009年のクリスマスの直前に放送されたテレビ番組で，キャスターのオプラ・ウィンフリーの質問に答えて，オバマ大統領は1年目の成績をB⁻，医療改革法案が可決されるとA⁻と自己採点した。しかし，メディアや研究者による評価はもっと厳しく，例えば，ジョシュア・ムラヴチクは「もし世論調査が成績ならオバマの成績はDである」と結論した (Muravchik 2010: 1)[2]。

さらに，オバマ政権に打撃を与えたのは，1月19日に実施されたマサチューセッツ州上院議員補欠選挙で民主党候補者が敗北し，共和党候補者が当選したことである。47年間リベラル派のケネディ議員を選出してきた同州で共和党候補が勝利したことは，オバマ大統領への幻滅と彼の医療保険政策への批判が大きかったことを意味する。それゆえにオバマ大統領は，2010年1月27日の上下両院合同会議で行った一般教書演説の中で，政策優先順位の見直しを宣言せざるをえなかったのである。

オバマ大統領は，一般教書演説の中で，「嵐のひどい時期は過ぎ去ったとはいえ……荒廃した状況は残っている」と現状を分析し，特に4項目の国内政策を強調した。それらは，①雇用創出（財政改革，技術革新，教育への投資を通じて雇用を創出し，特に今後5年間に輸出を倍増させて200万人の雇用につなげる），②医療保険改革，③財政赤字解消（2011年から3年間新規公共事業への支出を凍結），④中間層への減税の維持であった。また，成果があがらなかった外交および安全保障政策の領域では，「アフガニスタンにおけるタリバンの掃討と同国の安定化は成功する」「イラク戦争は終結に向かっている」と強調しただけで，その他の重要な外交・安全保障政策や課題についての言及はなかった。

経済危機の克服を強調した2009年1月の一般教書演説と比較すると，国内問題への言及が増え，政策優先順位が内政問題にシフトした。これはオバマ政権が9カ月後に迫った中間選挙を念頭に置いて戦略的政策変

更を行ったためであることはいうまでもない。

第2節　中間選挙

(1) 中間選挙の意味

　中間選挙年の連邦議会議員選挙では，下院の435名の議員全員が，上院の100名の議員のうち33名または34名が改選される[3]。これらの選挙は，選挙区または州の代表を選出して議会代表を刷新するだけでなく，連邦政治全体にきわめて大きな影響力をおよぼす。例えば，第2次世界大戦以降の中間選挙年の連邦議会議員選挙の結果をみると，下院では16回のうち14回（87.5%）で，上院では16回のうち11回（68.8%）で，大統領の政党の議席が減少している（**表8-1**）。これに対して，大統領選挙年の連邦議会議員選挙の結果をみると，下院では16回のうち10回（62.5%）で，

表8-1　中間選挙年における大統領の政党の議席の増減（1946-2006）

年	大統領（政党）	下院	上院
1946	F.D. ルーズヴェルト／H.S. トルーマン（民）[1]	−45	−12
1950	トルーマン（民）	−29	−6
1954	D.D. アイゼンハワー（共）	−18	−1
1958	アイゼンハワー（共）	−48	−13
1962	J.F. ケネディ（民）	−4	3
1966	L.B. ジョンソン（民）	−47	−4
1970	R.M. ニクソン（共）	−12	2
1974	ニクソン／G.R. フォード（共）[2]	−48	−5
1978	J. カーター（民）	−15	−3
1982	R. レーガン（共）	−26	1
1986	レーガン（共）	−5	−8
1990	G.H.W. ブッシュ（父）（共）	−8	−1
1994	B. クリントン（民）	−52	−8
1998	クリントン（民）	5	0
2002	G.W. ブッシュ（子）（共）	7	2
2006	ブッシュ（子）（共）	−31	−6
	平均変化議席数	−23.5	−3.7

　注）(1)ルーズヴェルト大統領の死去にともない，トルーマン副大統領が1945年4月に大統領に就任した。
　　　(2)ニクソン大統領の辞任にともない，フォード副大統領が1974年8月に大統領に就任した。
出典）Davidson, Oleszek and Lee. 2010: 111.

表8-2 大統領選挙年における大統領の政党の議席の増減（1948-2008）

年	大統領（政党）	下院	上院
1948	H.S. トルーマン（民）	75	9
1952	D.D. アイゼンハワー（共）	22	1
1956	アイゼンハワー（共）	-2	-1
1960	J.F. ケネディ（民）	-22	2
1964	L.B. ジョンソン（民）	37	1
1968	R.M. ニクソン（共）	5	6
1972	ニクソン（共）	12	-2
1976	J. カーター（民）	1	0
1980	R. レーガン（共）	34	12
1984	レーガン（共）	14	-2
1988	G.H.W. ブッシュ（父）（共）	-2	0
1992	B. クリントン（民）	-10	0
1996	クリントン（民）	-9	-2
2000	G.W. ブッシュ（子）（共）	-3	-4
2004	ブッシュ（子）（共）	3	4
2008	B. オバマ（民）	21	8
	平均議席変化	11	2

出典）Davidson, Oleszek and Lee. 2010: 110.

上院では16回のうち8回（50.0％）で，大統領の政党の議席が増加している（**表8-2**）。一般にアメリカの中間選挙が2年間の大統領の政治運営に対する国民投票であると称される理由はここにある。

下院の場合，1946年選挙で民主党議席が45減少した理由は戦後の経済混乱と軍人復員に伴うインフレーション，1958年選挙で共和党議席が48減少した理由は景気後退，1966年選挙で民主党議席が47減少した理由はジョンソン政権のベトナム政策に対する批判にあった。1974年選挙で共和党議席が48減少した理由はウォーターゲート事件と経済不況，1994年選挙で共和党議席が54増加した理由はクリントン大統領の度重なる失政と女性スキャンダル，2006年選挙で共和党議席が31減少した理由はブッシュ政権のイラク戦争政策に対する批判にあった（Jacobson 2009: 157, 158）。特に1994年と2006年のように，中間選挙で大統領の政党の議席が大幅に減少して議会の下院または上院の多数党が入

れ替わり,統一政府が分割政府になる場合,大統領は政治運営において大きな困難に直面することになる[4]。

(2) 中間選挙の決定要因

それでは,なぜ大統領選挙年の連邦議会議員選挙で大統領の政党の議席が増加し,中間選挙年の連邦議会議員選挙で大統領の政党の議席が減少する傾向がみられるのであろうか。厳密にいうと,選挙区または州ごとに選挙民の構成と選好が異なり,候補者の質と数,さらには候補者間の競争の度合が異なるので,連邦議会議員選挙の決定要因は選挙区または州ごとに詳細に分析されなければならない。しかし,これまでの研究を通じて,大統領選挙年の連邦議会議員選挙で大統領の政党の議席が増加し,中間選挙年の連邦議会議員選挙で大統領の政党の議席が減少する原因が探求されてきた。

かつてこの現象は「サージ・アンド・デクライン (surge and decline) 仮説」から説明された。これは,大統領選挙年には,勝利する大統領選挙運動の注目度の高さと興奮により,さほど政治的に活発でない投票者が大挙して大統領選挙に投票し,同時に連邦議会議員選挙においても大統領の政党の候補者に投票するものの,大統領候補者がいない2年後の中間選挙では,そのような投票者は政治的に活性化されず,投票所に向かわないので,大統領の政党への投票が減少 (収縮) してしまう,という考えである (Campbell 1966: 41-43)。

最近では,経済状況と大統領への支持という2つの全国的要因が選挙結果を大きく左右すると考えるのが一般的である。

選挙民は政権を多様な基準から判断するものの,最も重要な基準は,政権による経済運営である。すなわち,景気がよく,所得が増大し,失業率が下がり,投票者は政権の仕事ぶりを高く評価する場合,中間選挙では大統領の政党の候補者に投票するであろう。そのような投票者の数が増えると,大統領の政党の当選者は増加するであろう。逆に,景気が悪く,所得が減少し,失業者が増え,投票者は政権の仕事ぶりを低く評

価する場合，中間選挙で大統領の政党の候補者には投票しないであろう。そのような投票者の数が増えると，大統領の政党の当選者は減少するであろう。大統領への支持にも，同じことがいえる。大統領を支持する投票者は，中間選挙では大統領の政党の候補者に投票するであろう。逆に，大統領を支持しない投票者は，中間選挙では大統領の政党の候補者には投票しないであろう。

　多くの研究者はこれをモデル化して，中間選挙における大統領の政党の下院議席の増減が，経済状況（例えば，1人当たりの可処分所得の変化）と大統領の支持率（例えば，大統領の仕事ぶりをよいと認める者の比率）に大きく関係することを明らかにしてきた（Campbell 1986）。このモデルには，下院議員選挙当選者の政党間議席差，アメリカ全体の可処分所得の数値，全国世論調査に基づく大統領の支持率などの集合データ（aggregate data）が用いられており，個人の投票者の投票行動と議席差の因果関係が不明確であると批判されることが多かった。しかし最近では，大統領がよい業績を示したと投票者が判断する時，中間選挙で大統領の政党の候補者に投票する傾向があり，逆に，大統領の業績がよくなかったと投票者が判断する時，中間選挙で大統領の政党が苦戦を強いられることが，サーベイデータの分析を通じて実証されている（伊藤・田中・真渕 2000:123）。

　また，中間選挙では候補者の存在も重要である。というのは，経済状況と大統領への支持という全国的要因は，候補者の質と数にも影響を及ぼすからである。例えば，経済が好況で大統領の支持率が高い場合，大統領の政党の候補者は当選する可能性が高く，政治資金提供者はそのような候補者により多額の寄付をする。このように大統領の政党に追い風が吹く時，質の高い──公職経験のある──政治家が大統領の政党から立候補するであろう。そして，その他の政党には逆風が吹くので，質の高い政治家はその政党から立候補するのを控えるであろう。逆に，経済が不況で大統領の支持率が低い場合，大統領の政党の候補者が当選する可能性は低く，政治資金提供者はそのような候補者には寄付をしない。このように大統領の政党に逆風が吹く時，質の高い政治家は大統領の政

党から立候補するのを控えるであろう。そして，その他の政党には追い風が吹くので，質の高い政治家はその政党から立候補するであろう。

　ゲリー・C・ジェイコブソンは，これを実証するために1946年から2006年までの31回の下院選挙を分析した。そして，①民主党の場合，挑戦者候補（challenger）——選挙区の共和党の現職議員に挑戦する候補者——のうち質の高い者の比率は民主党に追い風が吹いている時に高まる，②各党の挑戦者候補のうち質の高い者の比率と下院政党間議席差は密接に関係し，民主党は，1）同党の挑戦者候補のうち質の高い者の比率が高い時に議席を増やし，2）共和党の挑戦者候補のうち質の高い者の比率が高い時議席を減らすことを明らかにした（Jacobson 2009: 168-172）。

　ところで，全国的要因により政党に追い風または逆風が吹くことは，議会にとってきわめて重要である。アメリカでは現職議員が選挙に強く——1946年から2008年までの32回の下院議員選挙で再選をめざした議員の再選率は平均92.6％であった——，通常の場合，新人候補者が現職議員に挑戦して議席を獲得することは容易ではない。しかし，2つのケースでは，本格的な候補者競争が起こる。

　第1は，現職議員が引退してある選挙区が空白区になる場合である。この時は，いずれの政党の候補者も新人であるので，両党ともに質の高い候補者を立てるなら，どちらの候補者にも当選する可能性がある。第2は，経済が不況で大統領の支持率が低い時，大統領の政党の現職議員が立候補する選挙区で，その他の政党から質の高い政治家が立候補する場合である。この時は，大統領の政党の現職候補者に逆風が吹き，挑戦者候補に追い風が吹いて多額の政治資金も集まるので，挑戦者候補が当選する可能性がある。また，この時大統領の政党の現職議員が当選が難しいと判断して引退すると，その選挙区は空白区になり（第1のケース），政党候補者間で本格的な競争が始まる。

　要するに，経済状況と大統領への支持という全国的要因は，中間選挙できわめて重要なはたらきをする。一方において，これらの要因は，追い風が吹いている政党から質の高い政治家が立候補するのを促し，逆風

が吹いている政党から質の高い政治家が立候補するのを控えさせ，さらには現職議員が引退するのを促すことを通じて，選挙区または州における候補者の質と数，候補者の競争状況に影響を及ぼす。他方において，これらの要因は，投票者にいずれの政党の候補者に投票するのかを決めさせることを通じて，選挙区または州の投票結果に影響を及ぼす。この意味において経済状況と大統領への支持は，中間選挙の結果を変化させ，議会にダイナミズムを生み出す大きな要因となるのである。

第3節　オバマ政権と中間選挙

(1) 医療保険改革法の成立とその効果

　オバマ政権の1年目は，2009年2月の大型景気刺激，金融安定化，ビッグスリー処理という危機対策を除き，外交，経済，人種，医療保険改革などの政策領域では目覚ましい成果はあがらず，オバマ政権の支持率は次第に低下した。これに危機感をもったオバマ大統領は，2010年1月27日の一般教書演説で，中間選挙を念頭に置いた雇用創出を中心とする新しい国内政策を発表した。これ以降の進展の中でやはり注目されるのは，2009年12月に上院で可決された健康保険改革法案が3月21日に下院で可決され，その後一連の手続きを経て，法律になったことである[5]。

　2月25日の医療保険サミットで歩み寄りができなかったあと，3月中ごろにオバマ政権と民主党下院指導部が，超党派アプローチを放棄して民主党単独で上院法案への投票に踏み切ったのは，医療保険改革の失敗が中間選挙にダメージを与えるのを回避するぎりぎりの時期と判断したからであろう。当初，下院民主党が意図した公的保険制度の導入は見送られたものの，2014年から実施される医療保険改革には，いくつかの注目すべき項目が含まれていた。

　①10年間で9,400億ドルを支出して3,200万人の保険未加入者を救済し，加入率を95％に拡大する。
　②全米に医療保険エクスチェンジを設置して，民間保険会社が保険プ

ランを個人や中小企業に販売する。
③一定の年収以下の無保険者に補助金を支給し，メディケイド（低所得者向けの医療補助）の年収基準を引き下げる。
④保険加入を原則義務化し，未加入者および保険を提供しない一定数以上の従業員を雇用する企業に罰金を科す。
⑤高額保険や高所得者への増税により財源を確保する。

　たとえ公的保険制度の導入が見送られたとはいえ，これは医療保険への加入を義務付けるアメリカ初の歴史的制度改革であった。アメリカで公的医療保険制度の創設を初めて訴えたのが1912年に進歩党から立候補したセオドア・ルーズヴェルト（1901〜1909年まで共和党大統領）であったことを考えると，まさに医療保険改革法の成立は100年越しの大きな政治改革であったといえるであろう。オバマ大統領はこれを「今日の投票は1政党の勝利ではなくアメリカ国民の勝利である」と称賛しつつ，医療保険改革の歴史的意義を強調し，オバマ政権への支持の回復を期待したのである。

　しかし，これによってオバマ政権の支持率が大きく上昇するとは限らない。というのは，医療保険改革は歴史的に民主党と共和党が真正面から対立した争点であり，2008年大統領選挙においても，オバマが大統領に就任したあとも，共和党は民主党の医療保険改革を「大きな政府」「社会主義」と批判してきたからである。実際，17日にアイダホ州では連邦政府は州民の保険加入の義務化を強制することができないという州法が成立し，23日には14州の司法長官が，「個人の自由と州の主権の侵害し，憲法違反である」という理由で，国民の保険加入を義務付けた同法の無効確認を求める訴えを連邦地方裁判所に起こした。さらに，保守系草の根運動である「ティー・パーティ」運動も，医療保険改革に強く反対している。

　医療保険改革の評価が拮抗していることは，世論調査からも明らかである。3月4〜7日にギャラップが行った世論調査によると，「オバマ大統領が提案する医療保険改革法案に支持するよう議員に助言しますか，

それとも反対するよう助言しますか」という質問に対して，45％が支持するよう助言すると答え，48％が反対するよう助言すると答えた[6]。また，下院で上院法案が可決された直後の3月22日に『USAトゥデー』とギャラップが行った世論調査によると，49％が今回の医療保険制度改革を支持すると答え，40％が支持しないと答えた。民主党支持者の79％がそれを支持し，共和党支持者の76％がそれに反対した。支持政党なし層の間では，46％が支持し，45％が反対した。また，この法案についての気持ちを1語で表現するとどれが相応しいかという質問に対して，15％が「熱狂する (enthusiastic)」，35％が「うれしい (pleased)」，23％が「落胆した (disappointed)」，19％が「怒りを覚える (angry)」と回答した[7]。

　もちろんこれは法案成立直後の調査結果であり，今後のオバマ政権と民主党のPRやメディアの解説により，改革を受け入れる者の比率は増えるであろう。しかし，選挙民の間で自身を保守またはリベラルとみなす者の比率が高いことを考えると，医療保険改革の評価をめぐる対立はしばらく続き，評価が相殺し合う結果，医療保険改革によってオバマ政権の支持率が大きく高まることはないであろう。また，医療保険改革に歴史的な意義があるにしても，「無保険者をなくす」ことは国民一般が政権に望む国内政策優先順位の中でかなり低い（第5章）。したがって，次にどのような重要なことが起こるかによって，選挙民の間でのオバマ政権の評価は変わる可能性が高いのである (Cook 2010)。

(2) その他の要因

　さて，医療保険改革以外の要因でオバマ大統領への支持を左右するものに，経済と雇用がある。2010年2月の失業率は9.7％と高く，オバマ政権に対する大きな不満の原因になっている。オバマ大統領は，一般教書演説で財政改革，技術革新，教育への投資，輸出促進を通じて雇用を創出することを主張し，3月11日にはアジア諸国への輸出促進を念頭に置いた具体的な輸出促進戦略——輸出促進閣僚会議の新設，民間識者と専門家から構成される大統領輸出評議会の再開，公平な競争環境の要求，

40以上の貿易使節団の派遣，輸出への金融支援の拡大，軍事転用可能な技術の輸出規制の緩和など——を発表した。こうした政策が数カ月以内にある程度の効果を示し，輸出額の増加，失業率の低下などの目にみえる数値になって現れるなら，オバマ政権の支持率は高くなるであろう。

また，オバマ大統領は，現在イラクに駐留する米軍9万7,000人のうち，8月末に4万7,000人を削減する方針を明らかにしている。ブッシュ（子）政権が始めたイラク戦争に反対し，早期の米軍撤兵を主張して選挙で勝利したオバマ大統領にとって，これは重要な選挙公約の1つである。もし8月末にイラクからの一部米軍の撤兵作業が無事に終了し，そのあとでイラクに大きな混乱が生じないなら，これはオバマ政権への支持の回復につながるであろう。また，オバマ政権にとっては，「オバマの戦争」であるアフガニスタンにおけるタリバン掃討作戦の進展も重要である。オバマ大統領は3月28日にアフガニスタンを電撃訪問し，カルザイ大統領と会談して，戦闘終結の前提条件である治安回復と復興を促進するために，汚職の撲滅と麻薬密輸取り締まりの一層の強化を要請した。

さらに，中間選挙を考える際には投票率が重要である。というのは，大統領選挙年の連邦議会議員選挙と中間選挙年の連邦議会議員選挙とでは，投票率がかなり違うからである。例えば1972年以降の下院議員選挙では，大統領選挙年の投票率は平均48.8％であるに対して，中間選挙年のそれは35.0％と，14ポイントも低いのである。しかも，2008年の大統領選挙の投票率が57.1％と高かったのは，オバマ人気と「オンライン組織」によって若年層とマイノリティがかなりの程度まで動員された結果である。しかし，2010年の中間選挙では，直接的に投票の対象になるのは，オバマ大統領ではなく435選挙区と36州で立候補する民主党候補者である。その結果，投票率が低下し，従来型の投票者——白人，30歳以上，政党支持者——の影響力がより大きくなる可能性がある。

要するに，オバマ政権がきたる2010年11月2日の中間選挙で連邦議会の民主党議席の減少を最小限に抑えることができるか否かは，施行が4年先の医療保険改革法の制定をどの程度にまでオバマ政権への支持に

転換することができるのか，中間選挙の前にどの程度にまで失業率を引き下げることができるのか，さらに，大きな混乱なしに公約どおりにイラクから駐留米軍の撤退を完了することができるのか，そして，このような条件の中でどの程度の投票者が中間選挙で投票するのか，など多くの要因に依存しているのである。

最後に，中間選挙に関連する数値をあげておこう。下院勢力は現在（2010年5月末日），民主党255議席，共和党177議席，欠員3であり，11月2日の選挙で435議席全体が改選される。上院勢力は現在，民主党57議席，共和党41議席，その他2議席[8]である。11月2日の選挙で改選されるのは35州36議席――改選スケジュールに従う34州34議席，現職議員が引退することを表明した2州2議席――である[9]。改選議員の政党所属は，民主党18名，共和党18名である。非改選の党派別議員数は，民主党41名，共和党23名，その他2名であるので，上院で共和党が過半数を獲得するためには，35州36議席のうち28議席を獲得する必要がある。

現在，メディア，政治アナリスト，研究者などのHPで2010年の党派別当選議席予測が公表されており，下院でも上院も逆転はないというのが現在までの大方の予想である。今後どのような事件や展開が起こり，オバマ政権がどのように対応し，中間選挙でどのような候補者が立つのかはなお不確定であり，まさにこれから数カ月が勝負である。いずれにせよ11月2日に，世論調査を通じてではなく選挙を通じてオバマ政権に明確な中間評価が下されるのである。

注

1 コーエンによると，大統領のリーダーシップ様式は次のように変化した。①1940年代から1970年代中ごろまで，連邦議会の常任委員長が投票結果を決める力をもっていたので，大統領は交渉型リーダーシップを採用した。②1970年代から1980年代中ごろまで，連邦議会の常任委員長の権限が弱まり議員個人が決定の主体となったものの，個々の議員全員に直接的にアクセスすることが困難なので，大統領は全国メディアを通じて世論を喚起することにより連邦議員の大統領への支持を動員した。③1980年代中ごろ以降，ケーブルテレビとインターネットの台頭によりマスメディアが断片化

し，大統領はテレビの4大ネットワークを利用して国民一般にアクセスすることはできなくなり，また，政党対立が激化し，大統領は全国世論を喚起することが難しくなった。このような政治環境の変化に対応するために考案されたのが，「ゴーイング・ローカル戦略」である。

2　アメリカの多くの大学では，成績評価のDはぎりぎりの合格 (passing) を意味する。ただし，多くの大学で学部在学中を通して平均がDであると卒業ができないこともあるという点では，日本の大学の成績評価の「可」よりも低い。

3　上院議員は50州から2名ずつ選出され，総数は100名である。2年ごとの選挙で3分の1ずつ（各州では任期をずらして1回の選挙で1名ずつ）が改選期を迎えるので，1回の選挙で33議席または34議席が改選される。

4　最近では，1998年選挙と2002年選挙がこの経験的法則の例外である。その理由は，1998年選挙で民主党議席が増加したのは，クリントン大統領は女性問題で批判されたのにもかかわらず，大統領としての仕事ぶりが高く評価されたからであり，2002年選挙で共和党議席が増加したのは，9.11同時多発テロ事件の結果である。

5　手続きはかなり複雑である。まず21日の夜，下院で「患者擁護・購入可能な医療法への上院修正に同意する動議」が219対212で可決され，続いてホワイトハウス，民主党下院指導部，民主党上院指導部の事前の合意に基づき，同法案の一部変更を意図した「2010年の予算調整法を可決する提案」が220対211で可決された。24日に，上院で「2010会計年度の同意決議のタイトルIIによる予算調整を提供する法案」が56対43で可決され，オバマ大統領がこれに署名した。そして翌25日に下院で「2010年予算調整法への上院修正に同意する動議」が220対207で可決された。

6　http://www.gallup.com/poll/126521/Favor-Oppose-Obama-Healthcare-Plan.aspx

7　http://www.gallup.com/poll/126929/Slim-Margin-Americans-Support-Healthcare-Bill-Passage.aspx

8　その他の2名とは，インディペンデントとして当選したバーナード・サンダース（バーモント州）とインディペンデント・デモクラットとして当選したジョセフ・リーバーマン（コネチカット州）である。彼らは投票では民主党議員と同じ行動をとることが多い (http://www.senate.gov/pagelayout/reference/two_column_table/Class_I.htm)。

9　今年の上院議員選挙で，スケジュールに従って改選が行われるのは，アラバマ，アラスカ，アリゾナ，アーカンソー，カリフォルニア，コロラド，コネチカット，フロリダ，ジョージア，ハワイ，アイダホ，イリノイ，インディアナ，アイオワ，カンザス，ケンタッキー，ルイジアナ，メリーランド，ミズーリ，ネバダ，ニューハンプシャー，ニューヨーク，ノースカロライナ，ノースダコタ，オハイオ，オクラホマ，オレゴン，ペンシルバ

ニア,サウスカロライナ,サウスダコタ,ユタ,バーモント,ワシントン,ウィスコンシンの34州である。これ以外で現職議員の引退に伴い選挙が行われるのが,デラウェア州とニューヨーク州である。ニューヨーク州では,スケジュールに従った改選も行われるので,同州では2名の上院議員が同時に選挙されることになる。http://www.cqpolitics.com/wmspage.cfm?parm1=5.

引用・参考文献

Campbell, Angus. 1966. "Surge and Decline: A Study of Electoral Change." in Angus Campbell, Philip E. Converse, Warren E. Miller, and Donald E. Stokes. *Elections and the Political Order,* J. Wiley.

Campbell, James E. 1986. "Forecasting the 1986 Midterm Elections to the House of Representa -tives." PS 19 (1):83-86.

Cohen, Jeffrey E. 2010. *Going Local: Presidential Leadership in the Post-Broadcast Age.* Cambridge University Press

Cook, Charlie. 2010. "The Cook Report: Reflex Responses on Health Bill." *The National Journal on Line.* March 27. http://www.nationaljournal.com/njmagazine/cr_20100327_5930.php

Davidson, Roger H., Walter J. Oleszek, and Frances E. Lee. 2010. *Congress and Its Members,* 12th ed., CQ Press.

Jacobson, Gary C. 2009. *The Politics of Congressional Elections*, 7th ed., Pearson Longman.

Lewis-Beck, Michael S., and Rice, Tom W. 1992. *Forecasting Elections.* CQ Press.

Muravchik, Joshua. 2010. *Obama's Radical Transformation of America: Year One.* Encounter Books.

Obama's State of the Union Speech. http://www.nytimes.com/2010/01/28/us/politics/28obama.text.html

Stanley, Harold W., and Richard G. Niemi. 2010. *Vital Statistics on American Politics 2009-2010: The Definitive Source for Data and Analysis on U.S. Politics and Government.* CQ Press.

U.S. Census Bureau. *The 2010 Statistical Abstract.* http://www.census.gov/compendia/statab/2010/tables/10s0408.pdf

Washington Post-ABC News Poll. http://www.washingtonpost.com/wp-srv/politics/polls/postpoll_021010.html

伊藤光利・田中愛治・真渕勝,2000『政治過程論』有斐閣。

エピローグ

　本書は，『2008年アメリカ大統領選挙：オバマの当選は何を意味するのか』(東信堂，2009年8月) の続編である。筆者は昨年度に引き続き，早稲田大学の日米研究機構——「早稲田大学の各学術院に分散する個々の研究者と，アメリカ側の研究パートナーに共同研究の場を提供する」という新しいタイプの研究所——で研究グループのまとめ役をつとめた。2009年度は，「オバマ政権の政治運営と政策成果」というテーマのもとに，9回の定例研究会を開催した。それらのうち，オバマ政権の支持連合，議会対応，世論対策を扱った3報告，外交，経済，医療保険改革を扱った3報告，それらに新たに人種政策に関する1章と，評価と展望に関する結論を加えたのが本書である。

　2009年度の研究会では，ジャーナリストや実務家など，専門的知識をもち，あるいは実務に携わっている方々からアメリカに関する貴重な意見をうかがう機会を得た。彼らは，アメリカの外交政策と国家安全保障問題の専門家である高畑昭男氏 (産経新聞編集委員兼論説委員)，アメリカ経済の分析で定評のある吉崎達彦氏 (双日総合研究所取締役副所長・同主任エコノミスト)，日本の医療行政の中枢におり，アメリカの医療保険問題にも詳しい武田俊彦氏 (厚生労働省保険局国民健康保険課長・当時) である。また，研究会での報告こそ不可能であったものの，オバマ政権の成立の経緯から考えて無視することのできない人種関連政策について，オバマ大統領と人種問題の研究で高い評価を得ている渡辺将人氏 (ジョージワシントン大学客員研究員・当時) に執筆をお願いした。この意味で，本書は研究者とジャーナリスト・実務家のコラボレーションの所産であり，オ

バマ政権のもとでの政策の流れとその背景を生き生きと描き出すことにある程度まで成功したのではないかと自負している。

　本書の目的は，オバマ政権の１年目に焦点を合わせ，政治運営のスタイルと主要政策提案と成果を分析し，中間的な評価を下すことにあり，各章は共通のテーマのもとに書かれているものの，内容において各章は独立し完結している。したがって，執筆者のオリジナリティーを重視して，調整は専門用語，人名・地名などのカタカナ，数字の表記などの統一にとどめた。また，第８章の評価と展望は，各章担当者の原稿を読み，吉野が執筆した。アメリカで中間選挙がどのような意味をもち，選挙結果が何によって決まるのかが日本では必ずしも十分に理解されていないので，長めの説明を加えた。読者の方々にとって，大きな期待のもとで出発したオバマ政権の１年目がどのようなものであったのか，11月の中間選挙がオバマ政権にどのような意味をもっているのかを理解するために，本書が少しでも役立てば幸いである。

　本書の刊行にあたり，多くの方々の暖かいご支援をいただいた。まず，早稲田大学の日米研究機構からは，昨年度に引き続き研究報告をまとめて出版することを快く認めていただいただけでなく，本書への出版助成もいただいた。日米研究機構長の藪下史郎先生，同機構の岩城雅信事務長に心からの謝意を表したい。また，定例研究会の報告者との連絡や会場の準備などで，事務局の鈴木恭子さん，波多野篤子さん，岩崎藍子さん，市瀬秋水さんにはお世話になった。ここであらためてお礼を申しあげたい。

　最後に，この出版企画を引き受け，いろいろ相談にのっていただき，執筆者の原稿が完成するまで辛抱強く待っていただいた東信堂社長の下田勝司氏には，心よりお礼を申しあげたい。

　2010年6月

編著者を代表して　吉野　孝

事項索引

【あ行】

アイデンティティ政治　　iv, 146-148, 162, 170
アウトリーチ　　iv, 146-149, 151, 167-169, 170n, 211
アファーマティブ・アクション　　150, 156-159, 170n
アフガニスタン　　ii, iv, 64, 93-94, 96, 102-105, 109-111, 213, 215, 224
アフパック　　102-104, 109, 112-113
アルカイダ　　102-103, 112
イラク／イラク戦争　　ii, 96, 98, 102, 109, 133, 144-145, 148, 151, 167, 169, 215, 217, 224-225
イラン　　iv, 101, 108-113, 115n, 213
医療貯蓄制度　　205
医療保険エクスチェンジ　　183, 185, 191, 194-196, 202, 221
医療保険改革　　ii, v, 15, 19-20, 24-26, 41-45, 47, 52-54, 60-62, 64, 75, 77, 87n, 136-139, 175, 179, 181-182, 186-188, 191-192, 198-199, 206, 214-215, 221-223
医療保険サミット　　199, 201, 207, 221
オーガナイジング・フォー・アメリカ　　72-75, 80
オバマコン　　46
オバマ支持連合　　iii, v, 6, 13-14, 17-21, 23-26, 167
オバマ＝バイデン・プラン　　184
オンライン組織　　212, 224

【か行】

官民共同買い取りファンド構想（PPIP）
　　126
既往歴による差別　　179, 200
北朝鮮　　iv, 64, 94-95, 97, 101, 105-109, 111
金融安定化　　iv, 118, 125-126, 136, 213, 221
グアンタナモ収容所　　ii, 39, 94
グリーン・ニューディール　　42
グルーバル・イシュー　　98
クローチャー　　39, 51-52
景気刺激　　iv, 123-125, 133, 135-136, 213, 221
景気対策法案　　ii, 29, 40, 42, 77, 124
ゴーイング・パブリック戦略　　iv, 59, 80-87, 212, 213, 226n
公的医療保険プラン　　137, 193, 191, 195-196, 198
購入可能で選択可能な医療保険法案
　　189-190
コート・テイル効果　　32
黒人　　iii-iv, 5-26, 27n. 60, 146-153, 155-158, 166-169, 205, 211
黒人議員コーカス　　158-159, 165-167, 172n

【さ行】

サージ・アンド・デクライン仮説　　218
サブプライムローン　　i, 125
サーベイデータ　　iii, 5-7, 25, 26n, 219
シニオリティ・システム　　34
社会化医療　　180, 191
州児童医療保険プログラム（SCHIP）
　　176, 182
ジョブレス・リカバリー　　133

司令塔機能	iv, 112-113
人種ゲリマンダリング	149
人種ニュートラル戦略	146
人民元切り上げ	132
スティング・プライベート	85
ストレステスト	126, 127
スマート・パワー	96
政党投票	34, 35, 50-51
全米健康保険協会（HIAA）	180, 182
全米黒人地位向上協会（NAACP）	156
全米自動車労働組合（UAW）	128
ソーシャル・セキュリティ	180
ソーシャル・ネットワーキング・サービス（SNS）	66
ソーシャルメディア	iii, 59, 65-68, 71-72, 75, 80-81, 85-87, 212

【た行】

大統領の勝率	48-49
脱人種	iv, 146, 148, 154, 162, 167, 169, 211, 213
タリバン	102-104, 109, 112, 215, 224
地域医療保険組合（HIPCs）	182
チェリーピッキング	180, 183
中間選挙	v, 26, 53, 62, 125, 135, 215-221, 224-225
中東	iv, 93-94, 96-99, 101-103, 105, 109, 111-113, 213
ツイッター	66-67, 71, 80
ティー・パーティ	83, 84, 135, 222
特使外交	iv, 93-98, 109, 111-112, 213-214

【な行】

2大政党の分極化	30, 33, 35-37, 46-47, 52-53
ニューディール	5, 82, 123, 144

【は行】

バイ・アメリカン条項	125
パキスタン	iv, 78-79, 93, 102-105, 109, 111, 213
ハネムーン	iii, 29, 30, 35-37, 39, 42, 50, 52, 76, 212
ヒスパニック	iii, 6-9, 11-14, 17-26, 146, 148, 150-151, 157, 159-163, 166, 168, 170n, 205, 211, 213
ビッグスリー	iv, 123, 128, 136, 213, 221
ピュー・リサーチセンター	78, 138, 148, 152, 155
フィリバスター	31, 51-52, 62, 198
不法移民	iii, 15, 21-22, 24, 26, 61, 162-163, 211, 214
不良債権買い取り構想（TARP）	117
ヘイト・クライム	150, 155
ホワイトハウス2.0	66, 68-69, 71, 212
ポータビリティ	185, 188

【ま行】

マイノリティ	iii, iv, 5, 7, 9, 13, 21, 26, 144-145, 148-157, 160-161, 166-167, 169, 170n, 211-213, 224
マネージドケア	181
民主党全国委員会（DNC）	71
メディケア	176-177, 180, 184, 188, 194, 200, 202-203, 207n
メディケアの「ドーナツ・ホール」	200, 207n
メディケイド	176-177, 186, 194, 200, 207n, 222

【や行】

輸出指導型景気回復	130-132, 214-215, 223
予算調整	201, 206

【ら行】

リーマン・ショック	98, 205
リーマンブラザーズ	117, 126
レガシーコスト	128-129
連合政治	5

【英字・数字】

AENS, American National Electoral Studies（アメリカ全国選挙研究）	5-7, 14-16, 25, 53n
DNC	72, 75
GM	128-129, 140n, 178, 180
PPIP	126, 127
SNS	66-68, 73-74
SCHIP	176, 182, 187
TARP	118, 121, 125, 127
UAW	128, 129
5＋1協議	109-111, 113
6カ国協議	iv, 106-108, 111

人名索引

【あ行】

アイゼンハワー, D.（Dwight Eisenhower） 216, 217
アイフィル, G.（Gwen Ifill） 153
アインホーン, R.（Robert Einhorn） 95
アクセルロッド, D.（David Axelrod） 146, 151, 164
ウィルソン, J.（Joe Wilson） 61, 163, 165
ウィンフリー, O.（Oprah Winfrey） 147, 215
ウォーターズ, M.（Maxine Waters） 165
ウォリス, W.（Jim Wallis） 169
エドワーズ, G.（George Edwards） 85
エマニュエル, R.（Rahm Emanuel） 37, 120, 151, 163
オバマ, B.（Barack Obama） i-v, 1-14, 17-26, 29-30, 37-54, 56n, 59-81, 84-87, 93-113, 114n, 117-125, 128-134, 136-139, 140n, 143-160, 162-170, 171n, 183-184, 186-187, 189-191, 194, 197-199, 201, 203-206, 211-215, 217, 221-225, 226n
オバマ, M.（Michelle Obama） 147, 164
オライリー, B.（Bill O'Reilly） 65
オライリー, T.（Tim O'Reilly） 68

【か行】

ガイトナー, T.（Timothy Geithner） iv, 120, 121, 126, 127, 140n
カーター, J.（Jimmy Carter） 37, 49, 51-52. 55n, 77, 98, 165, 216, 217
カーネル, S.（Samuel Kernell） 81
カーマインズ, E.（Edward Carmines） 32
カレンバーグ, R.（Richard Kahlenberg） 158
ギブス, R.（Robert Gibbs） 165-166
キム, S.（Sung Kim） 95, 108
キャペラ, J.（Joseph Cappella） 83
キャンベル, K.（Kurt Campbell） 96, 114n
ギングリッチ, N.（Newt Gingrich） 162
グテラス, L.（Luis Gutierrez） 163
クライン, N.（Naomi Klein） 167
グリーンスパン, A.（Alan Greenspan） 118
クリントン, H.（Hillary Clinton） 47, 67, 93-97, 100, 101, 103, 106-109, 112-113, 114n, 115n, 121, 137, 145, 182, 186, 189, 204-205, 211
クリントン, B.（Bill Clinton） iv, 37-38, 44, 49-54, 56n, 63-64, 76, 93, 97, 99, 103, 105, 107, 120-121, 132, 137, 147, 155, 175, 181-183, 186, 189-190, 192, 197, 204-205, 216, 217, 226
グレーション, S.（Scott Gration） 94, 95
クンドラ, V.（Vivek Kundra） 70
ゲイツ, G.（Henry Gates） 164
ゲーツ, R.（Robert Gates） 41, 113, 121
ケネディ, E.（Edward Kennedy） 181, 189, 198, 215
ケネディ, J.F.（John F. Kennedy） 55n, 180, 216, 217
ケリー, J.（John Kerry） 6, 148, 169
コーエン, J.E.（Jeffrey E. Cohen） 213, 225n

【さ行】

サマーズ, L.（Lawrence Summers） iv, 120, 121, 132, 140n
サンダース, B.（Bernard Sanders） 226n
ジェイコブソン, G.C.（Gary C. Jacobson）

人名索引　235

　　　　　　　　　　　　　　　　220
ジェーミーソン, K.H.（Kathleen Hall Jamieson）　83
ジャクソン, J.（Jesse Jackson）　144
ジャレット, V.（Valerie Jarrett）　147
シューマー, C.（Chuck Schumer）　163
シュミット, E.（Eric Schmidt）　69, 120
ジョンソン, L.B.（Lyndon B. Johnson）
　　　　　　　　48, 82, 180, 216, 217
ジョーンズ, J.（James Jones）　121
スターン, T.（Todd Stern）　95
スティムソン, J.（James Stimson）　32
スティール, M.（Michael Steele）　165
ステューパック, B.（Bart Stupak）193-194
砂田一郎　　　　　　　36, 39, 42-43, 49
スノウ, O.（Olympia Snow）　192, 197
スペクター, A.（Arlen Spector）　39
セイモア, G.（Gary Samore）　95
セベリウス, K.（Kathleen Sebelius）　201
ソトマイヨール, S.（Sonia Sotomayor）
　　　　　　　　　　　　159-162, 168

【た行】

ダッシュル, T.（Thomas Daschle）　41,
　　　　　　　　　　　　122, 186-187
ダン, A.（Anita Dunn）　65
チョップラ, A.（Aneesh Chopra）　70
ディオンヌ, E.J.（E.J. Dionne）　163
テリオー, S.（Sean Theriault）　46
トルーマン, H.S.（Harry S. Truman）180,
　　　　　　　　　　　　　　216, 217

【な行】

ナポリターノ, J.（Janet Napolitano）　121
ニクソン, R.M.（Richard M. Nixon）50-52,
　　　　　　　　　　　　98, 216, 217
ニューススタット, R.（Richard Neustadt）82
ニューマン, W.R.（W. Russell Newman）69

ネーダー, R.（Ralph Nader）　144
ネルソン, B.（Ben Nelson）　194

【は行】

バイデン, J.（Joe Biden）　93, 112-113,
　　　　　　　　　　　　　　120, 201
パウエル, C.（Colin Powell）　97
バグリー, E.（Elizabeth Bagley）　94, 95
バーナンキ, B.（Ben Bernanke）　121
ハニティ, S.（Sean Hannity）　65
バフェット, W.（Warren Buffet）　119
バリス, R.（Roland Burris）　167
パンディス, F.（Farah Pandith）　95
バーンズ, W.（William Burns）109-110, 113
ファインスタイン, D.（Dianne Feinstein）
　　　　　　　　　　　　　　　　162
フィリップス, M.（Macon Phillips）　71-72
フォード, G.（Gerald Ford）50, 52, 76, 216
ブッシュ, G.W.（子 George W. Bush）
　　　　　　iii, 41, 49, 51-52, 55n, 56n,
　　　　　　63-64, 79, 94, 96-97, 99, 104,
　　　　　　106-109, 121, 125, 134, 137, 143-
　　　　　　145, 152, 155, 168, 213, 216, 217, 224
ブッシュ, G.H.W.（父 George H.W. Bush）
　　　　　50-52, 55n, 62, 161, 181, 216, 217
ブラウン, S.（Scott Brown）　45, 62,
　　　　　　　　　　　　　　135, 198
フクヤマ, F.（Francis Fukuyama）　140n
プルーフ, D.（David Plouffe）　144, 146,
　　　　　　　　　　　　　　148, 164
ブラゴエビッチ, R.（Rod Blagojevich）167
フリード, D.（Daniel Fried）　94-95
ベアード, B.（Baird Douglas）　155
ペイリン, S.（Sarah Palin）　61, 117
ベック, G.（Glenn Beck）　65
ペロシ, N.（Nancy Pelosi）　206
ボスワーズ, S.（Stephen Bosworth）94-95,
　　　　　　　　　　　　　　105-108

ポデスタ, J.（John Podesta）　121
ボルカー, P.（Paul Volcker）　120, 140n
ホルダー, E.（Eric Holder）　121, 152
ホルブルック, R.（Richard Holbrook）
　　93-95, 103, 105, 112-113, 114n
ポールソン, H.（Henry Paulson）　117,
　　121, 125, 127

【ま行】

マケイン, J.（John McCain）　7-9, 11,
　　38, 67, 109, 117, 118, 185-186
ミッチェル, G.（George Mitchell）　3, 95,
　　98-102, 105, 113
ムラヴチク, J.（Joshua Muravchik）　215

【ら行】

ライス, C.（Condoleezza Rice）　97
ライス, S.（Susan Rice）　106, 121
ライト, J.（Jeremiah Wright）　164,
　　165, 171n
ライト, P.（Paul Light）　35, 37-38
ラフッド, R.（Ray LaHood）　151
リー, B.（Barbara Lee）　166

リード, R.（Harry Reid）　194
リチャードソン, B.（Bill Richardson）　122
リーバーマン, J.（Joe Lieberman）　226n
リンカーン, A.（Abraham Lincoln）　96
リンボー, R.（Rush Limbaugh）　162
ルーズヴェルト, F.D.（Franklin D. Roosevelt）　30, 36, 39, 82,
　　123, 135, 140n, 179, 216
ルーズヴェルト, T.（Theodore Roosevelt）
　　222
ルービン, R.（Richard Rubin）　119, 120
レーガン, R.（Ronald Reagan）　49, 51-
　　53, 76, 84, 98, 133, 140n, 181, 216, 217
ローヴ, K.（Karl Rove）　168
ロウィ, T.（Theodore Lowi）　84
ロス, D.（Dennis Loss）　95, 112
ロック, G.（Gary Locke）　151
ローマー, C.（Christina Romer）　120, 123,
　　134, 135

【わ行】

ワックスマン, H.（Henry Waxman）　43

執筆者紹介（〇印 編者）

飯田　健（いいだ たけし）　第1章
　1976年生まれ。同志社大学法学部政治学科卒業。同大学院アメリカ研究科博士課程前期修了を経て，2007年テキサス大学オースティン校政治学博士課程修了（Ph.D. in Government）。早稲田大学高等研究所を経て，現在，早稲田大学大学院アジア太平洋研究科・助教。主要著作は，『投票行動研究のフロンティア』（共編著，おうふう，2009年），『2009年，なぜ政権交代だったのか』（共著，勁草書房，2009年）など。専攻は政治行動論，政治学方法論，アメリカ政治。

武田俊彦（たけだ としひこ）　第7章
　1959年生まれ。東京大学法学部卒業。1983年厚生省入省。大臣官房政策課等を経て，1990年から1994年までジェトロ・ニューヨークセンター勤務。2002年に厚生労働省保険局医療課保険医療企画調査室長，2004年に社会保険庁医療保険課長，2006年に厚生労働省医政局経済課長，2008年に同保険局国民健康保険課長にそれぞれ就任し，2009年から同医政局政策医療課長。

高畑昭男（たかはた あきお）　第4章
　1949年生まれ。国際基督教大学教養学部卒業。毎日新聞ロンドン特派員（1982年〜1987年），ウィーン支局長（1990年〜1994年），ワシントン特派員・北米総局長（1994年〜1999年），論説委員，論説副委員長（2000年〜2007年）などを経て07年から産経新聞論説委員。現論説副委員長。専門は米外交・安全保障，日米関係など。主要著作は，『サッチャー革命：英国はよみがえるか』（築地書館，1989年），『クリントンの大逆転』（毎日新聞社，1999年）など。

〇前嶋和弘（まえしま かずひろ）　第3章
　1965年生まれ。文教大学人間科学部人間科学科准教授。上智大学外国語学部英語学科卒業後，新聞記者生活を経て1994年渡米。ジョージタウン大学大学院政治学部修士課程修了（MA），メリーランド大学大学院政治学部博士課程修了（Ph.D）。2002年敬和学園大学人文学部専任講師。2005年同助教授（准教授）。2008年から現職。専攻はアメリカ政治（主に，メディア，議会）。主要著作は『2008年アメリカ大統領選挙：オバマの当選は何を意味するのか』（共編著，東信堂，2009年），『アメリカの外交政策：歴史・アクター・メカニズム』（共著，ミネルヴァ書房，2010年），「米国の大統領選挙予備選過程の変化とメディア」（『選挙学会紀要』第4号，2005年）など。

松本俊太（まつもと しゅんた）　第2章
　　1976年生まれ。1999年京都大学法学部卒業。同大学院法学研究科博士後期課程を経て，2006年フロリダ州立大学政治学博士課程修了（Ph.D. in Political Science）。2005年10月から名城大学法学部専任講師。2008年4月から同准教授。専攻は，アメリカ政治，議会政治，政策過程論。主要著作は，「五五年体制下における委員会制度再考」（『名城法学』第57巻第1/2号，2007年），「アメリカ連邦議会における二大政党の分極化と大統領の立法活動」（同第58巻第4号，第60巻第1/2号，2009/2010年）など。

吉崎達彦（よしざき たつひこ）　第5章
　　1960年富山県生まれ。1984年一橋大学卒，日商岩井入社。ブルッキングス研究所客員研究員，経済同友会調査役などを経て，2004年から双日総合研究所副所長・主任エコノミスト。『アメリカの論理』（新潮新書，2003年），『オバマは世界を救えるか』（新潮社，2009年）などアメリカ関係の著書多数。

○吉野　孝（よしの たかし）　プロローグ，第8章，エピローグ
　　1954年生まれ。早稲田大学政治経済学部卒業。同大学大学院政治学研究科博士課程修了。1984年から1986年までウィスコンシン大学（マディソン）政治学大学院留学。1991年から1993年までジョンズ・ホプキンズ大学高等国際問題研究大学院客員研究員。1995年から早稲田大学政治経済学術院教授。専攻は，英米政治学，アメリカ政治，政党論。主要著作は，『誰が政治家になるのか：候補者選びの国際比較』（共著，早稲田大学出版部，2001年），『現代の政党と選挙』（共著，有斐閣，2001年），『2008年アメリカ大統領選挙：オバマの当選は何を意味するのか』（共編著，東信堂，2009年）など。

渡辺将人（わたなべ まさひと）　第6章
　　1975年生まれ。北海道大学大学院メディア・コミュニケーション研究院准教授。シカゴ大学大学院国際関係論修士課程修了。米下院議員事務所，上院選本部を経て，2001年テレビ東京入社。報道局政治部記者として総理官邸，外務省など担当。同社退社後2008年コロンビア大学，ジョージワシントン大学客員研究員を経て，2010年から現職。専攻はアメリカ政治。2009年第5回中曽根康弘賞優秀賞受賞。主要著作は『現代アメリカ選挙の集票過程：アウトリーチ戦略と政治意識の変容』（日本評論社，2008年），『評伝バラク・オバマ：「越境」する大統領』（集英社，2009年），『オバマ政権のアジア戦略』（共著，ウェッジ，2009年）など。

オバマ政権はアメリカをどのように変えたのか：支持連合・政策成果・中間選挙

2010年7月15日　初　版第1刷発行　　　　　　　　　　〔検印省略〕
　　　　　　　　　　　　　　　　　　　　定価はカバーに表示してあります。

編著者ⓒ吉野　孝・前嶋和弘／発行者　下田勝司　　　　印刷・製本／中央精版印刷

東京都文京区向丘1-20-6　　郵便振替00110-6-37828
〒 113-0023　TEL (03) 3818-5521　FAX (03) 3818-5514　　発行所　株式会社 東信堂
Published by TOSHINDO PUBLISHING CO., LTD.
1-20-6, Mukougaoka, Bunkyo-ku, Tokyo, 113-0023 Japan
E-mail : tk203444@fsinet.or.jp　http://www.toshindo-pub.com

ISBN978-4-88713-993-0　C3031　ⓒYOSHINO, Takashi,
　　　　　　　　　　　　　　　　　MAESHIMA, Kazuhiro

東信堂

スレブレニツァ――あるジェノサイドをめぐる考察	長 有紀枝	三八〇〇円
2008年アメリカ大統領選挙――オバマの勝利は何を意味するのか	吉野孝・前嶋和弘編	二〇〇〇円
政治学入門	内田 満	一八〇〇円
政治の品位――日本政治の新しい夜明けはいつ来るか	内田 満	二〇〇〇円
「帝国」の国際政治学――冷戦後の国際システムとアメリカ	山本吉宣	四七〇〇円
解説 赤十字の基本原則――人道機関の理念と行動規範	J・ピクテ 井上忠男訳	一二〇〇円
医師・看護師の有事行動マニュアル――医療関係者の役割と権利義務	井上忠男	一二〇〇円
社会的責任の時代	野村彰男編著	三二〇〇円
国際NGOが世界を変える 地球市民社会の夜明	毛利勝彦編著 功刀達朗	二〇〇〇円
国連と地球市民社会の新しい地平	功刀達朗・毛利勝彦編著	三四〇〇円
実践 ザ・ローカル・マニフェスト	内田孟男編著	三二八〇円
実践 マニフェスト改革	松沢成文	二三〇〇円
受動喫煙防止条例	松沢成文	一八〇〇円
NPO実践マネジメント入門 パブリックリソースセンター編	松沢成文	二三八一円
インターネットの銀河系――ネット時代のビジネスと社会	M・カステル著 矢澤・小山訳	三六〇〇円
〈現代臨床政治学シリーズ〉リーダーシップの政治学	石井貫太郎	一六〇〇円
アジアと日本の未来秩序	伊藤重行	一八〇〇円
象徴君主制憲法の20世紀的展開	下條芳明	一六〇〇円
ネブラスカ州における一院制議会	藤本一美	一六〇〇円
ルソーの政治思想	根本俊雄	一八〇〇円
シリーズ〈制度のメカニズム〉		
アメリカ連邦最高裁判所	大越康夫	一八〇〇円
衆議院――そのシステムとメカニズム	向大野新治	一八〇〇円
WTOとFTA――日本の制度上の問題点	高瀬 保	一八〇〇円
フランスの政治制度	大山礼子	一八〇〇円
イギリスの司法制度	幡新大実	二〇〇〇円

〒113-0023 東京都文京区向丘1-20-6
TEL 03-3818-5521　FAX 03-3818-5514　振替 00110-6-37828
Email tk203444@fsinet.or.jp　URL:http://www.toshindo-pub.com/

※定価：表示価格（本体）＋税

東信堂

国際法新講〔上〕〔下〕	田畑茂二郎	〔上〕三九〇〇円 〔下〕三七〇〇円
ベーシック条約集（二〇一〇年版）	編集代表 松井芳郎	二六〇〇円
ハンディック条約集	編集代表 松井芳郎	一六〇〇円
国際人権条約・宣言集（第3版）	編集代表 松井芳郎・薬師寺・坂元・小畑・徳川	三八〇〇円
国際経済条約・法令集（第2版）	編集代表 松井芳郎 編集 小寺彰・中川淳司	三九〇〇円
国際機構条約・資料集（第2版）	編集代表 香西茂・安藤仁介	三八〇〇円
判例国際法〔第2版〕	編集代表 松井芳郎	三八〇〇円
国際立法——国際法の法源論	村瀬信也	六八〇〇円
条約法の理論と実際	坂元茂樹	四二〇〇円
武力紛争の国際法	真山全 編	一四八〇〇円
国連安保理の機能変化	村瀬信也 編	二七〇〇円
海洋境界確定の国際法	村瀬信也 編	二八〇〇円
国際刑事裁判所	村瀬信也・洪恵子 編	四二〇〇円
自衛権の現代的展開	村瀬信也 編	二八〇〇円
国連安全保障理事会——その限界と可能性	松浦博司	三三〇〇円
国際経済法〔新版〕	小室程夫	三八〇〇円
国際法から世界を見る——市民のための国際法入門〔第2版〕	松井芳郎	二八〇〇円
東京裁判、戦争責任、戦後責任	大沼保昭	二六〇〇円
国際法／はじめて学ぶ人のための	大沼保昭	三六〇〇円
国際法学の地平——歴史、理論、実証	小田滋 学者として裁判官として	六八〇〇円
海の国際法と共に歩んだ六〇年——学者として裁判官として	小田滋	一二〇〇〇円
21世紀の国際機構:課題と展望	横田洋三・秋月弘子・中谷和弘 編著	七二〇〇円
国際社会の法構造——その歴史と現状	編集代表 山手治之 編集 香西茂・西手治之	五七〇〇円
現代国際法における人権と平和の保障〔21世紀国際社会における人権と平和〕（上・下巻）	編集代表 山手治之 編集 香西茂・西手治之	六三〇〇円

〒113-0023 東京都文京区向丘1-20-6
TEL 03-3818-5521 FAX 03-3818-5514 振替 00110-6-37828
Email tk203444@fsinet.or.jp URL:http://www.toshindo-pub.com/

※定価：表示価格（本体）＋税

東信堂

〈未来を拓く人文・社会科学シリーズ〉全17冊・別巻2

科学技術ガバナンス	城山英明編	一八〇〇円
ボトムアップな人間関係——心理・教育・福祉・環境・社会の12の現場から	サトウタツヤ編	一六〇〇円
高齢社会を生きる——老いる人／看取るシステム	清水哲郎編	一八〇〇円
家族のデザイン	小長谷有紀編	一八〇〇円
水をめぐるガバナンス——日本、アジア、中東、ヨーロッパの現場から	蔵治光一郎編	一八〇〇円
生活者がつくる市場社会	久米郁男編	一八〇〇円
グローバル・ガバナンスの最前線——現在と過去のあいだ	遠藤乾編	二三〇〇円
資源を見る眼——現場からの分配論	佐藤仁編	一八〇〇円
これからの教養教育——「カタ」の効用	鈴木康徳秀／葛西佳 編	二〇〇〇円
「対テロ戦争」の時代の平和構築——過去からの視点、未来への展望	黒木英充編	一八〇〇円
企業の錯誤／教育の迷走——人材育成の「失われた一〇年」	青島矢一編	一八〇〇円
日本文化の空間学	桑子敏雄編	二三〇〇円
千年持続学の構築	木村武史編	一八〇〇円
多元的共生を求めて——〈市民の社会〉をつくる	宇田川妙子編	一八〇〇円
芸術は何を超えていくのか？	沼野充義編	一八〇〇円
芸術の生まれる場	木下直之編	二〇〇〇円
文学・芸術は何のためにあるのか？	岡田暁生編	二〇〇〇円
紛争現場からの平和構築——国際刑事司法の役割と課題	吉岡洋／城山英明／遠藤乾編	二八〇〇円
〈境界〉の今を生きる	荒川歩・川喜田敦子・谷川竜一・内藤順子・柴田晃芳編	一八〇〇円
日本の未来社会——エネルギー・環境と技術・政策	角和昌浩／城山英明／鈴木達治郎編	二三〇〇円

〒113-0023　東京都文京区向丘1-20-6　TEL 03-3818-5521　FAX 03-3818-5514　振替 00110-6-37828
Email tk203444@fsinet.or.jp　URL:http://www.toshindo-pub.com/

※定価：表示価格（本体）＋税